2017年成都市哲学社会科学规划项目"我国六大国家中心城市建设的比较研究——基于贸易竞争力的研究"（项目编号：2017R18）阶段性成果
成都市软科学项目"国家中心城市视阈下的成都市经济开放协同创新路径研究"（项目编号：2017-RK00-001920-ZF）阶段性成果

区域性
国际贸易中心研究：
全面对外开放的新探索

游 婧 著

四川大学出版社

责任编辑：徐　凯　孟庆发
责任校对：喻　震　徐志静
封面设计：墨创文化
责任印制：王　炜

图书在版编目(CIP)数据

区域性国际贸易中心研究：全面对外开放的新探索 /
游婧著. —成都：四川大学出版社，2018.6
　ISBN 978－7－5690－2041－0

Ⅰ.①区…　Ⅱ.①游…　Ⅲ.①区域贸易－国际贸易中
心－研究－中国　Ⅳ.①F752

中国版本图书馆 CIP 数据核字（2018）第 152591 号

书　名	区域性国际贸易中心研究：全面对外开放的新探索	
著　　者	游　婧	
出　　版	四川大学出版社	
地　　址	成都市一环路南一段 24 号 (610065)	
发　　行	四川大学出版社	
书　　号	ISBN 978－7－5690－2041－0	
印　　刷	四川五洲彩印有限责任公司	
成品尺寸	146 mm×210 mm	
印　　张	12	
字　　数	281 千字	
版　　次	2018 年 7 月第 1 版	
印　　次	2018 年 7 月第 1 次印刷	
定　　价	48.00 元	

◆ 读者邮购本书，请与本社发行科联系。
电话:(028)85408408/(028)85401670/
(028)85408023　邮政编码:610065
◆ 本社图书如有印装质量问题，请
寄回出版社调换。
◆ 网址:http://press.scu.edu.cn

目　录

导　论

第一节　研究背景与意义

一、研究背景

经济全球化、一体化趋势和发达国家的先进经验说明培育有代表性的城市参与国际贸易分工合作并确立中心地位，是促进产业升级、实现区域协同发展、扩大对外交流、增强国家贸易竞争力的重要途径。以下从全球、国家、城市和产业四个层面分别说明。

（一）经济全球化与发达国家经验——全球层面

经济全球化是当今世界经济发展的重要趋势，其重要特征之一就是贸易全球化，国际分工体系进一步深化，各国都在努力参与新的分工和竞争，以更好地配置和利用全球资源。

从空间上看，由于在资源占有、产品生产、市场消费能力和制度创新等方面存在差异，各国参与国际贸易的主动性和话语权是有差异的，而国际贸易中心集中体现了这种差异。因为其实际上就是以商品和劳务的国际交换为主要形式，以强大的物流及口岸服务能力为基础，在国际贸易中起到枢纽功能的城市。其制度、政策的便利性，平台、设施的高效性，代表着一个国家或地区参与全球贸易竞争的程度和层次。

从时间上看，产业发展程度、贸易规模及贸易相关产业（金融、航运、物流）的强弱，在国际贸易中心的发展中具有决定性的作用。发达国家的历史经验表明，国际贸易中心的建立与发展，不仅对本地乃至本国经济社会的发展起推动作用，更能对全球国际分工和市场占有产生重大影响。世界各经济大国依托国际贸易中心城市进行对外贸易和投资，创造贸易便利化环境，制定自由贸易政策，搭建高效完备的通关平台，通过便捷立体的交通物流体系，将最广泛的贸易资源充分吸纳整合并向周边地区输送，从而获得了国际贸易与经济全球化的最大利益。

（二）区域和国家层面

经济全球化的同时，贸易区域一体化的趋势更加明显。欧盟、北美自由贸易区、亚太经济合作组织的建立，为发达国家利用自身优势、制定贸易规则、推动贸易发展奠定了先机。世界贸易组织（WTO）的多轮贸易谈判被视作发展中国家向发达国家争取市场权益的平台，更是南北两方市场力量和发展前景利益博弈的平台。泛太平洋战略经济伙伴关系协定（TTP）在 2015 年 10 月达成一致，涵盖关税（相互取消关税，涉万种商品）、投资、竞争政策、技术贸易壁垒、食品安全、知识产权、政府采购以及绿色增长和劳工保护等多个领域，预示着整体、多层次发展的自由贸易新模式的出现。国际贸易格局和多边贸易规则正在酝酿着深刻的调整，中国在参与区域性的国际贸易合作中面临挑战。国家主体干预本国经济的能力受到不同程度的限制，区域外的国家和地区面临着更高的壁垒和更大的保护主义，传统的贸易保护和新贸易保护措施使得每个相关民族国家对国内产业、区域的作用相对下降。

在新时代，共建"一带一路"是构建对外开放和区域发展新格局的重大部署，这从国家的国际战略高度进一步明晰了我国建立的国际贸易中心，一定要服务于区域合作、区域均衡发展，在"一带一路"倡议实施中解决国家间和我国区域间经济发展不平衡问题。

（三）城市层面

在经济全球化背景下，以国家作为主体进行整体规划的角色力量逐渐下降，而国家内部各区域或城市的作用越发明显。城市自身的定位、功能的拓展、基础设施的完善成为企业发展和文化科技交流更加重要的平台。而城市群作为国家参与全球竞争与国际分工的全新区域单元，它的发展必然会深刻地影响国家的竞争力，或者说国家竞争力正处在向城市竞争力转移的重要阶段。正是因为城市群已经具有全球性意义的城市—区域发展模式和空间组合模式，其以足够的产业集聚和经济规模参与全球新的分工、竞争、交流与合作，影响着国际贸易的格局，形成强强联合的经济共同体和命运共同体，所以在城市群的核心城市建设发展区域性的国际贸易中心是非常必要的。

建设国际贸易中心，各个产业将会在贸易规模扩大和质量提升的过程中受益，进而促进整个经济结构优化升级，最终推动城市和区域更高、更广泛地利用好国内、国际市场和资源。对国内其他城市而言，无论是经济软实力，还是港口、航运的综合实力都与上海有一定的差距，但这些城市又在其所属的城市群里发挥着经济中心的作用，对周围城市的贸易发展有很大的带动力，是各区域对外开放的前沿阵地，更是我国承接国际产业转移的中坚力量和发展服务经济的排头兵。在现有贸易水平上，如何最大化地挖掘各要素资源生产力，让人才、商品、资金、技术和信息等要素充分流动起来，扩大经济贸易的辐射面，带动周边城市的经济发展，并在更高层次和更大范围共享全球经济发展的成果，从而真正形成区域性的中心，发挥好中心城市的集聚和辐射作用，是这些城市共同面临的问题。

（四）产业和企业层面

目前经济发展的结构性问题包括产业结构、消费结构、区域结构、要素投入结构、排放结构、增长动力结构、收入分配结构。供给侧结构性改革的目的在于对结构性问题进行调整，优化要素配置、促进经济健康快速发展。其中，产业结构、区域结构和要素投入结构的改革结合在一起，就是要求在区域空间范围内，优化相关产业和行业的要素投入，将优质资源通过创新升级，在空间分布上进行整合，促使其最大限度地发挥作用，而区域性国际贸易中心的建设，正是将产业问题、要素投入问题与区域问题紧密结合进行考虑，与供给侧结构性改革要解决的"去产能、降成本"等问题高度相关。

中国外贸企业可持续发展面临的主要矛盾就是结构转型

和贸易升级问题，从供给侧结构性改革来看，就是要增加生产要素投入，提高全要素生产率。前者包括劳动（工资）、资本（利息）、土地（地租）、企业家才能（利润）、政府管理（税收）等各项投入的增加；后者是指通过优化结构，变革制度和升级要素来提升生产率，从而去掉落后产能。进一步而言，供给侧的两个基本方面一共包括三个隐含因素：一是主体发展：劳动力、企业家、投资者、政府管理者的素质提高和创造性的发挥；二是产业发展：结构优化、升级、新兴产业的培育；三是区域发展：区域创新、区域结构优化、区域新增长点形成。这就要求相关部门当前要通过构建激励机制，提升创新意愿，为企业提供便利的资金支持和税费政策优惠，促进企业生产和科学研究相结合，形成充满动力、较低束缚的创新环境；对政府而言则要简政放权，降低制度性交易成本。

因此，必须要通过促进区域创新，形成新的区域增长点来推动区域结构调整，把更多的推进贸易自由化和便利化的生产要素集中起来，形成产业集聚，发挥产品空间和城市的比较优势，发挥中心城市的集聚效应和辐射效应，不仅要增加贸易产业要素投入的量，更要重视相关从业者、投资者和管理者的素质提高和创新能力的培养，在主体发展、产业发展的同时，最终促成区域的发展。

综上所述，学习世界先进经验，在我国建设区域性国际贸易中心，既是经济全球化浪潮中产业转型升级、贸易创新发展的主动选择，也是我国参与国际分工、投资与贸易合作，成为贸易强国的重要途径，更是全面、包容、均衡促进我国各区域对外开放、实现陆海内外联动、东西双向互济的必要保证。这就是本书区域性国际贸易中心研究的时代背景。

二、理论意义

（一）建立确切的区域性国际贸易中心的概念体系

什么是国际贸易中心，什么又是区域性国际贸易中心？在与国际贸易、国际经贸地理相关的书籍中很难查找到准确的定义。但作为默认的术语，学界一贯认可伦敦、纽约、东京、香港、新加坡五个城市是在全球或地区范围内发挥重要作用的国际贸易中心。具体到贸易中心的类型，传统的分类体现在：从影响力来看，分为"全球性"和"区域性"；从贸易功能来看，分为"腹地型"和"转口型"。但无论怎样分类，过往的研究都侧重于直接介绍这些贸易中心城市在经济全球化中扮演的角色，重在解决在全球范围内"是怎样"的问题，而较少有深入探讨并挖掘其背后的形成机理，回答"是什么"和"为什么是"的问题。

本书旨在对"区域性国际贸易中心"和"区域性国际贸易中心城市"的内涵进行新的阐释；挖掘定义背后的理论根源，在此基础上形成完整的概念体系，对形成机制、构建要素、功能特征和效应评估赋予新的内涵；建立新的区域性国际贸易中心潜力评价指标体系，来评价以城市作为空间载体的区域性国际贸易中心是否能够形成。

（二）从城市和城市群的角度评估区域性国际贸易中心的发展程度

区域性国际贸易中心描述的是贸易及其相关产业在空间

集聚的概念，必须要有一个空间载体才能实现其平台功能。本书通过理论溯源和经验研究，表明城市是国际贸易中心最好的载体，是其发展的根基。人类社会先有商品交换，产生市集，然后经济发展分工深化，市集不断发展壮大，交易的范围和商品的种类逐渐增加，从而出现了专业化的城市；而中心城市正是能够最大化集聚国际贸易资源并将资源向周围地区辐射的地方。基于此，对区域性国际贸易中心的潜力进行评价，就是从城市贸易竞争力角度思考城市吸引和输送各项贸易要素的能力、在贸易产业价值链中发挥的作用和对周边地区的辐射带动水平。

（三）多学科知识综合交叉运用，拓宽国际贸易学的研究领域

本书所用理论和方法涉及世界经济学、国际贸易学、区域经济学、新经济地理学和空间经济学等经济学分支学科，在对"区域性国际贸易中心"这一概念进行层层剖析和运用的过程中，尝试将分工理论、区位理论、集聚理论、增长极理论、竞争力理论、城市网络理论等按照"什么是中心，什么是中心城市，什么是国际贸易中心城市，什么是区域性国际贸易中心城市，怎样才能形成，如何判断一个城市是否已经成为区域性的国际贸易中心城市"这样的逻辑主线层层递进来解构，试图从不同学科的理论进行概念的溯源，找到各种理论对概念的支撑，并在新的主线下将之串联，而不是生硬地将前述理论进行罗列。本书的写作是对多学科知识的一次梳理和整合，将地理、区域、空间、城市等概念融入国际贸易学科的研究，以此来拓宽国际贸易学研究领域。

三、实践价值

（一）可以解决经济发展中的突出问题，做到统筹兼顾，合理布局

研究区域性国际贸易中心是为了推动我国在国家战略层面建设国际贸易中心城市。但政府规划只是宏观的战略定位，城市的发展最终必须靠市场经济规律发挥作用。中心城市的形成是对城市功能的认可以及和周边城市进行综合比较的结果。作为学术研究，需要冷静思考是不是所有的城市都具备条件来发展壮大成为外向型经济中心；究竟什么样的综合因素可以促成区域性国际贸易中心的形成；怎样评价一个城市在建设国际贸易中心这一过程中的发展程度；发展起来以后，如何评价它对周边城市的效应——是否真正发挥了中心城市的集聚和辐射作用；如何有效地将其统筹于国家"十三五"及以后若干年规划的大布局中，实现个别城市的发展与区域城市的共生、内向经济的平稳和外向经济的增长。这些是亟待思考的问题。

（二）可以呼应政府的规划，为具体措施的出台提供理论支撑

对于确实已经在区域范围内体现出贸易集聚效应和辐射效应的城市，如何把握好现有优势，继续增强贸易要素的配置功能、贸易主体的中枢功能和贸易活动的辐射功能，本书给出了相应的建议。对于有政府规划，但在效应检验中，中心效应并不明显的城市，是否还能发展为中心，是否应该选择性地发展，本书提出了思考。沿海和港口城市的先发优势

非常明显，"一带一路"和"长江经济带"上的城市有着独特的政策扶持优势，各自选择的发展方式也应不同。内陆型城市虽然不临海，但也有进行对外开放、向西开放和共享贸易红利的权利，能否借助于在服务贸易方面的优势，在贸易产业转型升级的过程中提升参与度，使其逐步成为区域的贸易中心也是值得思考的问题。各地政府相关政策措施的制定需要强有力的理论来支撑，也需要随着市场的反映来检验，跟随实践的深入进行调整和强化，同时还有必要与国际和国内类似的城市进行比较，借鉴别人的先进经验来发展。这些都是本书尝试回答的问题。

第二节　研究现状综述

本书对国内外研究现状的梳理，是基于"区域性国际贸易中心"这一研究命题展开的。由于目前没有现成的针对"区域性国际贸易中心"这一新内涵的研究文献，本书会对命题本身赋予新内涵，思考可以从哪些视角去解构这一命题，从而从以往的文献中寻找研究基础。

本书的逻辑主线如下：什么样的因素能够促成贸易在区域空间内集聚，什么样的地方能够成为这种集聚的发生地，如何测度某地现有的集聚能力和程度，如何将之进一步发展为区域的中心——就是解决贸易要素如何集聚、在什么地方集聚、集聚程度如何、如何发展的问题。

因此，本书对文献的梳理，会围绕与贸易要素集聚相关的研究、与中心城市评价和界定相关的研究、与区域贸易发

展和贸易集聚相关的研究、我国国际贸易中心建设实践研究
这四个方面，分析国内外现有的相关研究，找到研究空白，
确定下一步研究的方向。

一、贸易要素集聚研究

（一）贸易和分工、市场、区位的关系研究

英国古典政治经济学家亚当·斯密（Adam Smith）的
分工思想体现了将经济交换活动与市场大小、人口多寡结合
的意识。而最早将区位理论与国际贸易联系起来思考的是贝
蒂尔·俄林（Bertil Ohlin，1933），其认为贸易实际上就是
不同区位之间的产品转移和要素流动。沃尔特·艾萨德
（Walter Isard）认为："贸易成因可以解释区位选择，贸易
同时被区位选择所影响。"[①] 克鲁格曼（1980）用新贸易理
论和规模经济解释地理集聚，明确强调了地理集聚对国际贸
易的重要作用。

（二）产业集聚和要素集聚研究

贸易活动在地理空间的集聚也会影响贸易量的大小和企
业的生产分工，而贸易集聚的主要载体是与贸易相关的各产
业要素集聚。

1. 新古典学派的产业集聚理论

最早研究产业集聚的是新古典学派创始人阿尔弗雷德·
马歇尔（Alfred Marshall），其认为产业集聚的原因在于自
然禀赋或者宫廷的奖励："工艺的传承与改良、机器大生产、

---

① 沃尔特·艾萨德. 区位与空间经济——关于工业区位、市场区位、土地利用、
贸易和城市结构的一般理论 [M]. 北京：北京大学出版社，2011：31.

各类相关产业的集中、更专门化的分工与协作、市场规模和需求。"①

2. 古典区位学派和区域经济科学的产业集聚理论

明确提出"集聚因素""集聚经济"概念的是德国经济学家阿尔弗雷德·韦伯，其认为生产企业组织形式和机器生产会引起集聚与产品的规模生产属性相关，与之相反的就是地租会随着集聚增加，从而引起要素分散。② 现代区位论代表人物胡佛（Hoover，1937）集中分析了三大基本要素：自然资源的优势、运输成本和集中的经济性，为后来的学者研究区域范围内产业结构布局奠定了基础。美国地理学家威廉·阿朗索（William Afonso）使用了"区位平衡"的概念，为研究产业特别是服务业的集聚提供了思路。

3. 新经济地理学的产业集聚理论

保罗·克鲁格曼（Paul Krugman，1991）发表的《报酬递增和经济地理》和藤田昌久（Masahisa Fujita，1988）发表的《空间集聚的垄断竞争模型》，用核心——专业模型、国际专业化模型、全球化和产业扩展模型、区域专业化模型完成了对规模经济、运输成本、不完全竞争、要素流动等要素的作用分析，提出了产业集聚的新解释，也把传统的产业集聚的解释发展到了一个新的阶段。

4. 制度学派的交易成本理论和要素集聚

罗纳德·科斯（Ronald H. Coase）引入了交易成本理论，交易成本是使用市场（价格机制）的成本。康芒斯

---

① 马歇尔. 经济学原理［M］. 朱志泰，陈良璧译. 北京：商务印书馆，1981.

② 阿尔弗雷德·韦伯（Alfred Weber）. 工业区位论［M］. 李刚剑等译. 北京：商务印书馆，1997，译者序.

（Commons）认为交易是和生产相对的活动，包括买卖交易、管理交易和限额交易。通过商贸中介的集中，能更容易地获得业务信息，降低信息搜索成本，从而进一步降低交易成本。因此，流动性和市场摩擦力的存在，导致了商贸中介在空间上的集中。

新兴古典经济学代表人物杨小凯和赖斯（1994）认为生产和交易在地理范围内集中与分工深化、交易效率提高是集聚出现并不断递增的原因，清晰地展示了产业集聚的重要机制。

此外，管理学家、"竞争战略之父"迈克尔·波特详细阐释了产业集聚对区域和国家竞争优势的影响机制。[①]

（三）与贸易地理集聚和产业集聚相关的实证研究

Lundvall（1988）和 Freeman J. et ai.（1995）研究发现主导企业通过地理集中，实现知识和技术外溢，从而促进产业集群的出现。[②] Eric 和 Toulemonde（2005）研究发现工人技能对集聚产生与否具有重要影响，高技能工人促使企业选择集聚并形成区域均衡。Cainelli 和 Antonietti（2008）研究发现生产在地理上的集聚在直接提高企业分工和专业化经营的同时，能促进思想创新，从而加速出口增长。Freeman（2012）进一步发现经济活动位于大都市区的中小企业在出口业绩上的优势更加明显。Rodriguez（2013）发现空间不平等和异质性都会影响企业出口，企业出口受到集聚效应以

[①] 殷广卫. 新经济地理学视角下的产业集聚机制研究 [D]. 天津：南开大学，2009.

[②] Freeman. The national system of innovation in historical perspective [J]. Cambridge Journal of Economy，1995.

及空间地理环境的影响。

国内学者叶建亮（2001）认为知识溢出效应促使产业集群形成。黄坡和陈柳钦（2006）发现外部性是产业集聚的主要向心力。周文良（2006）发现市场扩张效应与拥挤效应共同作用，促进集聚与扩散的发生。殷广卫（2009）分析了规模经济、空间成本、消费偏好和心理预期等不同因素对产业集聚的作用。张继良、胡健（2014）发现高技术服务业集聚程度最高，创新能力和人力资本是其主要因素。①

二、与中心城市界定和评价相关的研究

（一）与城市等级判定相关的研究

1889 年，德国学者歌德（Goethe）用"世界城市"描述巴黎和罗马，是最早提出这一概念的人。1915 年，地理学家哥底斯（Patrick Geddes）指出世界绝大部分商务活动的开展地就是世界城市。1966 年，英国城市与区域规划大师彼得·霍尔（Peter Hall）认为世界城市是主要的国际组织所在地、国际经贸活动开展地，在全球范围内具有较大的政治话语权、经济决定权和文化影响力。② Stephen Hymer（1972）引领世界城市研究，加强了对跨国公司数量和选址的关注。20 世纪 80 年代初，美国经济学家科恩（B. Cohen）使用了"跨国指数"和"跨国金融指数"来确定美国城市在全球城市等级体系中的地位。1982 年，约翰·弗里德曼

---

① 张继良，胡健. 中国高技术服务业的聚集特征与影响因素研究［J］. 地域研究与开发，2014（4）.

② 彼得·霍尔. 世界大城市［M］. 北京：中国建筑工业出版社，1982.

(John Friedman) 与哥兹·沃尔夫（G. Wolff）发布了世界城市等级体系名单，按照规模和等级将城市分类。[1] 1986年，弗里德曼系统论述了"世界城市假说"，提出 7 个著名的世界城市判断标准：国际性机构集中、重要的世界性交通枢纽、跨国公司总部集中、资本汇集中心、制造业集聚、服务业飞速发展、相当规模的城镇人口（移民目的地）。[2] 1991 年，美国经济学家丝奇雅·萨森（S. Sassen）发现虽然生产开始全球化发展，但生产控制系统却集中在这样的城市：世界经济组织、总部高度集中、金融和专门服务公司成为主导经济部门、新兴的产品和创新市场不断涌现。[3]

20 世纪 90 年代以来，世界城市的组织越发受到信息技术革命的影响，世界城市的研究者们开始将研究的重点集中在信息通信网络和网络联系等方面。美国学者 Csstells（1996）认为发达的通信网络是全球城市的特征，世界城市在"流空间"占据最关键的信息流节点。Malecki（2001）运用全球网络数量和骨干网络带宽分布数据，发现世界城市是全球信息流动的主要载体。以英国学者 P. J. Taylor（2001）为代表的学者们不再关注城市等级，而是关心城市网络，主要研究世界城市网络的形成与演化机制，城市网络力一定程度上替代了世界城市等级判定的传统标准。

---

① Friedman & G. Wolf. World city formation: agenda for research and action [J]. International Journal of Urban and Region Research. 1982，6 (3)，309－343.

② Fridmann, J. The world city hypothesis [J]. Development and Change. 1986，17 (1).

③ S. Sassen. The Global City: New York, London, Tokyo [M]. New Jersey: Princeton University Press, 1991.

　　国内关于世界城市的研究是从 20 世纪 90 年代开始的，蔡来兴等人（1995）分析了世界经济重心转移过程中国际城市的兴起条件。[①] 顾朝林等人则对中国城市体系的发展进行了系统研究。[②] 由于世界城市的研究在我国往往和中心城市相结合，因此笔者将在下文对国内学者的研究进行综述。

　　（二）中心城市内涵和功能的定性研究

　　马野等人从 1986 年开始研究区域性中心城市经济，论述经济中心的相关理论。林凌、蒋一苇（1987）提出中心城市本质的首位的属性是商品经济流通属性。[③] 程红（1994）论证了中心城市的作用，认为其是区域经济的集聚和辐射中心和经济活动的组织者。陆军（2001）认为中心城市必然是经济区内空间流转集中系数最高的首位城市。[④] 杨洁、肖金成（2002）认为中心城市是在区域中处在核心地位，具有较强集聚和辐射功能的政治、经济、文化科技和对外交流中心。[⑤] 国家计委国土开发与地区经济研究课题组（2002）对区域性中心城市从人口、企业、科研、产业、分工等方面进行了细化，界定了中心城市的基本内涵。[⑥] 刘志广（2004）

[①]　蔡来兴，张广生，王战等. 国际经济中心城市的崛起［M］. 上海：上海人民出版社，1995.

[②]　顾朝林，张勤，蔡建明等. 经济全球化与中国城市发展——跨世纪城市发展战略研究［M］. 北京：商务印书馆，1999.

[③]　林凌，蒋一苇. 中心城市综合改革思想的结晶［J］. 经济体制改革，1993（1），14－16.

[④]　陆军. 城市外部空间运动与区域经济［M］. 北京：中国城市出版社，2001.

[⑤]　杨洁，肖金成. 完善区域性中心城市功能的基本思路与对策建议［J］. 经济研究参考，2002（52）.

[⑥]　国家计委国土开发与地区经济研究课题组. 对区域性中心城市内涵的基本界定［J］. 经济研究参考，2002（52）.

认为中心城市能够在城市群的功能分工中占首要位置，而服务业就是发达国家现代经济中最大的部门，集中了金融保险和贸易等资源，迅速发展为世界经济的中心。[①] 林奇涵（2005）认为中心城市突出的特点是具有明显的集聚性、扩散性、高效性和开放性。周阳（2012）认为国家中心城市是城市网络体系的战略中心，在产业价值链分工体系中发挥着整合配置全国或区域资源的中心作用，是重要的全球化功能节点，是区域创新和融合的战略高地和参与国际竞争合作的门户。[②]

（三）中心城市评价和分类的定量研究

顾朝林（1991）应用 33 个指标对全国 343 个城市进行评价，提出了我国三条经济开发轴线、两大经济带、九大经济区和 33 个 I 级区的城市经济区区划体系设想。[③] 国家统计局（1992）牵头研究城市综合实力，构建评价指标体系，采用多元统计因子分析法，对城市综合实力进行排序并筛选出 50 强。1993 年，宁越敏等运用定量方法对 35 个城市进行中心性测定，比较客观地确定了 20 世纪 80 年代中期和 90 年代初我国的 20 个中心城市。[④] 1996 年，林涛对之前学术界对区域中心城市的划定方法和评价结果进行了归纳梳理，并比较了各位学者的研究结果，得出区域中心城市的确定有助

---

① 刘志广. 制度变迁下世界经济增长极的形成与国际经济中心城市的崛起 [J]. 世界经济与政治，2004（11）：62－63.

② 周阳. 国家中心城市：概念、特征、功能及其评价 [J]. 城市观察，2012（1）.

③ 顾朝林. 城市经济区的理论与实践 [M]. 长春：吉林科技出版社，1991.

④ 宁越敏，严重敏. 我国中心城市的不平衡发展及空间扩散的研究 [J]. 地理学报，1993，48（2）.

于整个区域城市体系更好地进行规划发展的结论。[①] 韩涓分析了全国 35 个中心城市的综合发展能力，应用因子分析模型和 SPSS 统计软件作了综合评价。

三、与区域贸易发展和集聚相关的研究

（一）各区域对外贸易发展研究

鲁奇、张超阳、杨春悦等（2007）归纳了我国不同地区各年间外贸规模与区域发展格局变化的关系。蒋满元（2008）发现在区域外贸格局中，越闭塞的地区受影响越大。王兆峰、陈盼（2011）收集了铁路数据和运输贸易数据，总结了西北和西南地区的省际贸易情况。曲洋（2011）以东北三省外贸和经济增长为研究对象，讨论了区域产业结构优化，提出对外贸易与区域经济发展的策略研究。

（二）区域经济发展的空间集聚研究

把空间异质性作为考虑对象，从而分析贸易在区域空间中的分布的研究相对较少。本书尝试在这一方面对国内外研究进行归纳。

根据地理学第一特性"任何事物都相关，临近关系更密切"原则，近年来，Martin 等学者发现经济增长和经济活动在地理空间的集聚之间是相互促进的关系。前者强化集聚与极化，后者带来非均衡发展同时产生辐射效应。Anselin（1988）提出空间计量经济学"是在区域科学模型的统计分析中，研究空间引起的各种特征的方法"。Ping 等（2004）

---

① 国家统计局. 中国城市综合实力 50 强及首批城市投资硬环境 40 优［R］. 中国国情国力，1993.

利用全局和局部的自相关统计方法对棉花产量进行了研究。Cabrer-Bona 等（2007）考察了生产能力与创新溢出的关系，发现其与西班牙地区的创新空间模式密切相关。

在国内的研究方面，主要集中在产业（制造业）的空间集聚，众多学者将地理因素融入经济增长分析。蔡昉和都阳（2000）发现了俱乐部趋同的收敛效应。吴玉鸣和徐建华（2004）、林光平等（2005）引入空间计量方法求证区域经济集聚中的空间效应。张学良（2009）实证研究了长三角地区1993—2006 年的经济增长收敛性。朱虹、徐琰超、尹恒等（2012）利用空间计量回归，比较了京、沪两地对周边的辐射效应，得出北京以"空吸"而上海以"反哺"为主的结论。张红霞等（2009）认为政策、人力、资本、经济发展现状等都是区域对外贸易非均衡发展的原因。

（三）区域对外贸易的空间集聚研究

近年来，国内学者尝试研究贸易的空间依赖性，也就是把国际贸易与区域空间进行有机结合，是一个交叉研究的新方向。张嘉为、陈曦、汪寿阳等（2009）采用协动空间权重矩阵和简单地理空间权重矩阵，研究了我国 31 个省市 10 年间对外贸易的空间关系。魏浩（2010）介绍了用全局 Moran 指数和局部 Moran 指数测算空间集聚效应的方法。魏浩、王宸（2011）利用空间计量分析方法对我国 30 个省区市在20 年间的对外贸易的空间集聚效应进行了测定，发现存在显著的空间自相关和"马太效应"特征，并探讨了影响对外贸易空间集聚的各种因素。姚海华（2012）运用全局 Moran指数和局部 Moran 指数对长三角 16 个城市的进出口贸易空间相关性进行测算，发现长三角地区贸易的整体发展具有空间集聚效应，且上海是唯一对区域进出口有辐射效应的城市，并据此提出了发展建议。

四、我国国际贸易中心建设实践研究

（一）国际贸易中心内涵和功能研究

对国际贸易中心城市的研究，主要探究中心城市如何发挥贸易集散功能，结合与城市等级判断标准相关的指标体系研究城市在区域空间中的位置、通达性和作用。

孙日瑶（1988）提出国际贸易中心应该具备贸易信息咨询、交通中枢、办公写字楼、展销、贸易谈判、教育和旅游等功能。陶昌盛、沈雅琴（2003）认为相比传统贸易中心对地理港口的依赖，现代国际贸易中心以信息网络为平台，以无形贸易为主要形式。程天权、高汝熹（2005）认为国际贸易中心一般应有一个宽松有序的贸易环境、较高的贸易效率、完善的服务体系、较低的贸易成本，是贸易公司的集散中心。沈玉良、高耀松（2008）进一步从国际贸易方式、主体和内容的角度丰富了现代国际贸易中心的内涵。彭羽、沈克华（2013）论述了香港成为转口贸易集散地的原因在于高效的基础设施、便利的制度环境。

（二）我国国际贸易中心城市建设策略研究

王火灿（1995）以五大国际贸易中心为例说明了国际贸易中心的形成原因。高汝熹（1995）认为把上海建设成为国际贸易中心的关键是能否在上海形成一个有秩序的公平竞争的外贸市场。徐桂华和李晓洁（1996）在构建上海国际贸易中心的条件和策略分析中提出层层衔接、梯度推进的经济发展战略。孙玉琴（2004）论证了近代上海对外贸易中心地位的形成与其相对良好的制度创新环境密切相关。唐章红（2006）认为区域贸易竞争力的提升离不开合作分工。陆昊（2007）认为服务贸易和服务业的发展是贸易整体转型升级的关键。沈玉良、高耀松（2008）剖析了上海的优势和新的建设实现方式。阎蓓、宋韬（2009）以上海应加快物流体系建设，进行跨国公司全球采购为突破口，从而整体推进上海国际贸易中心建设。张泓铭（2009）指出批发贸易和中高端商品贸易能够提升商贸水平，促进贸易中心建设。农晓丹（2010）认为国际贸易中心建设就是要打造好跨国公司集聚、商品国际流通和国际服务贸易三大平台。高耀松、张娟（2010）详细分析了内陆经济腹地对外贸中心的物流拓展功能，并强调了功能的完善和对中心的支持。汪亮（2011）从内外贸结合的角度，站在国家战略层面，从提高国家影响力和主导力的综合竞争力角度，论述了国际贸易中心城市的战略规划以及上海建设国际贸易中心的关键问题。黄丙志（2011）认为尽快形成吸引全球资本与高端人才等要素流动集聚的便利化制度与政策是建设现代国际贸易中心的突破口。姜良根、胡侠（2011）建议首先设立贸易示范区，完善政策体系和服务环境，以之为切入点促进贸易质量。匡增杰（2011）认为外贸行业协会自律能力的提高有助于发挥其协调功能，增强海外市场拓展能力，从而更好地实现外贸行业的整体利益。丁国杰（2011）认为应该以自贸区建设带动商务平台和离岸贸易，为制度建设进行探索。孙浩（2012）以东京和上海为例说明货物贸易应该注重发展整体规模和产品优势，并说明了后者可以向前者借鉴学习的地方。

五、国内外研究简要评论

在贸易要素集聚的研究方面：（1）研究贸易在某个区域集聚的文献还主要是经典的贸易和区位理论，后人对此研究扩展不多。（2）现有文献几乎都是讨论产业集聚在制造业的表现和与经济增长的关系，很少有专门讨论贸易主体集聚和贸易要素集聚的文献，即缺乏对贸易中心形成机制的理论讨论。

在贸易活动的研究方面：（1）现有文献停留在国家和省级层面的居多，或者从微观产业层面研究贸易产品和结构问题，对城市中观层面的贸易研究反而不太多。（2）在现有研究城市贸易的文献中，大多数也集中在城市贸易竞争力或者贸易竞争指数等单项指标的研究上。

在中心城市的研究方面：（1）判断中心城市的指标很多，但判断贸易中心的指标体系很少，把城市放在区域中进行考察的指标也很少，多从区域经济学角度，比如区位熵、首位度等进行考察。（2）把空间作为变量，进而考察因为空间关系导致的城市之间贸易关系的研究较少。即使对空间进行统计或计量的文章，也主要是研究各区域经济增长的空间收敛性特征，但对经济圈内地区经济的相互影响特征和中心城市的作用分析较弱。

在国际贸易中心建设的研究方面：（1）几乎都集中在沿海城市，尤其是上海如何建设国际贸易中心。对中西部内陆地区的研究几近空白，只有一些关于贸易转型升级和自贸区申请方面的文章。（2）几乎都集中在单个城市如何建设和发展方面，并直接说明本城市发展的必要性和基础，而对城市和周边地区如何协调发展思考较少。

综上所述，从国内外学者的研究中，笔者发现了以下研究空白：对国际贸易中心如何形成缺乏较为严谨和全面的理论推导；对贸易中心如何积极推动区域经济的发展缺乏空间、立体、均衡的思考。可见根据我国国情，选择合适的区域和有代表性的城市来发展国际贸易，从城市自身贸易要素集聚和辐射的角度，从城市对区域经济的辐射力和影响力的角度展开研究是很有必要的。

第三节　研究思路、内容与方法

一、研究思路与技术路线

本研究遵循的主线是：区域性国际贸易中心是什么—如何形成—有没有建设基础（在我国哪些城市有基础）—如何判断已建成—未来怎样发展（如图 0.1 所示）。

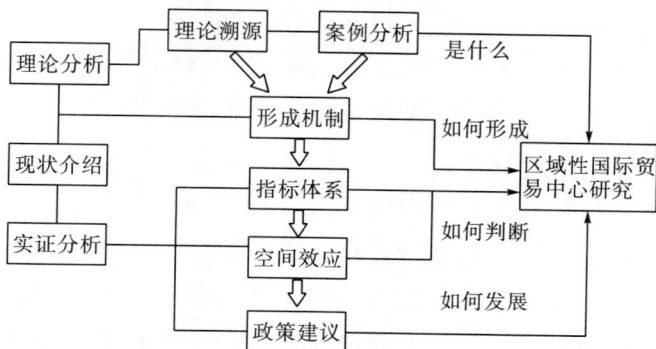

图 0.1　本书的研究思路与技术路线图

　　本研究旨在理论上形成"区域性国际贸易中心"概念体系，以奠定丰富的理论基础；对其内涵、特征进行界定和解读；梳理其形成机制和影响因素，以之为基础，建立适合我国的综合潜力评价指标体系和贸易中心的空间效应判定标准。在实践上指导我国区域性国际贸易中心的建设——融合对外开放战略，增强国际贸易话语权；统筹兼顾，解决区域经济发展中的突出问题；呼应政府的规划，为具体措施的出台提供理论支撑；推动区域性国际贸易中心建设在我国健康有序、理性科学、可持续地展开。

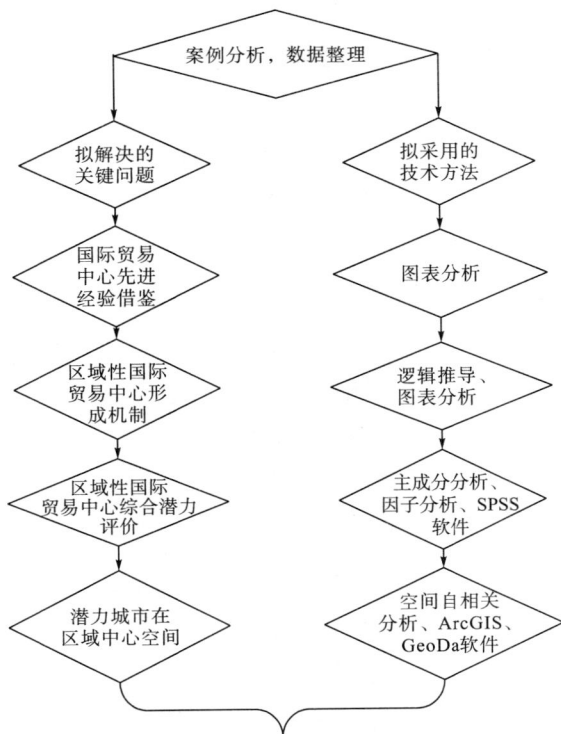

图0.2　对策建议

二、研究框架与内容

导论：说明本研究的背景、意义，介绍国内外研究现状，找出研究空白，陈述本研究的思路、方法、框架内容、重难点，指出创新点与不足。

第一章：区域性国际贸易中心研究理论基础。首先界定基本概念范畴，明确区域性国际贸易中心的定义。从产生的区位思想、形成的集聚思想、发展的竞争力思想以及中心效应评价的思想的溯源入手，解决"贸易要素如何集聚、在什么地方集聚、集聚程度如何、如何发展"的问题。

第二章：国际贸易中心的历史演进与对区域性贸易中心的启示。详细梳理先进城市伦敦、纽约、东京、香港、新加坡确立的背景、发展的脉络和未来发展前景，提炼出共同的发展规律和区域性国际贸易中心可以借鉴的经验，丰富"区域性国际贸易中心"的内涵，阐释其特征和属性。

第三章：区域性国际贸易中心的形成机制与影响因素。本章在理论和案例分析的基础上，从现象到本质、从个别到一般，深入挖掘要素内涵，归纳总结了区域性国际贸易中心的形成机制，包括对集聚机制和传导机制各影响因素的研究，为后文的实证研究奠定理论基础。

第四章：区域性国际贸易中心在我国的建设实践和存在的问题。研究理论的目的是为了更好地指导实践，因此有必要了解我国区域性国际贸易中心的建设背景、城市的发展现实、所处的发展阶段、面临的困惑和问题，从而采用相应的实证方法，确立研究对象和要解决的问题，进行全面客观的评价并给出建议，指引区域性国际贸易中心在我国的发展。

　　第五章：我国区域性国际贸易中心综合潜力评价指标体系与统计分析。本章主要结合区域性国际贸易中心的特征，在形成机制的基础上引入更细化的评价标准，建立一套规范的区域性国际贸易中心综合潜力评价指标体系，确立合适的样本城市，收集相关指标对应的数据并进行整理，通过主成分分析和因子分析，筛选出具有成为区域性国际贸易中心潜力的排名靠前的城市，以便为下一章这些城市在区域中的效应检验奠定研究基础。

　　第六章：我国潜力城市贸易集聚效应和辐射效应实证检验。本章确定城市群为潜力城市发挥作用的理想区域，采用空间统计方法进行空间相关性研究，将潜力城市放入城市群，建立空间权值矩阵，计算全局 Moran 指数和局部 Moran 指数，并运用 ArcGIS 和 GeoDa 软件得出检验结果，并以地图呈现。寻找潜力城市在城市群中的集聚效应和辐射效应，以检验周围地区是否有良好的贸易基础，作为潜力城市是否发挥了对周边的辐射作用，从而判断潜力城市是否已经成为区域性国际贸易中心城市。

　　第七章：我国区域性国际贸易中心建设思路与政策建议。根据第六章、七章的实证结果，结合国家重大战略和城市特色，对我国区域性国际贸易中心的建设思路和政策提出建议。

　　结论与展望：对全书的研究结论进行总结和回顾，对重要问题进行补充说明，对不足进行评价，并指出未来研究的方向。

三、研究重点

（1）本书主要对国际贸易和贸易中心的发展演进历程进行梳理，尤其是收集、整理典型城市如伦敦、纽约、东京、新加坡和香港作为国际贸易中心的确立和发展过程，结合历史数据和图表，对经济发展背景和不同时期的贸易产业情况进行介绍，并总结出各个城市的发展脉络图，在此基础上归纳出区域性国际贸易中心的内涵和特征，为后文的研究奠定基础。

（2）在理论研究的基础上，建立我国区域性国际贸易中心综合潜力评价指标体系。根据理论支撑和形成机制的维度与影响因素，对各级指标进行逐层筛选和构建，并确定样本城市的筛选标准，从不同数据库、统计年鉴和相关部门网站搜集、整理和计算 50 个样本城市近 5 年来的 36 项指标数据。根据主成分和因子分析方法对样本进行打分评估，最终得出区域性国际贸易中心建设潜力由大到小的前 20 位城市，并明确各自的优劣势。

（3）研究潜力城市所在区域贸易活动的空间集聚效应和辐射效应，确定 10 个城市群作为理想的研究区域，根据检验结果对城市群内的贸易活动空间相关性进行评价。

四、研究方法

本研究把规范研究与实证研究、定性研究和定量研究结合起来，遵循逻辑与历史统一的马克思主义科学方法观，广泛运用了多种研究方法。

（一）案例分析

本研究详细分析了伦敦、纽约、东京、香港、新加坡成为国际贸易中心的历史演进过程，对文献资料进行整理、对比和分析，介绍了各个城市的发展背景、各阶段的特征、战略措施以及改革创新的经验，试图通过对典型案例的分析，借鉴发展经验，归纳区域性国际贸易中心应该具有的功能和特征，赋予其新的内涵。

（二）定性分析与定量分析

本研究梳理了国际贸易中心产生的理论渊源，挖掘了对命题的支撑和联系，分析了国际贸易中心的形成机制，通过定性分析得出若干形成条件和影响因素。分析先进城市案例时运用大量的历史数据进行比较，采集样本数据对城市潜力进行评估，采集地理数据构建空间权值矩阵。

（三）归纳与演绎

本研究综合归纳了经济学不同分支学科相关理论关于区位优势、贸易要素集聚和区域发展的理论，归纳出区域性国际贸易中心建立的理论基础，通过模型指标体系构建进行综合潜力实证研究，并放入城市群进行效应评估，结合我国不同区域城市群的特色，为我国区域性国际贸易中心建设提供路径和政策建议。

（四）统计分析和空间统计分析

运用主成分分析和因子分析法对指标模型的数据变量进行统计打分；运用空间自相关分析，结合全局 Moran 指数和局部 Moran 指数进行集聚效应和辐射效应的空间研究。

第四节　研究的创新点与不足

一、创新点

（一）新的选题视角

对区域性国际贸易中心的研究是一个"以区域为背景、以城市为载体、以贸易活动为研究内容"的较新的命题。目前国内外的研究主要侧重于其中某一方面：或研究经济中心，或研究世界城市，或研究贸易产业竞争力，或研究区域经济增长。所有研究中最接近该命题的是国内学者对国际贸易中心的研究，但也没有涉及"区域"层面，可以说真正把城市和贸易结合在一起，放在区域层面考察其理论支撑、形成机理和中心作用的研究几乎是空白。因此，本书从这一视角入手研究区域性国际贸易中心，综合运用了世界经济学、国际贸易学、区域经济学和新经济地理学等多门分支学科的理论，是一次较新的尝试。

（二）新的概念内涵

"区域性国际贸易中心"本身是一个传统的分类和通俗的称呼，学术界和实业界对其都没有专门的界定和判定标准。本书对这一概念赋予了时间和空间的新内涵，从"代表国内区域，面向国际区域"循序发展的角度进行解释，用世界城市特征、节点城市特征和增长极特征描述其外向性、内外联通性和区域首位性，并用确定潜力城市和检验空间效应的方法说明了如何从定量的角度确认区域性国际贸易中心的形成。

（三）新的指标体系模型

基于这一新的研究视角，在理论分析的基础上，本书从禀赋生长力、市场驱动力、制度保障力三个维度，将城市等级判定和贸易竞争力判定的标准融入指标筛选中，构建了全新的区域性国际贸易中心综合潜力评价指标体系。从区位优势、经济实力和区域协调均衡的角度在全国范围内选择样本城市，通过统计分析得出潜力城市和主要影响因子，从而将我国区域性国际贸易中心的建设基础具象化。

（四）新的空间研究对象和方法

本书尝试把潜力城市放入城市群进行研究，论述了城市群是区域性国际贸易中心发挥作用最理想的区域，并结合我国城市群的建设实际，对应了前 20 名潜力城市所在的 10 个城市群，包括 5 大国家级城市群和 5 大区域性城市群，通过 ArcGIS 和 GeoDa 软件进行空间相关性分析，将 10 大城市群贸易活动的空间集聚效应和辐射效应进行了宏观描述和形象展示，是一次空间统计实证研究的尝试。

（五）新的政策建议思路

我国学者在对国际贸易中心建设建言献策时，多是针对上海、宁波等城市的建设给出作为政府智库的专家意见或是课题组的规划报告，这方面的研究已经十分详细，因此本书的政策建议不再针对这两个城市，而是站在国家和区域的中宏观层面，对整体建设思路和战略规划提出建议。结合实证结果，将潜力城市分为沿海港口型和内陆型，分别就代表性城市给出建议，指出区域性国际贸易中心的建设应该是城市发展可以瞄准的方向，而不是现阶段必要的战略定位。

二、研究的不足

由于本书的研究视角是在城市层面，因此实证研究的数据也必须以城市作为统计口径。但我国大多数经济统计指标是以国家层面的数据进行汇编的，在笔者能搜集到的范围内，只有《区域经济统计年鉴》和《城市经济统计年鉴》以及各城市统计公报的数据可以参考。这就导致在模型指标选取时，个别理想指标比如服务贸易数据就由于数据获得的困难性而改用了替代指标或者弃用，这多少引起了实证研究结果的偏误，需要后期进行修正和补充解释。

在对潜力城市在区域内的贸易集聚效应和辐射效应进行分析时，本书以进出口额作为变量进行空间自相关分析，尽管货物贸易仍是主流，但实际上城市的贸易活动多种多样，包括货物贸易和服务贸易、有形贸易和无形贸易。笔者没能找到一个十分理想的能够充分描述贸易规模、能级的变量进行自相关分析，这也是本研究的一个遗憾。随着国际贸易实务的不断变化发展，以后应尝试用综合型变量来描述城市整体的贸易水平。

本书的主要目的在于界定区域性国际贸易中心的内涵、特征，分析其形成机制，建立评价模型来对我国的城市进行评价，从而判断"有没有"基础以及"是不是"中心。这样的逻辑推导是基于笔者自身对理论的学习和对城市经济数据的计算得出的，由于个人判断有一定的主观性，理论深度和实证方法水平有限，最后得出的结论和各个城市的实践难免出现偏差，这也是需要与时俱进、不断完善的。

第一章　区域性国际贸易中心研究的理论基础

　　本章作为全书的理论基础，首先要界定研究的范畴和核心概念。通过对"中心—国际贸易中心—区域性国际贸易中心"概念的层层梳理，来解构"区域性国际贸易中心"的定义，明确研究的对象。

　　本书对既往理论的把握和运用，是按照"区域性国际贸易中心产生—形成—发展—效应评价"这样的主线来展开的，对相关的多学科理论进行思想溯源。本书在理论溯源时试图突破学科的界限，从理论本身的内涵入手，寻找与"区域性国际贸易中心"的内在联系。

　　古典区位理论对什么地方能够成为中心、中心和周边是何关系进行了研究；古典贸易理论和新贸易理论对贸易的成因、什么地方（城市）具有贸易优势进行了研究，为哪些地方具有区位优势，能够产生贸易活动，能够提供什么样的贸易产品提供了思考——这就是区域性国际贸易中心产生的区位思想溯源。

　　古典集聚理论对生产要素如何集聚，集聚的效果如何、集聚的程度怎样判定进行了研究；新经济地理学集聚理论研究了经济活动空间集聚和空间增长的现象，为与贸易产业活动相关的各要素如何向一定区域集聚提供了思考——这就是区域性国际贸易中心形成的集聚思想溯源。

城市竞争力理论从宏观角度研究了什么样的城市具有国际贸易中心的层级水平，贸易产业竞争力理论从各古典贸易理论的竞争优势角度出发，从微观角度研究了各贸易要素的表现，为具有区位优势和集聚能力的城市如何进一步发展为区域性国际贸易中心提供了思考——这就是区域性国际贸易中心发展的竞争力思想溯源。

增长极理论从中心的回流作用及对周边地区的扩散效应角度进行研究，空间经济理论从各个地区向中心的集聚以及中心对周边的辐射效应角度进行研究，为判断具有潜力的区域性国际贸易中心是否真正有效发挥了中心应该具有的效应提供了思考——这就是区域性国际贸易中心效应评价的思想溯源。

通过以上架构，本书力图形成清晰的理论主线，层层推进，从"产生、形成、发展和效应评价"的视角，指导全书的研究。

第一节　研究范畴和核心概念界定

一、中心、中心城市

（一）中心

"中心"作为经济学概念，最早出现在 20 世纪 30 年代德国经济学家克里斯塔勒（Walter Christaller）创立的中心地理论（The central place theory）中，认为城市的主要职能就是充当区域的中心，中心城市能够持续促进区域的发展和繁荣，根源在于其具有的中心地职能。[①]

随后，在 20 世纪六七十年代，学者们对"中心"的研究主要集中在中心地区对外围地区的效应上。瑞典学者冈纳·缪尔达尔（Gunnar Myrdal，1957）提出中心对外围有涓滴和回流效应，英国学者赫希曼（A. O. Hirschman，1958）提出涓滴与极化效应，美国学者弗里德曼（A. J. Friedmann）和克鲁格曼（Paul Krugman）分别建立了中心—外围模型和核心—边缘模型，都说明了中心和外围的关系。

"中心"代表了区域经济发展中由于某些优势促使经济率先发展起来的部分区域，各种生产要素集聚使得核心增长区的创新、变革都十分容易；中心对周边地区的辐射和推动作用表现在对经济资源的组织和协调上，而周边地区在中心地区的影响下，会逐渐呈现向中心靠拢或和中心发展差距拉大的情况。

（二）中心城市

在"中心城市"的概念论述中，马克思、恩格斯指出随着社会分工的扩大，城市的社会组织功能增强，进一步发展为金融、科技、交通运输、信息、文化中心等。[②] 亚当·斯

---

① 李丽萍. 城市人居环境［M］. 北京：中国轻工业出版社，2001.
② 宋思曼. 国家中心城市功能理论与重庆构建国家中心城市研究［D］. 重庆：重庆大学，2013.

密指出城市发展与分工相辅相成，分工推动城市产生，分工扩大带来规模经济，而城市的不断发展又促进分工的深化。美国城市理论家刘易斯·芒福特（Lewis Mumford）认为城市将各种社会要素和成分集聚在一个固定空间内并使其相互发生作用。英国城市学家埃比尼泽·霍华德（Ebenezer Howard）认为城市就是"磁场"，吸引各种生产要素被"磁化"，包括人力、商品、资本等，它们被吸引、融合，继而对外界产生更强烈的磁力。①

我国学者在研究这一问题时，往往把"中心"落实到"中心城市"这一概念上。程红（1994）论述了中心城市是区域经济的集聚、组织和辐射中心。杨洁、肖金成（2002）认为中心城市是在区域中处在核心地位，对区域中其他各类城市及乡村发挥主导作用，具有较强集聚和辐射功能的政治、经济、文化科技和对外交流中心。林奇涵（2005）认为中心城市突出的特点是具有明显的集聚性、扩散性、高效性和开放性。李丽萍（2005）认为中心城市具有规模等级之分，按照经济基础、城市规模组成区域中心城市等级体系，全球各个区域的中心城市就是经济节点，通过对外辐射，将各区域经济整体融合起来。虽然哪些城市能够成为中心是一个规划上的概念，但作为建设目标，"中心城市"已经是在国家经济发展中被充分实践和认可的概念。

（三）本书的定义

总结国内外学者的研究，结合本书的研究目的，笔者给

---

① 周游. 经济中心城市的聚集与扩散规律研究［J］. 南京大学学报，2007，7（4）.

"中心城市"下了一个定义：中心城市是在某地理空间内经济最发达、经济职能最完善的城市，在某区域经济发展中处于节点位置，能够发挥中心地职能和主导作用，是国民经济的增长引擎，辐射和带动周边区域经济发展的城市。虽然从行政区划来看这类城市往往是区域行政社会组织的核心，但更强调的是在和周边地区构成的开放型经济循环体系中，其是区域经济网络的核心和区域经济控制和决策中心；突出特点是具有明显的集聚性、扩散性、高效性和开放性，人口集中、企业集中、生产和流通集中，拥有较强的集聚能力、辐射能力、综合服务能力。

一般来说，中心就是一种功能，而中心城市就是发挥中心功能的城市。在后文的论述中，如果没有特别说明，那么中心就是指中心城市。

二、国际贸易中心

首先要说明的是，在理论界和实业界，往往都以"国际贸易中心"来作为"国际贸易中心城市"的简称，比如我们说"纽约是国际贸易中心"，就表示纽约是国际贸易中心城市。

城市功能随着资本主义工业革命的深入和市场经济的不断完善，先量变后质变，是政治、经济和社会文化的中心，是社会前进的主要动力。城市形成工业中心，并在此基础上牢固地确立了贸易中心的地位。[①]

我国学者汪亮（2011）在对上海建设国际贸易中心进行

---

① 列宁. 列宁全集 [M]. 北京：人民出版社，1959：264—265.

研究时，提到了国际贸易中心城市的完整定义："是一国为其工业化发展战略配套的服务型城市，是面向世界开拓全球市场，并从全球获取工业化发展所需的原始资源的战略前哨城市；在这一城市中集聚了国家实施工业化战略的贸易、金融和航运以及其他的服务配套要素，是国内外资本集中、商品与服务交易量大、金融服务体系健全、中介服务配套完整、航运设施先进与服务能级高、交通网络四通八达、区位优势极其明显、国内外信息集中的外向型经济中心城市。"[①] 这一定义不仅强调了中心城市在经济网络中的枢纽地位，更强调了其在对外开放、整合国内外资源中的战略地位。

学界比较一致地认为国际贸易中心城市是自然区位、经济职能和城市影响力在全球范围内居于优势的中心城市，是各类贸易要素集聚之地，具有信息流通、商品中转、服务综合、政策优惠、环境开放等特点，能够融合国内国外两个市场，统一配置人才、资金、技术、商品资源，实现货物贸易与服务贸易相结合，有形贸易与无形贸易相结合，加工贸易与转口贸易相结合之地。

基于此，本书对"国际贸易中心"作如下定义：是指在外向型经济区域中居于核心地位，能够代表国家面向全球市场、发挥主导作用的城市。集聚了国际贸易和相关行业生产要素、有较好的经济基础、有完善的产业配套和支撑，发挥集散和中转作用，有商品流、人才流、信息流和资金流聚集，并以此为枢纽向国外流通，有便捷的交易平台、高效的

---

① 汪亮. 论国际贸易中心建设的国家战略 [M]. 上海：上海社会科学出版社，2011：12.

交通通信网络，能够辐射和推动周边区域对外开放、发展对外贸易的外向型经济中心城市，其往往在政府推行战略性经济政策时发挥先导作用。

三、全球性与区域性国际贸易中心

凡是中心都有其影响和辐射范围，据此可分为全球性的国际贸易中心和区域性的国际贸易中心。

（一）全球性国际贸易中心

目前学术界比较通行的判断贸易中心影响和辐射范围的标准，是依据贸易和经济、金融、物流等因素息息相关的特点，认为全球性贸易中心也是全球经济、金融、航运中心；考虑到国际贸易中心以城市为依托，用城市在世界城市等级排序和世界城市竞争力排行等报告中的地位来判断，与竞争力指数、经济发展指数等指标紧密相关。

全球性的国际贸易中心具有全球影响力，对多个区域的国际贸易有着较强的影响力和辐射力，对世界贸易的交换格局和重要产品的定价均有话语权，其既处于国家与国家之间贸易的中心地位，又是所在国国内贸易的中心地、集聚地，涵盖了对外贸易和国内贸易的所有贸易活动，往往是世界城市、国际化大都市和国际经济组织的所在地。目前国际学术界和实业界公认的全球性国际贸易中心城市有纽约、伦敦、东京等。

（二）区域性国际贸易中心

"区域"是个相对于"全球"地理范围的概念，全球经济正是由若干内部具有相似发展特征，但外部表现又各异的区域经济体共同构成的。

区域的概念至少包含以下基本要素：（1）依托于一定的地域空间；（2）是多重因素共同作用形成的完整地域综合体；（3）区域的内部因素具有相似性；（4）区域具有集聚效应，区域内部至少存在一个集聚核心区；（5）某区域内所有的经济组织主体具有空间同质性或相似性。

区域在经济上是一个完整的地域综合体，该综合体内部具备某种高级循环，由现代化的工业、贸易和服务业、商业批发业、银行金融业、信息技术产业等组成，可以协调整个综合体的经济活动并加强区域间的联系[①]，包含一个作为核心的高级循环的中心城市，附带周边的小城镇和广大乡村[②]，整个区域内部以中心城市为主导，彼此之间相互协调、相互联系。

区域性国际贸易中心具有一定区域的国际贸易影响力，对一定区域内的贸易交换格局和产品定价有话语权，自身市场规模相对较小，经济体量的支撑力有限，针对一定的市场进行影响和辐射。学术界和实业界公认的区域性国际贸易中心以新加坡和香港为代表，新加坡作为一城之国，香港作为一个城市，对亚太地区均具有一定的辐射和影响。同时，日本大阪、韩国釜山、丹麦鹿特丹、西班牙巴塞罗那、印度孟买、阿联酋迪拜等城市也可以看作区域性国际贸易中心，它们都是所在国发展对外贸易的中心城市。

笔者对"区域性国际贸易中心"作如下定义：在经济发

---

① 艾德加·M.胡佛，弗兰克·杰莱塔尼. 区域经济学导论（中译本）［M］. 上海：上海远东出版社，1992：223.

② 郝寿文，安虎森. 区域经济学［M］. 北京：经济科学出版社，1999：8.

展具有相似特征且空间相邻的区域内居于核心地位，能够代表区域面向海外市场发挥主导作用的城市，一定程度上集聚了国际贸易和相关行业生产要素，有一定的经济基础，有较完善的产业配套和支撑，有较大的商品流、人流、信息流和资金流聚集，并以此为枢纽向国外流通，有相对便捷的交易平台和相对高效的交通通信网络，能够辐射和推动周边区域对外开放、发展对外贸易的外向型经济中心城市，其往往在一个区域推行战略性经济政策时发挥先导作用。

第二节　区域性国际贸易中心产生的区位思想溯源

一、古典区位理论对中心选择和空间布局的启示

区位既指某事物的位置，也指空间中事物之间的关系，因此是个相对和动态的概念。

区位理论起源于 19 世纪二三十年代，主要是研究各种类型的经济活动发生在什么地方，为何发生在这些地方，各种经济活动应该布局在什么地方最好，总结空间分布规律，侧重企业的地理分布以及价格与成本方面的地理变化。

（一）农业区位论

19 世纪 30 年代的古典区位理论创始人冯·杜能（Johan Heinrich von Thunnen）创立了农业区位论。该理论通过"杜能圈"描述农业用地区位，运输价格作为内生变量，由运输成本决定，与运输的重量和距离成正比，呈正线性函数。运输成本在经济活动的区位选择中起着关键作用。

（二）工业区位论

20 世纪初，德国经济学家阿尔弗雷德·韦伯（Alfred Weber）对德国 19 世纪下半叶以来的人口集聚、工业区位问题作了综合分析，最后确定了三个一般区位因子：运费、劳动力、集聚与分散。这三个因子综合作用能将企业吸引到成本最低地，并认为运输成本和工资是决定工业区位的主要区位因子。一般来说，企业会综合考虑原材料运到工厂的运费和制成品销往市场的运费以及劳动力成本，从而决定工业区位。

（三）中心地理论

20 世纪初期以来，工业、商业、贸易、服务行业等经济活动向城市聚集，在逐渐加快的城市化进程中，农村退出主要位置。1933 年，德国地理学家沃特·克里斯塔勒（Walter Christaller）主要研究并回答了城市规模大小和区位为何不相同，是否有决定城镇数量、规模以及分布的空间秩序和规律。

城镇作为区域的中心地（central place），其中心地职能体现在为周边地区提供各类产品与劳务资源，根据规模的不同，中心地也就从中心到外围形成不同的等级。同时，中心地等级越高，其数量就越小，能提供商品和服务的范围就越大。高级中心地主要为腹地——市场区（围绕中心地且需要从该中心地获得商品和服务的区域）提供行政管理、企业经营、贸易往来、金融支持、文化精神等服务，除此之外，还包含较低级别的商品和服务。

在后来的发展中，中心地理论与城市体系理论、网络化理论和动态中心地理论等结合，为城市等级、城市分布的研究提供了空间分析视角。

因此，中心地理论带给我们研究中心城市的启示在于如何对区域内城市等级进行研究，对城市内部和城市之间的社会和经济空间模型进行研究，对商业活动的布局进行研究。对于如何合理地布局，要根据经济发展的不同阶段和不同区域特征采取合适的原则进行区域规划，城市建设和商业网点的布局，则要以最大限度地发挥中心地（城市）的职能为准则。

（四）市场区位论

1940 年德国经济学家奥古斯特·廖什（August Losch）提出市场区位论，指在各种市场区的集结点，随着需求量的增大，交通线在城市的扩散中起了重要作用，沿交通线成为经济稠密的工业扇面，远离交通线成为经济稀疏的农业扇面。廖什不仅研究了市场需求和区位选择之间的关系，还研究了贸易流量、交通成本等问题，也对运输网络体系的不同区位之间的服务成本进行了研究，指出区位最后的唯一决定因素就是最大利润，也就是要选择收入和费用之差的最大有利地点，并定义了市场依赖区和规模经济与交通成本之间关系的节点区。

二、现代（运输）区位论对产业布局的启示

美国经济学家、运输区位论学派代表人物胡佛（E. MHoover）认为运费是最大的决定因素，包括线路运营费用（距离变化的运费）和场站作业费用（码头、仓库、装卸、营业机构等开支），前者是距离的函数，而后者往往是

常数。要尽量避免原料和产品的多次中转运输，综合考虑原料供应地、产地和售卖地等，来统筹安排运输方式，同时还提出了在港口区和交通枢纽转换点发展工业的理论依据。

胡佛发现铁路、公路和水路运输方式都存在运费率递减律。运输费用包括站场作业费和线路运营费，在不同的运输方式中，两者所占的比重差别较大。站场作业费在水路运输中最大，其余两者次之。线路运营费在公路运输中最大，其余两者次之。因此，企业选取何种运输方式，综合取决于两种费用的整体考量；而区域管理部门进行交通运输方式的综合布局时，要充分考虑各种运输方式的建设成本和回报，发挥各种运输方式的优势。

农业区位论、工业区位论、中心地理论和市场区位论这四大古典区位论，研究方法都是抽象模型，在孤立区域的假设下，以微观的区位因素和单个企业决策为对象，关注经济活动的空间分布和空间联系，以成本—收益分析为基本方法，以运输费用最小化或利润最大化为主要依据考察最佳布局。该四大古典区位论给予我们以下启迪：（1）寻找最低的成本区位，（2）注意集聚效益、规模效益和外部效益，（3）城市土地结构合理化利用，（4）充分考虑社会分工带来的空间结构变化和运输效果。而克里斯塔勒和廖什的区位理论主要关注市场，由生产加工到服务，从一般的、静态的、全局的角度考察区位。[①] 以胡佛为代表的运输区位论也充分论证了运输成本对产业布局的重要性，更具体地指导了如何根据运费结构进行合理布局。

---

① 杨吾杨，梁进社. 高等经济地理学［M］. 北京：北京大学出版社，1997.

上述理论虽然局限在微观企业的产业布局选址上，但由于原则是相通的，因此仍为区域性国际贸易中心应该处在什么样的区位、和周边地区形成怎样的产业布局、为周边提供什么样的服务和商品、如何合理安排整个区域的交通运输体系提供了宝贵的思考，极富现实意义。

三、新贸易理论对贸易产品优势生产区位的判断

第三次科技革命时期，以保罗·克鲁格曼为代表的经济学家们提出新贸易理论，认为规模经济是国际贸易的起因和贸易利益来源的非常重要的独立于资源禀赋差异以外的因素。该理论引入了规模经济的假设，利用迪克西斯特（Avinash Dixit）和斯蒂格利茨（Joseph Stigliz）在 1977 年共同建立的 D-S 模型，将传统的张伯伦模型（把差异产品和内部规模经济考虑在内的垄断竞争模型）结合萨缪尔森的冰山运输成本概念推广到开放条件下，创立了"新张伯伦模型"，打破了传统贸易理论[①]中关于静态的、规模收益不变和完全竞争的基本假设。

新贸易理论主要研究规模报酬递增、不完全竞争、产品存在差异条件下的产业内贸易，认为哪怕不是拥有某种要素禀赋的国家，也可能通过某些历史因素、偶发事件，成为某个产品的专业化生产地，获得突出的规模收益，同时拥有突出的产品差异优势，那就要采取战略性贸易政策，创造竞争优势推动该类产品的生产和出口。此外，新贸易理论还对产业集群进行了研究，假设一个国家有两个区域，有农业和制

----

① 传统贸易理论的核心就是认为比较优势来自生产技术或要素禀赋。

造业两种活动，在规模报酬递增、较便宜的运输成本和较高的资金投入的情况下，证明了产业的集聚最终能够促进某个地方成为某个产业的制造业中心。[①] 很好地解释了日本为何在 20 世纪 60 年代一举成为钢铁制造大国。

以保罗·克鲁格曼为代表的新贸易理论，打破了传统贸易理论对完全竞争和规模报酬不变的假设，从更加中观的企业和产业组织层面，解释了制成品产业内贸易的扩大。这就解释了发达国家的城市在成为贸易中心的过程中，为何发展出口导向型的制造业，国家如何制定战略性贸易政策。同时也为其他城市的发展提供了一种思路，比如成为某种专业产品的制造中心，进而发展成为专业的国际贸易中心。

第三节　区域性国际贸易中心形成的集聚经济思想溯源

区位选择理论和城市经济学的城市发展阶段论为解释国际贸易中心为何会出现在某些城市提供了依据，但并不能解释国际贸易中心形成的原因。

根据前文对贸易中心的定义，贸易中心要具有强大的要素集聚能力，这里的要素贯穿于产品制造、物流运输、港口口岸、通关、金融保险服务等环节，不仅是外向型企业的生产要素，也是贸易企业、物流企业、金融保险、跨国公司管

[①] Paul. Krugman. History and industry location：the case of the manufacturing belt [J]. American Economic Review，1991.

理、资金、信息、专利、技术、品牌、营销网络等生产性服务和流通性服务要素的集中和集聚。因此贸易中心的形成可看作是所有与贸易相关的要素在地理空间集中的过程，也是贸易产业集聚，甚至和产业链中的相关产业形成产业集群的过程。其中，要素集中是集聚的前提，而产业集群是产业内所有要素的集聚，是产业链条深度融合的结果。

但要注意，本章研究的贸易集聚有两个层面的含义：一是各贸易要素如何集中在一定的地理空间，这是形成机制要研究的问题；二是如何判断某地是否已成为贸易中心，就是要进行某地和周边的空间相关性判定，此时的贸易集聚指的是空间相关关系（集聚效应和辐射效应）。本节要解决的是前一个问题，即集聚因素的理论思想溯源。

空间异质性促进了产业专业化和贸易的发生，就此而言，对经济集聚进行研究的理论，必然涉及对空间异质性的研究。交易场所和运输节点也提供了重要的空间异质性，也有必要对地域集聚进行研究。本节介绍的理论，既包括对产业集聚的解释，也包括对地域空间集聚的解释。

一、古典集聚经济理论对产业集聚动因的分析

新古典经济学家阿尔弗雷德·马歇尔（Alfred Marshall）于1890年首创"外部性"概念，认为集聚的动因是企业追求外部经济，指出了地方性劳动市场、非贸易用途的中间产品供给、技术信息外溢三个基本因素共同决定经济的空间集聚——由于劳动力的培训和使用越发专业化，而技术的壁垒较高，因此集中的企业和市场保证了拥有专业技术的劳动力在一定区域内大量集中，难以流动（地方性劳动

市场），从而为非贸易用途的中间产品供给提供了便利，同时由于技术和劳动力都在一定区域内密集存在和充分交流，集中的生产能更多地享受信息外溢的好处——这三个因素形成了产业经济活动特定范围的空间约束，也是一个经济区域形成的边界条件。

其核心观点就是，劳动、技术等生产要素的集聚为更加专业的产业工人提供了集中的市场平台，在此间技术信息得到了充分交流、劳动技能被相互学习、市场中所有相关企业都获得了知识外溢，最终促进了专业化技能和服务的发展。

二、新经济地理学的空间集聚理论与国际贸易空间集聚

20 世纪 80 年代开始，以保罗·克鲁格曼（Paul Krugman）为代表的一些学者以国际贸易理论、新增长理论和地理研究的结合为出发点，将收益递增、不完全竞争、运输成本和要素流动等内容引入对产业空间集聚的研究。1991 年，克鲁格曼发表《报酬递增和经济地理》，建立了 C-P（Core-Periphery）模型，开创了一门新的学科：新经济地理学。1999 年和 2003 年，藤田昌九（Fujita, al）、克鲁格曼和维纳布尔斯（A. J. Venables）系统介绍了新经济地理学完整的理论框架，将空间集聚和经济增长真正结合起来。

新经济地理学强调空间的非均质性，突破了以往的"集聚经济导致集聚"的循环论证，其创新之处在于指出内生于企业的规模收益递增和贸易成本壁垒是导致经济在更广阔的地域范围内进行空间规模集聚的两种核心力量，揭示了规模报酬递增是集聚产生的根本原因，它是对传统空间分析的一

般化和动态化，通过成熟的一半均衡模型，求证并解释空间不平衡的原因。[①]

研究经济系统内生的空间发展结构模型就是核心—边缘模型（core periphery model），是将 D-S 模型的传统张伯伦模型和萨缪尔森的"冰山交易技术"结合，找到了主流经济学对空间概念在垄断竞争框架下进行解释的途径，从此把地理空间概念引入了经济学家们的关注范畴。

假定在一个空间系统内包含制造业和农业两个部门的经济：（1）农业部门完全竞争，生产产品单一同质，制造业部门垄断竞争，生产差异化产品。（2）农业部门报酬不变而制造业部门报酬递增。（3）两个部门都只使用一种资源即劳动力；农业部门劳动力均匀分布，不可流动，制造业劳动力的工资报酬存在地区差异可以非均匀分布。（4）农产品运输成本为零，制造品存在"冰山运输成本"。[②] 在此基础上考察空间可否实现自发的生产区位均衡，最后得到经济的演化可能导致核心—边缘格局的结论。

这一格局的实现需要具备三个条件：（1）运输成本足够低，制造业活动就容易集中。（2）制造业产品差异足够大，基于距离演变的贸易量下降越快，经济相对更易集聚。（3）制造业份额足够大，从而有较大的前向和后向关联，运输成本、产品差异和产业份额是最核心的集聚力。关键系数的微小变化使经济发生波动，最初区域的均衡状态被打破，由于经济规模存在且和集中程度呈正比，因此运输成本越

① Krugman P. Space：the final frontier ［J］. The Journal of Economic Perspective，1998（12）：161-174.

② 梁琦. 空间经济学：多学科的融合与创新［J］. 地理教学，2006（9）.

低、产品差异越大、所占份额越大，越有利于集聚。优势不断累积，服从循环累积的因果关系，出现自我增长的集中现象，从而成为产业集聚中心；另一个劣势逐渐显现，边缘化后成为外围。

该模型的机制由三个不同的效应产生：市场接近效应、生活成本效应以及市场拥挤效应。市场接近效应源于企业在生产成本固定不变的条件下，降低交易成本要靠近最大的市场；生活成本效应是企业数目越多的地区，运输成本越低；市场拥挤效应是企业越多，竞争越激烈。三者互动作用，导致循环累积因果的集聚机制产生。使用核心—边缘模型可以经由特殊偶然历史事件的发生，预估某地会产生集聚的优势，于是形成对周边的吸引力，导致厂商生产区位的改变；形成行业的地理集中和获得垄断竞争优势。

新经济地理学的基本问题就是解释一切经济活动的区域集聚、空间集聚现象，观察经济变量的空间关系，研究对集聚产生作用的向心力和离心力。

新经济地理学给予我们分析要素和产业在空间中集聚的启示在于：从规模报酬递增、劳动力迁移的动力、与距离有关的交通成本、路径依赖、"锁定"等角度解释了经济活动和财富在一定空间集聚而其他地区不太发达的原因，也为区域的发展提供了从空间要素上进行资源整合的理论依据。企业、行业和产业往往集中在某些特定的空间中，经济主体呈现空间集中并自我积累增长，当企业集聚时，本地化收益就会递增。要素收益上涨和空间距离被用来解释现实中观察到的各种等级化的空间产业格局的发展，并发展出一系列模型：C-P 模型、国际专业化模型、全球和产业扩展模型等，揭示出一些重要的理论含义，特别是在当今知识信息的可共享性、外溢性和扩散性的新经济潮流作用下，能够解释经济和贸易增长的新现象。

第四节　区域性国际贸易中心发展层次的竞争力思想溯源

竞争力是一个比较概念，是建立在和同类主体进行比较的基础上，以资源获取、价值追逐为核心的行为主体追求的目标和行为动力。资源获取的多寡、价值收益的大小是行为主体的行为绩效和行为能力的外在表现，它成为竞争力的形式，成为行为主体之间进行多方面比较的普遍基础和共同尺度。[①] 贸易优势理论揭示了各国在国际贸易竞争中形成优势的理论基础。

一、贸易比较优势理论对贸易各方禀赋优势的解释

亚当·斯密的贸易绝对优势理论和大卫·李嘉图的贸易比较优势理论是研究竞争力和竞争优势理论的基础和源泉。

亚当·斯密用层层深入的方式，指出各国存在商品价格的绝对优势差异是因为蕴含在商品中的劳动生产率存在差异，这又来源于生产技术的差异，生产技术的差异又来源于各国生产特定商品的生产条件的不同，既有自然条件比如地

---

① 倪鹏飞等. 2012 中国城市竞争力报告［R］. 北京：社会科学文献出版社，2012：27.

理、环境、土壤、气候、矿产等的不同，又有后天条件比如通过培训获得的生产技巧和工业的不同。

大卫·李嘉图认为两个国家进行比较，即使一国拥有两种商品的绝对优势，仍然可以和另外一国进行贸易交换，因为可以将具有比较优势的商品进行出口，换取另外一国具有比较优势的商品，从而实现分工利益。

赫克歇尔—俄林理论分析了区域分工和贸易与生产要素禀赋的关系，认为生产要素禀赋差异带来劳动生产率差异，从而导致区域分工和贸易。该理论认为，在区域贸易体系中，各区域都应该生产和出口本区域要素密集的商品，并进口本区域要素相对稀缺的商品，实现各区域的分工利益。①

贸易优势理论反映了基于最低层次的自然禀赋的差异，由此带来一系列生产条件和生产技术的差异，导致两国竞争能力差异，产生了贸易。自然禀赋和生产要素的竞争，一定意义上就是贸易竞争力的最基本形式。

二、新兴古典贸易理论对贸易中心综合优势的解释

20 世纪 80 年代以来，在新兴古典经济学②框架下，新兴古典贸易理论从交易费用与专业化分工角度分析贸易的成因，从交易的空间集聚程度解释贸易，认为是交易费用和专业化分工的互动引发了贸易。

当市场交易的空间集聚程度较低时，局部分工是主要状

---

① 贝蒂尔·奥林. 地区间贸易和国际贸易 [M]. 王继祖译. 北京：首都经济贸易大学出版社，2001：33—34.

② 新兴古典经济学是对由杨小凯、黄有光、威尔斯、罗森、吉姆和柏兰德等建立的经济分析方法和流派的划分，是对古典经济思想的回归。

态；当市场交易的空间集聚程度提高，整个生产和消费体系就实现了完全分工，完了交易效率由低到高，从自给自足到局部分工，再到完全分工的过程。在部分分工和自给自足两种情况下，经济系统的报酬递增将消失，地区经济增长的循环过程也被打断——贸易理论的核心重新回到分工引起的规模报酬递增——不仅推导出经济组织的形成和演化问题，而且使空间距离成为内生变量。

在新兴古典贸易理论的观点里，贸易的开展取决于一种综合优势，要综合考虑交易费用和生产的内生优劣势。杨小凯（1991）建立了分工演进和城市化关系的一般均衡模型，说明如果所有的居民都集中在一个很小的地方形成城市，距离缩短会提高交易效率，促进分工深化和生产力发展。

经济活动的分工深化和专业化引发并强化的内生优势大于因贸易产生的交易费用，因此，随着交易费用下降、交易效率提高、规模报酬递增，国际贸易得以产生。

由于放松管制和全球化影响的增强，国家作为一个空间单位的作用被拆分或削弱，这就为其他空间单位权利的上升创造了条件，城市正是定位在这一背景下作为新战略层面和空间单位的一个例证。①

从城市角度看，国际贸易是城市经济活动的流通环节，是融通商流、物流、资金流、人流和信息流于一体的调节中枢，发挥着集聚与疏散生产要素的经济职能，在此意义上，国际贸易竞争力集中体现为城市流通产业的规模、结构、效

---

① 萨斯凯·萨森. 全球城市的视角：对上海的理论启示［A］//陈向明，周振华. 上海崛起：一座全球大都市中的国家战略与地方变革［C］. 上海：上海人民出版社，2009：25.

率以及国际化程度；从区域经济发展角度看，国际贸易是城市经济发展水平、模式和综合实力的集中反映。只有那些能够为贸易主体降低交易费用、提高交易效率的城市，才能成功地集聚贸易主体、扩大贸易规模、培育内生优势。一个城市的专业化程度、结构多样性、贸易依存度、商品化程度、经济一体化程度、生产集中度等都可以由此推断说明。

由于国际贸易的发展促进了分工，经济结构由此变得多样化，同时，经济从互不往来到局部分工发展到全球分工，生产更加集中、市场更为融合、经济外向程度更高、商业活动更繁荣，这就是国际贸易给各国带来的好处。因此，城市的产业结构、人力资本、地理区位、基础设施、公共服务等要素决定了内生的生产率和交易效率，从而进一步决定了城市的国际贸易竞争力。

从狭义上讲，不考虑生产领域，那么城市的国际贸易竞争力主要是指流通业在全球市场配置资源的能力。流通是城市重要的经济活动，是贸易的产业载体，是联系生产和消费的必要环节，物流就是实现商品的物理性转移和存储，商流是实现商品所有权的转移。流通包括物流和商流，在此过程中消除了时间、空间间隔和社会属性间隔。在消除社会、空间和时间的间隔过程中，商品实物和所有权的转移伴随着大量的资金往来，称为资金流；伴随着各类信息的产生、传递、获取、辨识、应用，叫作信息流；各种贸易活动带来区域间和国家间自然人的流动，称为人才流。这五种要素聚集在一起，形成一定规模，经济活动的规模报酬递增就随之发生，交易费用因此下降，效率得到提高，城市的国际贸易竞争力因为流通的传递和聚集得到提升。

三、国家竞争优势理论对贸易产业竞争力发展的启示

传统的贸易理论，无论是绝对优势理论、比较优势理论，还是要素禀赋论，都是在静态框架下的分析。为了克服静态分析的缺陷，一些经济学家开始从另外的角度研究新的贸易理论以解释国际贸易和国际产业优势。

美国哈佛大学教授迈克尔·波特（Michael E. Porter）提出"钻石模型"，从产业角度提出了分析国际贸易竞争力的框架，认为生产要素、需求条件、相关及支持产业、企业战略结构和同业竞争共同构成国家竞争优势，此外还包括机会与政府政策的辅助支撑。

其中，生产要素包括自然禀赋、基础设施建设、人力资源、资本、教育水平等；需求条件包括消费者需求层次、需求的多样性、国内与海外市场大小的比较、相关及支持产业。企业战略结构和同业竞争包括各种不同的产权组织形式和管理模式之间的相互竞争，促使相关产业获得国际优势。机遇包括突发事件和创新等，政府政策是鼓励竞争优势产生的政策。这些要素都支撑着产业获得竞争优势，从而顺利地参与国际贸易获取最大利益。图 1.1 为国家竞争优势"钻石模型"示意图。

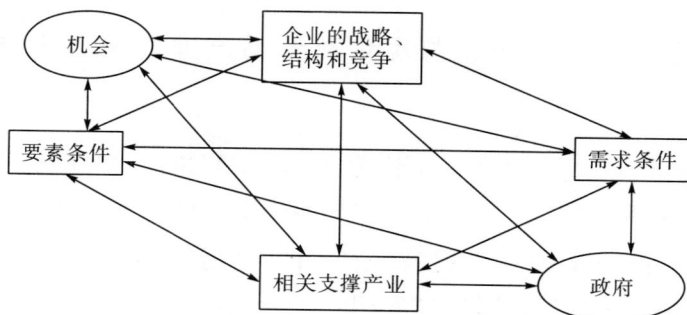

图 1.1　国家竞争优势"钻石模型"

第五节　区域性国际贸易中心效应评价的思想溯源

一、循环累积因果论与增长极理论

（一）循环累积因果论对区域经济不均衡增长的研究

在 20 世纪 50 年代，瑞典经济学家、诺贝尔经济学奖获得者冈纳·缪尔达尔（Gunnar Myrdal）针对各种流行的经济发展均衡模型提出了不均衡发展模型，其核心观点就是循环累积因果机制：一个国家的某个区域由于某种原因实现经济加速增长，那么该区域将对投资者产生更多的吸引力，进而实现更快的经济发展；如果资源有限，那么整个地区的发展将会为保证该区域的发展而以牺牲其他区域的发展为代价。这个过程被称作极化过程。缪尔达尔认为位置和技术具有优势的地区具有自给性的集聚作用，且优势会不断累积，贸易和生产要素的流动更趋向于回流到优势地区，从而引起该地区的极化效应远大于贸易和生产要素向区域其他地区的扩散效应。当把经济规模、交通成本以及消费支出中非农业产品的比重等因素考虑进来后，人口开始集中，但地域开始分化，一旦开始，该过程自行循环。缪尔达尔的循环因果论由此得到印证：制造商倾向于进入集中的市场，而市场在制造业集中的地方变得更大。

（二）增长极理论对中心城市集聚效应和辐射效应的启示

"增长极"的概念最早由法国区域经济学家弗朗索瓦·佩鲁（Francois Peroux）于 1955 年提出，他认为经济要素的作用是在非均衡条件下发生的，增长首先出现在某个优势点，并经一定渠道和方式扩散，而技术变化和创新在增长极的形成过程中发挥着重要作用。

佩鲁的增长极概念是一个纯经济概念，与地理空间无关，着重指工业部门的推进型企业自身的内增长，也就是某些主导产业或者有创新能力的企业获得先发优势，率先实现规模效益，进而通过外部经济和乘数效应引发更大区域的发展。

区域经济学家拉苏恩（J. R. Lasuen）指出增长极是由一系列经济活动体现而来的，首先围绕着主导产业集群成块，随后形成空间集聚，这种经济活动产业组织中心的增长速度比区域内部其他经济活动更快。

1957 年法国地理学家 J. 布德维尔（J. Boudeville）把"增长极"概念和"地理空间"概念结合起来，认为推进型企业具有外部经济和集聚效应，以城市为载体，吸引更多生产要素形成空间上的集中分布，于是拥有推进型产业的城市成为增长的点，继而带动整个区域的发展。"增长极"有了地理意味，也有了"核心"和"中心"的内涵。

美国发展经济学家赫希曼（A. Hirschman）研究了增长极和周边区域的关系，认为增长极在最开始形成时，会有一定时期的不断积累和强化，而周边地区却不能获得这种发展带来的机遇，因此核心地区与周边地区的差距会使核心地区呈现出"极化效应"。但从长期来看，涓滴效应会占主流。增长极自身积累发展到一定水平时，经过市场机制的调节，通过各类生产要素的流动，就会提高边际劳动生产率，使之达到均衡状态，促进和带动周边区域发展，缩小区域发展的差异。

从20世纪60年代增长极的地理概念得到强化后，该理论在发展中国家和地区的运用尤其广泛，率先发展起来的增长极经济越来越发达，但同属一个区域的周边地区并没有得到增长极发展所带来的好处，增长极与周边地区的差距扩大，其间的经济往来几乎停滞，尤其体现在城乡差距上。

因此从20世纪七八十年代起，学者开始研究科学的区域开发与规划理论，试图找到和增长极理论的有机结合点。

英国经济学家理查德森（Richardson，1969）认为增长极的回流效应和涓滴效应是动态变化的，并提出了两种效应叠加影响在时间序列上动态变化的理论假设，以15年为一个周期，回流效应先是大于涓滴效应，后被反超。布赛尔（1979）列举了各种区域发展战略的不同形式，讨论了增长极存在的意义，分析了实现增长极战略目标的关键环节。

经过若干年发展，增长极理论已经成为区域经济发展的重要理论。认为经济发展在地理空间上具有异质性和不平衡性，对经济建设具有重要的指导意义和广泛的应用性：一是通过规模经济、外部经济和分工协作，着重发展推动型工业，实现生产和服务职能在地域上的集中开发、集中投资、重点建设，从而促进优势地区的高速发展；二是涓滴效应通过政府干预、注重扩散等手段，通过区域动力传输机制将增长极优势进行扩散，引发区域经济部门结构的变化和经济地域空间结构的优化。

增长极给中心城市的启示在于：什么样的条件可以促使增长极的形成，形成后对周边如何产生积极作用。具有内增长特性的推进型企业，在国际贸易范畴中，就是要利用好资金，进行技术研发和吸引人才，在一定政策的激励下率先创新，营造良好的生产环境，发挥规模经济的作用，使贸易的相关各产业发展成为城市经济发展的主导产业，营造良好的投资环境，再通过乘数效应和外向经济带动周边地区的发展。区位优势自动引发生产集聚带来增长极，也需要国家战略规划创建良好的政策环境，主动打造增长极。增长极的影响和辐射范围有大小之分，从增长方式看可以单极增长，也可以多极增长。增长极形成后，一定要注意它的回流效应和涓滴（扩散）效应，合理地加以政策方面的各种引导，促使增长极带动周边经济的发展，尽可能减少不平衡性，才能起到区域性中心建立的最终作用。

中心城市的经济发展程度和辐射能力会直接影响周边城市的兴衰和整个城市体系的兴衰，在整个城市体系的发展中占据着经济活动的支配和引导地位。它是整个城市体系的增长极，而城市体系又是区域发展的引擎和更大规模的增长极。那么，探讨中心城市的建设，就把增长极和城市体系发展的概念紧密结合在了一起，对于推动区域的经济发展具有重要的意义。

增长极理论对区域性国际贸易中心的启示在于，区域对外贸易发展是不均衡的，在认识到这一客观规律的基础上，如何使得中心城市的要素集聚在不断累积，集聚效应不断增强的基础上，预防极化效应的扩大；在一定阶段采取措施促进辐射和扩散效应的显现，并尽量使中心城市发挥积极的增长极作用，最终带动整个区域对外贸易的共同发展。既要发挥增长极作用，引导共同发展；更要注意极化和扩散效应的博弈。

二、空间经济理论与贸易集聚、辐射效应

（一）空间经济理论的起源和演进

人类的经济活动在空间维度上表现为空间上的发展不平衡。但在马克思主义经济学、西方古典经济学、新古典经济学等主流经济学及它们的各种流派的研究中，空间都是被视为同质的，或者作为客观存在的必要条件带过。但"空间是日常经济生活的中心，交换总是涉及人和商品的流动。甚至，在各种形式的区际和国际贸易中，空间是交换的本质"①。

把空间概念引入经济学领域最早可以追溯到英国的古典政治经济学，亚当·斯密的绝对利益学说和大卫·李嘉图的

---

① 皮埃尔-菲利普·库姆斯，蒂里·迈耶，雅克-弗朗索瓦·蒂斯. 经济地理学：区域和国家一体化［M］. 安虎森等译. 北京：中国人民大学出版社，2011：23-24.

比较利益学说都涉及生产特定产品的空间区位论，尤其是后者的理论被扩展到其他经济活动外生的空间方面的非均质性，比如自然资源禀赋和地形等，这其实就是基于比较利益的区位理论。但忽略了运输成本的研究就区位理论而言没有太大意义，所以其还不能算是真正意义上的空间理论。

对空间组织的经济学研究最早可以追溯到 19 世纪初期形成的古典区位理论，因为对生产布局的研究实际上就是对经济空间关系的研究，所以可以把古典区位理论创始人杜能视作把空间引入经济学领域的先驱。古典区位理论也就是空间理论最早的论述。

到了 20 世纪四五十年代，工业化、城市化浪潮要求学者更多地把研究目光投向经济活动的空间布局最优化，并与社会、生态相协调。这一阶段区位论以区域经济的各种现实问题为研究对象，细分为区域科学和人文地理学，后逐渐发展为区域经济学。20 世纪 50 年代到 60 年代，美国经济学家沃尔特·艾萨（Walter Isard）引入计量经济学，着重研究综合性的区域问题，将单个部门和企业的最优规模和布局模型加以扩大，成为企业综合开发模型，涉及生产、流通、运输等多个方面，用来研究区域总体均衡及各要素对区域总体均衡的影响。后来的很多学者尝试数学化，发展了新古典城市土地利用模型。艾萨德的《区域科学导论》在 1975 年出版，至此区域科学发展到成熟阶段。

第二次世界大战后的区位研究学者们一直试图将空间组织问题全面带入主流经济学研究领域。艾德加·M. 胡佛说："直到不久前，传统经济学家仍视而不见'何地'问题。他们陷入一大堆问题中，却未能提供任何涉及空间因素的分析。"① 他在《区域经济学导论》中就阐述了城市内部空间结构的含义和模型，认为空间是"事物存在的一种形式和一种重要的资源"②。

在区域经济学研究中，区位问题被看见，但被视为既定，研究者运用微观和宏观经济理论，研究的是厂商、产业和经济三位一体的活动和相互作用，更侧重于区域经济增长和区域间协调、科学发展。理查德·阿诺特（Richard Amott）在论述空间经济学时说过："空间迄今为止没有被成功地结合进主流经济学的原因在于空间经济的最重要两个特征：运输成本（交易成本的形式之一）和生产与消费中的递增收益在标准的阿罗—德布勒一般均衡模型（竞争者一般均衡模型；新古典主义模型的典范）中双双抽象掉了。"③ 在列举了四种情况④对经济活动定位的影响之后，他发现"只有当运输成本与可变的或递增的规模收益同时具备时才

---

① 艾德加·M.胡佛，弗兰克·杰莱塔尼. 区域经济学导论（中文版）[M]. 上海：上海远东出版社，1995.

② 艾德加·M.胡佛，弗兰克·杰莱塔尼. 区域经济学导论（中文版）[M]. 上海：上海远东出版社，1995.

③ 理查德·阿诺特. 空间经济学 [A] //约翰·伊特韦尔默里·米尔盖特，彼得·纽曼. 新帕尔格雷夫经济学大辞典：第四卷 [C]. 北京：经济科学出版社，1992：460—462.

④ 他指出在一个没有外部环境的空间上均质的经济中，（1）在规模收益不变而没有运输成本的情况下，经济活动的规模和区位都不能确立；（2）在规模收益不变加入运输成本的情况下，或者在收入递减的情况下，每个人都将在本地生产其必需品；（3）在规模收益递增而没有运输成本的情况下，所有经济活动都将发生在空间的某一点；（4）在规模收益可变而没有运输成本的情况下，所有经济活动都在本地的不变规模收益水平上运营。

可能存在某种在经验上有意义的区位均衡"①。

但实际上，所有的经济活动都是在一定的空间内进行的，而空间又不可能是同质的，所以必须将空间因素引进来，结合时间一并研究。

在现有文献中最早确切提出空间概念并作出基本解释的是地理学科研究领域的早期学者 F. 拉采尔（F. Ratzed），空间既具有自然、经济、社会、政治、文化等多个维度，体现于更宽泛结构里的一整套关系的表述。

空间经济学研究"生产的空间区位"，是回答经济活动发生在何处且为什么发生在何处的问题，不是研究已经存在的特定区域，而是将区域与城市作为内生变量，研究经济活动及相互作用，相比区域经济学，空间经济学更前进了一步。

空间经济理论在古典区位论的基础上从微观选址发展到宏观的空间经济布局，并集中体现为区域经济学、区域科学、城市经济学和空间经济学的递次发展。

（二）空间经济理论的核心思想

空间经济是描述要素在空间中如何集聚的理论，认为要素的集聚是两种相反的力量相互作用的结果：向心力和离心力。外部经济、收益递增、产品生产可流动性、充裕的劳动力市场可决定向心力，地租、拥挤程度、不可流动的生产要素和其他外部不经济决定离心力，两力相互作用共同决定要素的集聚。

本书所要研究的贸易集聚有两个层面的含义：一是各贸

---

① 郭鸿懋等. 城市空间经济学 [M]. 北京：经济科学出版社，2002：5.

易要素如何集中在一定的地理空间，这是形成机制要研究的问题；二是如何判断某地是否已成为贸易中心，就是要进行某地和周边的空间相关性判定，此时的贸易集聚，从空间统计经济学的实证角度，指的是空间相关关系（集聚效应和辐射效应）。本节要解决的是后面这个问题，空间集聚效应的思想溯源。集聚效应是指各种产业和经济活动在空间上集中产生的经济效果以及吸引经济活动向一定地区靠近的向心力，是导致城市形成和不断扩大的基本因素。贸易集聚效应指各地区之间的贸易量在空间上的经济效果是向中心地区集聚，即贸易量高的地方集聚在一起。贸易的辐射效应是经济辐射效应的一种以贸易表达出来的形式，某个地区贸易的发展会带动周围地区贸易量的增加。[①]

新经济地理学和空间经济学并没有十分明确的概念，可以把空间经济学理解为新经济地理学在模型化和实证分析方向上的不断发展。

在模型分析上，以克鲁格曼为代表的学者在 D-S 垄断竞争模型的基础上使用了收益递增—不完全竞争的研究方法，建立了以 C-P 模式为核心的区域模型、以城市层次体系演化为中心的城市模型、以产业聚集和国际贸易为代表的国际模型。[②] 在实证方面，空间统计与计量经济学共同发展为空间计量经济学。借助于地理信息系统、遥感技术，结合

---

① 杞如福. 对外贸易空间集聚的理论研究 [J]. 延安职业技术学院学报，2014 (8)；也据经典宏观理论－人大经济论坛－经管百科 －网络，http：// www. pinggu. com/category－view－27. html.

② 刘育红. "新丝绸之路" 经济带交通基础设施、空间溢出与经济增长 [D]. 西安：陕西师范大学，2013.

GeoDa、ArcGIS 和 MATLAB 等软件，把空间视作异质性的变量大大拓宽了研究者的思路，相关问题的定量研究进一步深入。

本章小结

本书按照"区域性国际贸易中心产生—形成—发展—效应评价"这样的主线来展开，对相关的多学科理论进行思想溯源。

古典区位理论、古典贸易理论和新古典贸易理论为哪些地方具有区位优势、能够产生贸易活动、能够提供什么样的贸易产品提供了思考——这就是区域性国际贸易中心产生的区位思想溯源。古典集聚理论和新经济地理学集聚理论为与贸易产业活动相关的各要素如何向一定区域集聚提供了思考——这就是区域性国际贸易中心产生的集聚思想溯源。城市竞争力理论和产业竞争力理论为具有区位优势和集聚能力的城市如何进一步发展为区域性国际贸易中心提供了思考——这就是区域性国际贸易中心发展的竞争力思想溯源。增长极理论和空间效应理论为判断具有潜力的区域性国际贸易中心是否真正有效发挥了中心应该具有的效应提供了思考——这就是区域性国际贸易中心效应评价的思想溯源。

通过以上架构，本书的理论脉络就已呈现，对应"产生—形成—发展—效应评价"的主线，全书的研究就按"区域性国际贸易中心是什么样的（第二章），形成机制和影响因素是什么（第三章），目前我国各城市建设现状如何（第四章），各城市的综合潜力如何（第五章），具有潜力的城市在区域内和周边地区的空间效应如何（第六章），应该怎样发展（第七章）"这样的架构铺开。

第二章　国际贸易中心的历史演进与对区域性国际贸易中心的启示

研究国际贸易中心的历史演进，是为了梳理国际贸易发生的时代背景以及当时条件下的生产关系、贸易方式。可以按照历史和逻辑相统一的方法，寻找国际贸易中心形成的内在逻辑。

本章以案例分析的方式，梳理典型国际贸易中心各自的发展脉络，目的在于学习其成熟、先进的经验，把握共性的规律。全球性的国际贸易中心伦敦、纽约、东京也是从较低的辐射范围和贸易规模开始起步的，因此，可以学习它们在早期如何抓住产业革命或社会变迁的机遇、产业如何更迭、政府如何引导、经济和贸易的发展如何并行、就业和市场呈现什么特征。区域性的国际贸易中心城市新加坡、香港与我国内地城市同处亚洲，有更多相似的社会背景，代表了贸易中心更多的发展模式和新兴的功能，对我国的区域性国际贸易中心建设具有更直观的借鉴意义。

透过典型国际贸易中心的发展特征和规律，找到形成机制的要素内涵，了解国际贸易中心未来的发展方向，有助于丰富"区域性国际贸易中心"的概念内涵，赋予其新的时代特征，为我国的建设提供思路和方向。

第一节　国际贸易中心城市的历史演进和发展

　　国际贸易中心的形成和发展是建立在劳动分工、国际分工产生，进而出现国际贸易的基础上，更是在全球化进程中随着各国经济实力的此消彼长而不断演变的，因此，要分析国际贸易中心的演进，就必须认识国际贸易的历史变迁。

　　表2.1是国际贸易中心形态演变历史简表，简要概括了国际贸易发生的时代背景、贸易关系、主要运输方式和典型中心城市。可以看到，第一次产业革命前的世界经济是相对封闭的，主要以显示国力、殖民扩张和发现新大陆为目的进行贸易往来；而产业革命带来了生产力的飞速发展，促进了国际分工和贸易出现，形成了真正意义上的国际贸易中心。因此，后文的介绍将围绕产业革命前和产业革命后两个时间段展开，分别称为第一阶段和第二阶段。

表2.1　国际贸易中心形态演变历史简表

社会形态	奴隶社会	封建社会	资本主义"地理大发现"	第一次产业革命时期	第二次工业革命时期	第三次科技革命时期
年代	公元前4世纪以前（中国）公元4世纪以前（欧洲）	中国：公元前2世纪到公元15世纪西欧：公元11—15世纪	1492—1860年	18世纪60年代—19世纪40年代	19世纪70年代—20世纪初	20世纪40年代至今
贸易关系	奴隶国与宗主国之间（政治关系）	单纯国力展示，简单集市贸易	海外殖民扩张，真正意义的国际分工、国际贸易出现	海外霸权的建立，国际贸易中心出现	垄断资本主义出现，发达的城市通常是经济、贸易和金融中心	第三产业内部交互发展，传统贸易向现代贸易转型发展

续表2.1

社会形态	奴隶社会	封建社会	资本主义"地理大发现"	第一次产业革命时期	第二次工业革命时期	第三次科技革命时期
运输方式	沿河而行水路运输	沿河而行水路运输	环球航行	海上运输铁路运输	海路、陆路（铁路、公路）和空中运输	海陆空多式联运
主要地域			波罗的海和地中海	大西洋北岸	太平洋沿岸	亚洲新兴国家的出现
典型中心	四大文明古国	古丝绸之路，佛兰德尔、汉萨同盟和威尼斯	巴塞罗那、里斯本、阿姆斯特丹	伦敦、纽约	伦敦、纽约、东京	纽约、东京、香港、新加坡

资料来源：笔者根据相关史料编制。

一、国际贸易和贸易中心城市演进的第一阶段

国际贸易中心的产生必然是建立在国际贸易产生和发展的基础上。

从国际贸易产生的前提条件来看，必须具备两个基本要素：（1）有可供交换的商品，（2）有社会分工。产业革命前，社会生产力落后，不具备丰富的产品和复杂的社会分工，因此生产与流通更多地依赖自然条件，贸易属自然经济条件下的互通有无，是以其最简单的形式——交换来进行的。

对外贸易产生在原始社会末期，生产力有了一定程度的发展，出现了可供交换的商品，并且部落与氏族之间存在简单的社会分工，彼此生产不同的产品以进行交换。虽然原始社会中人们为了生存需求也有社会分工，但只是"个别的，偶然的剩余物的交换"[①]。此时贸易的特点是非常简单的物物交换（以物换物），用于交换的商品类别和数量都很少，商品

---

① 马克思恩格斯选集：第 4 卷 [M]. 北京：人民出版社，1995：165.

交换的地域范围很狭隘，往往局限在一个部落内部。

奴隶社会时期，商品交换的地域范围扩大到国家之间，但这些交换主要发生在宗主国与附属国之间，带有浓厚的政治附属性质，算不上国家间的贸易，真正用于市场流通的商品很少。此时运输的手段主要是沿河而行，水路运输，因此诞生了四大文明古国：西亚两河流域的古巴比伦、非洲尼罗河流域的古埃及、南亚印度河流域的古印度以及东亚黄河流域的古中国。

封建社会阶段，由于生产力的发展，用于交换的商品范围与数量不断扩大，发生商品交换关系的国家越来越多。东方最典型的拓展对外贸易的例子就是公元前 2 世纪中国汉朝"张骞出使西域"开辟丝绸之路和公元 15 世纪明朝"郑和七下西洋"。他们曾经和周边地区进行了丰富的物质和文化交流，但由于政治原因，这种交流更多的是一种单边意义上的国力展示，而不是双边意义的经济交流和发展。

在西方，公元 11 世纪至 15 世纪是欧洲封建社会的鼎盛时期，随着商业城际和国际的集市贸易的发展而逐渐形成了当时欧洲最主要的区域贸易中心，先后是佛兰德尔、汉萨同盟和威尼斯，它们是波罗的海和地中海的区域贸易中心。

佛兰德尔就是今天欧洲的比利时西北部地区，在 9—10 世纪形成城市，是著名的毛纺织手工中心，从 11 世纪开始经济迅速发展。香槟集市就是以佛兰德尔为中心，位于佛兰德尔与意大利之间，以及西班牙与德意志之间的两条交通要冲的交叉点上，集市兴盛于 12—13 世纪，在集市上开展贸易是当时欧洲各城市最重要的商品交易形式，香槟集市是当时规模最大的集市，贸易以批发为主。各城市的商人带着自己的羊毛、呢绒、食物等在此交易。香槟集市推动了西欧社会商品经济的发展，而商品的交换和货币经济的繁荣进一步促成了区域贸易中心的发展。

汉萨同盟是德意志北部城市之间形成的商业、政治联盟，有汉堡、科隆、不莱梅等大城市的富商、贵族参加。汉萨同盟在西起诺夫哥罗德、东到伦敦的沿海地区建立商站，垄断波罗的海地区贸易，实力雄厚。

威尼斯从 10 世纪到 14 世纪的几百年间发展成为意大利最繁忙的港口城市，集商业、贸易、旅游于一身，是整个地中海地区的贸易中心。同时也带动了意大利成为 12—14 世纪西欧最大的商业贸易中心和海上强国。

封建社会时期的区域性贸易中心为资本主义萌芽创立了制度基础。同时，运输手段的不断完善也为进一步拓展对外贸易区域创造了条件。

通往东方世界的陆路常常中断，为了获取更多的金银财富，航海技术不断发展，大西洋沿岸的国家西班牙和葡萄牙拉开了"地理大发现"的序幕。从 1492 年西班牙哥伦布发现美洲新大陆，1497 年葡萄牙达·伽马发现并绕过非洲好望角，经由印度洋驶到南亚西海岸，由此打通欧洲至印度航线，到 1519 年葡萄牙麦哲伦率领的船队完成环球之旅，开辟了东西方交通的新航线①，新旧大陆之间从此结束了彼此隔绝、独立发展的状态，世界各国之间的联系得以扩大，世界地图的轮廓基本形成。

---

① 程大中. 国际贸易中心的历史演变及其对上海的启示［J］. 世界经济情况，2009（7）.

随后，荷、英、法、丹等国也陆续开辟了海路，随着航行的不断发展和交流的继续深入，大西洋沿岸的西、葡、荷、英、法、丹等国占据了欧洲前往非洲，进而通向世界的海上交通要道。"伟大的地理发现以及随之而来的殖民地的开拓使销售市场扩大了许多倍，并且加速了手工业向工厂手工业的转化。"[①] 随着资本主义的原始积累，资本主义生产方式在以上各国迅速发展。新的贸易城市不断崛起，世界贸易中心从区域性的地中海逐渐向能通达整个世界的大西洋沿岸转移。

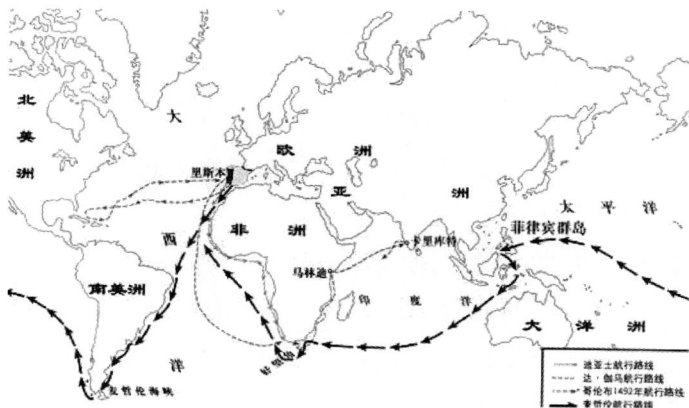

图 2.1 "地理大发现"航行路线图[②]

"地理大发现"和新航线的开辟，扩大了原有的欧洲市场，欧洲各国可以将货物通过海上航线运送到更远的大陆和大洲；新的国际贸易港和第一批国际贸易中心开始涌现，包

---

① 马克思恩格斯选集：第 3 卷 [M]. 北京：人民出版社，1995：624.

② 图自 http://news. kedo. gov. cn/hotnews/photonews/492464. shtml 相关内容。

括巴塞罗那、里斯本、阿姆斯特丹等。① "地理大发现"将欧洲、非洲、亚洲、美洲的各个国家和地区市场连接起来，国际贸易的范围扩大到全球，真正意义上的国际分工开始出现。②

二、国际贸易和贸易中心城市演进的第二阶段

随着资本主义经济的进一步发展，落后的工场手工业已不能满足资产阶级对高额利润的追求，他们迫切需要采用先进的技术和机器大规模地生产更多的产品进行交换。18 世纪 60 年代，英国通过圈地运动、资产阶级革命和海上殖民霸权的掠夺，为第一次产业革命的到来奠定了基础。随后，产业革命在 18 世纪末叶的西欧各国陆续完成，随着西葡海上霸权的衰落，世界贸易的中心沿大西洋东岸进一步北移，英、法等国成为世界贸易最发达的地区。

19 世纪末 20 世纪初的第二次产业革命，是科学技术新成果的广泛应用，生产规模不断扩大，集中程度不断提高。自由资本主义过渡到垄断资本主义，在英国、法国之后，美国和德国成为世界经济强国。产业革命使得各参与国的经济、科技取得了巨大的进步，商业、运输、金融、通信等各行业都加速发展，北大西洋西岸的英、法、荷、德沿海地区和北大西洋东岸的美国东北部地区都成为世界经济发展最快和贸易最发达的地区，而这些国家的经济中心城市无疑是国

————————

　　① 道格拉斯·诺斯，罗伯特·托马斯. 西方世界的兴起 [M]. 厉以平等译. 北京：华夏出版社，1999.

　　② 程大中. 国际贸易中心的历史演变及其对上海的启示 [J]. 世界经济情况，2009（7）：19－21.

际贸易的中心，伦敦、纽约、鹿特丹等贸易中心城市纷纷崛起。世界商品和货物贸易数量不断增长。

20世纪中后期开始的第三次科技革命是一场更为深刻的生产力变革，它把人类由工业社会推向后工业化社会，最后进入信息社会。它使世界各国、各地区经济发展的条件、地域产业结构和经济地域系统都发生了深刻的变化。

在第三次科技革命的推动下，由于充分利用了技术成果，日本和亚太新兴工业化国家与地区的工业化取得了巨大进展，出现了三次经济飞跃的高潮。第一次高潮是20世纪五六十年代的日本经济起飞；第二次高潮是70年代韩国、新加坡等新型工业化国家和我国香港、台湾地区的经济腾飞；第三次高潮是80年代以来，以中国、东盟国家和地区为代表掀起的亚太地区经济的持续高速发展。在最新一轮的全球产业分工和转型升级中，亚太地区各国都采取对外开放、鼓励出口的外向型经济政策，凭借丰富的自然资源、密集的劳动力资源和便利的交通资源等优势，积极推进区域或次区域交流。随着以美国为代表的西方发达国家的贸易战略的调整，加工贸易、技术贸易、对外投资在亚太各国蓬勃发展，并进一步带动了商贸、交通运输、计算机通信、金融保险、旅游会展等各产业的集聚和发展，涌现了东京、香港、新加坡这样的国际贸易中心城市。

第二节 典型国际贸易中心城市演进的经验借鉴

一、典型国际贸易中心城市的历史演进

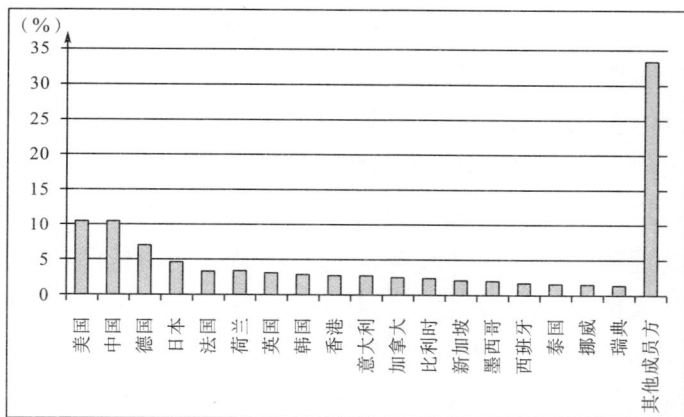

图 2.2 2012 年世界贸易组织成员方在世界货物贸易中的比重

资料来源：Annual Business Enquiry.

近年来，美国、德国、日本、荷兰、英国、新加坡、中国等国家和我国香港地区在国际贸易份额中占有较大比重。根据国内学者的研究和业界的共识，一般把伦敦、纽约、东京、香港、新加坡等联系各大洲各区域纽带的城市称作国际贸易的中心城市，它们本身就是重要的经济中心，有高度发达的 GDP，在国家（地区）对外经济交流中扮演着极其重要的角色，是国家（地区）货物的集散中心，带动了当地（周边）经济的高速发展。而鹿特丹、法兰克福、釜山、巴

塞罗那等城市是贸易港口城市，对贸易做出了重要贡献。本书选取伦敦、纽约、东京、香港、新加坡作为典型城市进行案例分析和比较，既是为了总结归纳贸易中心的功能和特征，也是为发展我国的国际贸易中心提供学术范本和关联思考，有重要的现实意义。

（一）伦敦国际贸易中心的确立与演进

1. 海上霸权的崛起和贸易中心的确立

伦敦是英国的首都，是政治经济文化的中心，位于英国东南部，包括伦敦城、伦敦城和周边 12 市组成的内伦敦和 32 个市组成的大伦敦。伦敦城横跨泰晤士河两岸，位于大西洋航道的要冲，由河口延伸 88 千米进入海运，成为走向美洲的通道，是连接西欧与北美的桥梁。英国是世界上公路密度最大的发达国家之一，其路网以伦敦为中心向周围辐射，联通其他城市和港口。同时，伦敦有发达的城市公交系统和地铁网络，拥有两个大型机场的进出港终端，是英国甚至欧洲地区最繁华的交通枢纽之一。

伦敦港港口历史悠久，始建于公元前 43 年，16 世纪海运昌盛，绵延至"伦敦桥"到达入海口，码头长约 33 千米，一般水深 10 米，航道宽 100～300 米，水域面积达 207 万平方米。伦敦港属于温带海洋性气候，以富庶肥沃的泰晤士河谷为依托，港口条件较优良。有关伦敦港的航运动态和贸易吞吐的统计资料显示，1700 年英国外贸货物价值量的 77％经由伦敦港吞吐；18 世纪末，英国贸易量的 1/3 在伦敦港完成。大量为保护货物安全而建造的封闭式港池群是伦敦港的一大特色。18 世纪的伦敦港已发展成为世界大港之一，集中了世界各地的船舶和船公司的代表机构。

　　第一次产业革命的发源地就在伦敦。伦敦既是英国最大的商贸交易城市，也是英国最大的铁路枢纽和公路网中心，吸引了全英的制造业向它集聚，形成了以伦敦为中心的大伦敦地区，并推动了制造业的快速发展。随着机器化大生产对生产方式的不断改良，伦敦市场上的交易产品由资源类向技术类转变，建立了较为齐全的轻纺工业门类和电气、机械、汽车、飞机等重工业和装备制造业。贸易和制造业成为伦敦经济飞速发展的双引擎，吸引了大量的金融资本，加速了资本的集聚，由此伦敦成为面向全球的国际贸易中心城市。

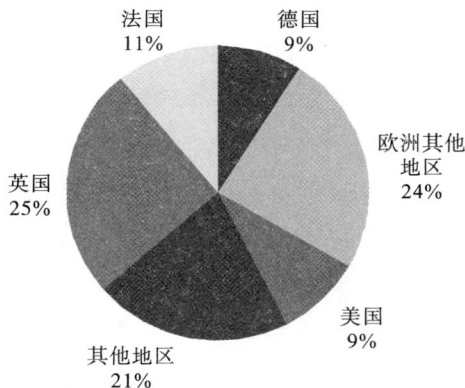

图 2.3　1860 年世界各国（地区）占全球国际贸易的份额

资料来源：笔者根据 UN COMTRADE 数据库编制。

　　自 18 世纪中叶到 19 世纪末，伦敦的发展可以看作英国工业化的缩影。这座商贸城市带领英国走向繁荣成为世界强国的过程[①]，也是其从国际贸易开端、发展、崛起到成为全球性国际贸易中心的过程。

---

① 汪亮. 国际贸易中心城市崛起的经验与启示 [J]. 城市观察，2011 (8).

19世纪开始，英国政府把握时机，制定了全球化的扩张策略，通过立法支持贸易，通过武力殖民扩张，并制定了一系列支持性政策，使殖民地变成了贸易的自由港，最大限度地吸取外国资源，最终实现了资源全球化、市场国际化。

宽松的税收政策、不断辐射的市场网络使伦敦成为当时世界最重要的大宗商品要素交易市场；随之相关服务业资源高度集聚，与贸易配套的金融衍生品不断创新，逐渐扩张的海运垄断促使航运业不断壮大。全球的科研、产业和商贸要素不断聚合，伦敦成为当时世界最大的国际贸易中心、金融中心和航运中心。

2. 贸易中心的改革转型

随着第二次工业革命的结束和第三次工业革命的到来，伦敦服务业开始崛起。具有战略意义的金融保险业快速发展。金融自由化和国际化发展创新迅猛，从业人员数量位居全球第一，成为世界最大的金融中心。2010年伦敦地区金融和保险业占总产值的46%，是贡献最大的行业（其次是科技领域，占12%，信息与通信占10%）。伦敦地区生产总值的增加值在2006年至2011年期间从20.5%提高到21.9%，2011年金融和保险业贡献了47%。严格的金融监管制度能确保资金融通的安全，贸易行业协会为贸易的持续繁荣提供了良好的支持服务，先进、完备的海商法制度决定了海上仲裁的权威性，并促进了伦敦海运业的发展。

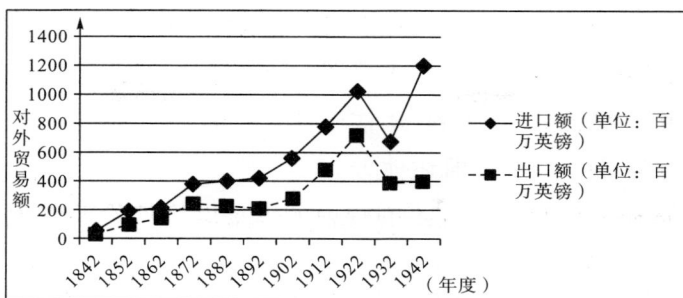

图 2.4　1842—1942 年英国对外贸易额变化图

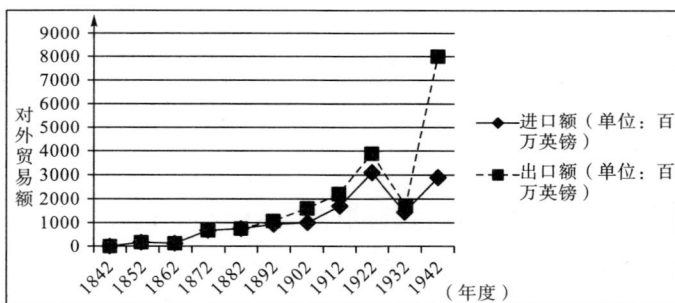

图 2.5　1842—1942 年美国对外贸易额变化图

资料来源：笔者根据 WTO 数据库编制。

　　虽然第二次世界大战以后，英国依托于全球海外殖民扩张的全球贸易战略衰落，海外贸易的势头有所减弱，并逐渐被美国和亚洲的城市所赶超，但伦敦工业发达、资本集中、商业繁荣，有着雄厚的先发基础，进入 20 世纪下半叶以来，伦敦与贸易相关的各行业都进行了深刻的变革，作为全球最早的国际贸易中心城市，伦敦至今在全球贸易中仍发挥着巨大的作用。

　　伦敦港是西北欧最大的集装箱港口，在成组运输和集装箱运输方面具有绝对优势，由 20 世纪初成立的公共基金会——伦敦港务局管理。从事国际航运交易的伦敦波罗的航运交易所，在第二次世界大战以后增设了国际航空承包和托运业务。截至 20 世纪 80 年代中期，伦敦还垄断着整个资本主义世界 2/3 以上的航运业务。

表 2.2　伦敦航运服务国际市场份额一览表

单位：%

航运服务	船舶融资	核保保险	保赔保险	劳埃德船级社	油轮经纪	干散货船经纪	二手船经纪
2008 年	13	17	61	17	50	30~40	50
2010 年	15	20	62	16	50	30~40	50

资料来源：International Union of Marine Insurance，Lloyd's Register，Baltic Exchange，IFSL.

图 2.6 是笔者根据伦敦国际贸易中心的确立和发展进程绘制的简图：

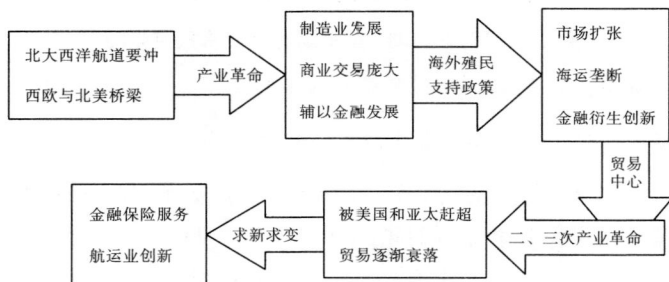

图 2.6　伦敦国际贸易中心的确立与演进简图

（二）纽约国际贸易中心的确立与演进

纽约地处美国经济发达的东海岸中心地带，背靠广阔的美国大陆腹地，位于国内重要的运输内河——哈德逊河的入海口，是进入大西洋航线的重要港口。[①] 截至 2010 年 7 月，统计数据显示，纽约面积 960 平方千米，水域面积 428.8 平方千米，纽约市人口 918 万，是经济发达的波士华城市带（波士顿到华盛顿大城市带）的核心城市，是美国第一大城市、世界著名的海港城市，更是美国全球化战略的首位城市。纽约所依靠的纽约港条件优良，港口宽而深，潮差小，并且受墨西哥暖流的影响，常年不冻、深浅得当，易于船只靠岸[②]，设施完善，管理先进。除了海港优势，纽约是国际著名的航空港，拥有十多个机场，三个现代化空港，年均客运量超过 1 亿人次。同时是美国两条横贯东西大陆桥的桥头堡，有几十个集装箱码头、200 多条水运航线、14 条铁路运输线、1.7 万多千米的高速公路、380 千米的地下铁道及多个多式联运场地。纽约港是美国最大的海陆空交通枢纽，是全世界货物的海运、航空、铁路和公路运输的集散地、中转地。

1. 美国经济赶超英国，纽约成为世界最大的贸易中心

纽约最早是一个商业城市，其充分利用港口城市的区位优势和内陆广阔的腹地优势，成为美国最重要的产品集散地。1800 年，纽约港成为美国最大的港口，1894 年，美国的工业产值超越英德成为世界第一，纽约港也成为世界最大的港口。第一次世界大战后，它是美国第一大制造业中心，形成了以轻工业为主导产业的体系，主要部门有服装鞋帽、印刷、食品加工、皮革和机械制造等，劳动密集和资本密集

---

① 汪亮. 国际贸易中心城市崛起的经验与启示 [J]. 城市观察，2011 (8).

② 杨丹萍，许继琴. 宁波区域性国际贸易中心城市建设研究 [M]. 杭州：浙江大学出版社，2014：16.

的特征显著。① 纽约成为海运时代以货物贸易为主的重要的传统国际贸易中心，并侧重于面向欧洲的国际贸易。

1921年，纽约—新泽西港务局成立，在行政权上超越州管理机构，专项管理整个大纽约地区的港务运输。1934年纽约市政府颁布《互惠贸易法》，促进了多边贸易互惠格局的形成，并推动纽约成为贸易高度便利化、贸易环境宽松、商贸资源集中的国际贸易中心城市。随着英国在世界大战后的衰退，英镑的国际地位下降，其在国际市场上的贸易吸引力已不如从前。美国利用布雷顿森林体系确立了美元与黄金挂钩的核心地位，并且通过联合国总部设立在纽约和倡导建立 GATT 来吸引更多的贸易和金融组织汇聚纽约。图2.4、2.5 的对比显示了在 19 世纪 40 年代到 20 世纪 40 年代的 100 年里贸易大国的变化，英国贸易总额增速放缓，美国贸易总额增速加快，英国进口额越发大于出口额，美国出口额越发大于进口额。美国已经逐步在全球贸易中取得核心的战略地位，到 20 世纪 40 年代末，纽约正式取代伦敦，成为当时世界上贸易规模最大、贸易影响力最大的全球性国际贸易中心城市。

2. 第二次世界大战后纽约继续发挥传统国际贸易中心的作用

第二次世界大战后，随着全球产业结构在科技进步推动下的调整，制造业步入衰退期。政府采取了城市工业园区战略、振兴外向型服务业战略等，以吸引数量众多的中小企

---

① 张泓铭，尤安山等. 走向上海国际贸易中心——从纽约、东京、新加坡、香港到上海［M］. 上海：上海社会科学院出版社，2011：31.

业，结合大学、研究所和企业的优势，研发高科技产品，加强纽约作为大都市的整体优势。为适应后工业社会经济结构调整，减少从事建筑、采矿、运输和制造业等第二产业的人口比重，增加贸易、金融和服务等第三产业就业人数，同时跨国公司的发展推动了资本向纽约集聚。当时在纽约集中了美国本土 60% 的银行，60% 的保险公司，50% 的大型零售企业和 1/3 的世界 500 强总部。大宗商品要素交易平台比如粮食、棉花、木材、钢铁、矿产、石油、稀有金属等基本形成，产权交易市场和金融要素市场一并建立。[①] 因此，政府引导下的政策调整为纽约集聚了大量的人力资本、商贸要素和金融资本，高新技术产业和生产服务业互为依托。

表 2.3　1950—2010 年纽约各行业就业人数占比

单位:%

年份	制造业	贸易	公共部门	商业服务	专业服务	FIRE	其他
1950	28	23	11	3	6	7	22
1970	21	18	17	5	11	9	17
1980	18	16	19	6	15	11	15
1990	12	15	19	6	20	12	16
2010	9	14	21	7	23	15	11

资料来源：1950—1990 年的数据来自 Roger Waldinger, Still Promise City? —African-American and New Immigrants in Postindustrial New York [M]. New York：Harvard University Press, 1996：39.

多年来，纽约口岸进出口总值约占美国全国外贸总值的 40% 左右，纽约港吞吐量占全国的 40% 以上。1985 年纽约

---

① 汪亮. 国际贸易中心城市崛起的经验与启示 [J]. 城市观察，2011（4）：56.

港集装箱运输量为 206.35 万箱，居世界第一位。[①] 纽约进一步发挥着国际贸易中心的重要作用。

近年来，随着亚太地区特别是中国的快速崛起，世界经济的发展重心由大西洋地区向太平洋地区转移，美国贸易开始向西海岸发展。洛杉矶港、新奥尔良港的兴起，使得纽约的国际航运地位下降，1998 年，纽约新泽西港将第一集装箱港的地位让位于太平洋沿岸的洛杉矶港，1993—2005 年更是降落到第三位。

面对危机，从 21 世纪初开始，纽约调整了国际贸易和全球航线的运行格局，成为一个以装卸亚洲货物而不是欧洲货物为主的港口。从 2007 年和 2008 年全美排名前五的港口增长率可以看到（见表 2.4），纽约保持着第三的态势，没有继续下滑，同时增长率最高，已经开始反弹。同时纽约港务局斥巨资进行港口扩建，开展挖泥工程，计划拓宽加深航道，建设更大的轨道场地和码头，开始由传统贸易中心向现代贸易中心转型，建立以综合资源配置为主体，侧重于最终品货物、中间品货物、服务贸易和知识产权的结合[②]；强调实体贸易网络和虚拟贸易网络结合；陆海空港和信息港结合，并注重全球市场话语权，建设成为全球价格发现和资源配置的风向标。[③]

---

① 张泓铭，尤安山等. 走向上海国际贸易中心——从纽约、东京、新加坡、香港到上海［M］. 上海：上海社会科学院出版社，2011：32.

② 程大中. 国际贸易中心的历史演变及其对上海的启示［J］. 世界经济情况，2009（7）.

③ 张泓铭，尤安山等. 走向上海国际贸易中心——从纽约、东京、新加坡、香港到上海［M］. 上海：上海社会科学院出版社，2011：33.

表2.4 2007年、2008年美国集装箱吞吐量最大的5个港口

排名	港口	位置	2007年吞吐量（TEU）	2007年增长率（%）	2008年吞吐量（TEU）	2008年增长率（%）
1	洛杉矶港	西海岸	8355039	−1.4	7849985	−6.04
2	长滩港	西海岸	7316465	0.4	6350125	−13.16
3	纽约—新泽西港	东海岸	5299105	4.1	5265058	−0.64
4	萨凡纳港	东海岸	2604312	20.6	2616126	0.45
5	奥克兰港	西海岸	2388182	−0.1	2236244	−6.36

资料来源：2007年美国国际贸易海运货量与货值分析[1]，2008年美国港口集装箱运输分析。[2]

表2.5 2009年纽约各主要运输港口进出口额和占比一览表

港口单位	运输方式	排名	贸易总量（十亿美元）	出口（十亿美元）	进口（十亿美元）	出口占比（%）
美国货物贸易总额			3116.4	1162.7	1953.7	37.3
排名前50的口岸			2444.9	901.9	1543.0	36.9
占比			78.5	77.6	79.0	98.9
纽约港	水路	2	165.2	40.6	124.6	24.6
纽约肯尼迪国际机场	空运	3	161.2	77.0	84.2	47.8
纽约州布法罗—尼亚加拉港	陆路	10	78.6	38.6	40.0	49.1
纽约州Champlain—Rouses Pt.港	陆路	33	21.5	8.1	13.4	37.7

资料来源：U. S. Census Bureau.

---

① 彭传圣. 2007：美国国际贸易海运货量与货值分析 [J]. 综合运输，2008（3）.

② 彭传圣. 2008年美国港口集装箱运输分析 [J]. 港航研究，2009（7）.

　　纽约市积极利用美国多项出口鼓励政策，建立自由贸易园区，提供国产税回扣或退税优惠，提供完善的水陆空运输设施、装卸储存设施等；提供良好的服务并收取低廉的费用，鼓励美国公司入驻并开展贸易。纽约政府制定了"数字化纽约，线路通向全世界"的产业发展战略，通过第三产业尤其是生产性服务业的专业化服务，提供信息和中介、金融保险等知识密集型劳动来推动相关产业的集聚和辐射功能。同时，纽约是世界著名的国际金融中心之一，汇集了众多的金融机构。从20世纪80年代到20世纪末，纽约的金融业年均增长率为8.9％，高于全部行业6.6％的平均增长率。[①]金融业在为贸易服务的同时高度发展，两者相辅相成，各种金融工具的创新保障了贸易所需的资金和新的业态，各类金融机构不仅为众多的贸易公司、高科技企业和跨国公司提供短期、中长期信贷资金，还为纽约国际贸易中心与航运中心的运行提供各类融资、贴现、结算、担保等服务。[②]而证券市场和外汇市场为企业提供了上市融资、规避风险的机会，保障了纽约作为国际贸易中心的良好运行与发展。

　　这一系列的举措推动纽约逐渐成为以综合资源配置为主体的现代国际贸易中心，纽约从完全具有区位优势，到逐步丧失区位优势，再到通过发展生产性服务业为贸易注入新价值，由传统国际贸易中心成功转型为现代国际贸易中心，在全球经济中占据着竞争制高点，并为其他贸易中心城市提供

---

　　① 屠启宇，金芳等. 金字塔尖的城市国际大都市发展报告［R］. 上海：上海人民出版社，2007：6.

　　② 张泓铭，尤安山等. 走向上海国际贸易中心——从纽约、东京、新加坡、香港到上海［M］. 上海：上海社会科学院出版社，2011：43.

了可供学习的范本。

图 2.7 是笔者自绘的纽约国际贸易中心的确立与演进历史简图：

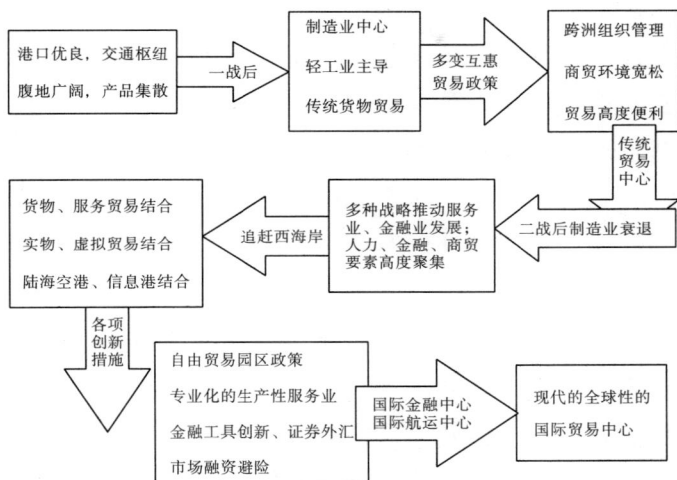

图 2.7   纽约国际贸易中心的确立与演进简图

（三）东京国际贸易中心的确立与演进

日本是世界上重要的经济强国，其对外贸易总额居世界第三。根据市区面积、人口以及国民生产总值等指标，东京是日本最大的经济、政治和文化中心，人口 1301 万，大东京圈人口达 3670 万，是世界上最大的都市圈，亚洲第一大城市，世界第二大城市。

东京位于日本东海岸，居东京湾中心，是日本最重要的海陆空综合交通枢纽。其东西南北和国内其他海港毗邻，共同在东京湾形成组合港。以东京—横滨为核心的东京沿岸工业带是日本经济最发达、工业最集中的地带。此外，东京是世界最大的货物空运港口，两大国际机场分工细致，也是重要的国际航空港，还拥有全球最密集、最复杂、运输流量最高的铁路轨道运输系统以及通勤车站群，高速铁路干线和发达的公路干线直通全国各地和沿海各市。[①]

东京的贸易与经济中心地位是和日本在国际经济中的地位紧密相连的。日本从 1868 年明治维新开始步入近代社会并迁都东京。日本战后的经济复兴首先就从"贸易立国"开始，政府先后颁布了《东京都中期计划》《东京都长期计划》《东京都 2015 年长期计划》等，积极打造有利于经济和贸易发展的环境。

日本作为岛国，自然资源比较缺乏，出口工业产品能获得必要的资源和生活必需品，并实现财富的积累。本国资源的短板推动日本快速发展易货贸易、和平交换，为了迅速占领国际市场，必须大力提升高科技产品质量，两者共同作用，推动日本对外贸易规模的迅速扩大，产品质量全球领先，而东京作为日本最大的经济中心和贸易城市，货物贸易规模尤其大，迅速成长为面向全球的国际贸易中心。[②]

日本对外贸易的特征便是国家是生产和经营活动的组织者、经济运转的协调者，与发达国家产业结构的升级和优化紧密相连。20 世纪 80 年代，日本制造业产值下降，服务业产值上升，由劳动密集型向资本和技术密集型发展，于是东京的贸易结构和产业结构相适应，出口机械工业品，同时进口食品、工业原料等劳动密集型产品。在进出口货物的类别

---

① 石琼丹. 国际贸易中心城市的共性特征 [J]. 特区经济，2014 (5).
② 汪亮. 国际贸易中心城市崛起的经验与启示 [J]. 城市观察，2011 (4)：58.

中，比率较重者是机械，以音响、影像、通信、半导体、精密仪器、电子集成电路等电器设备和运输设备、科学光学机械为主的精密机械类货物比重较高（见表 2.6），充分体现了贸易企业的知识和资本密集特征。

表 2.6 东京港主要贸易品及其比例（2004 年）

出口商品	百万日元	百分比	进口商品	百万日元	百分比
汽车部件	273021	6.2	鱼类	470595	8.5
塑料	210152	4.8	电脑	408844	7.4
精密仪器	208584	4.7	肉类	384670	6.8
电脑	178832	4.1	衣物	341303	6.3
内燃机	164440	3.7	家具	136277	2.5
合计（含其他）	4396310	100	合计（含其他）	5544084	100

资料来源：日本国势会（财）矢野恒太纪念会编集发行，2006 年第 64 版，第 347 页。

20 世纪末，日本加工型外贸体制的弊端暴露，为了缩小贸易盈余，缓和贸易摩擦，政府开始放松对进口制度的管控，和贸易各国形成"水平分工"的格局，并改革外汇管理体制。日本从集中出口彩电、录音机等特定成品，转向出口海外生产所需的零部件。

东京的航空运输十分发达，产业结构水平越高，贸易对航空运输和机场服务的需求就越大。成田机场主要以国际客货运为主（见表 2.7），羽田机场面向国内运输，都是对国际贸易中心重要的基础支撑。

表 2.7　东京成田空港主要贸易品及其比例（2004 年）

出口商品	百万日元	百分比	进口商品	百万日元	百分比
集成电路	1363719	12.8	集成电路	1341044	13.0
精密机械	1055065	9.9	电脑	1032691	10.0
录像放映设备	689663	6.5	精密机械	970937	9.4
音像和图像设备器件	429335	4.0	医药品	367148	3.6
电路板相关物品	423442	4.0	电子计量设备	361235	3.5
合计（含其他）	10667565	100	合计（含其他）	10303909	100

资料来源：日本国劵会（财）矢野恒太纪念会编集发行，2006 年第 64 版，第 346 页。

　　21 世纪以来，日本大力推行全球贸易制度建设，以综合大商社为主进行对外投资，综合商社往往扮演着贸易主体角色，形成了以东京为集中地，辐射海外的全球贸易网络。①

　　东京的贸易中心地位主要是通过批发和零售规模体现的。对外贸易一方面是批发业的重要组成部分，另一方面，零售导向的进口也通过商业活动不断延续和扩大。东京批发业的集聚效应十分明显，虽然从业人员数和机构数比率较低，但是经营规模巨大。在生产资料的供给以及生产型服务业方面占突出的地位。东京的全球性国际贸易中心地位主要体现在货物贸易的发展上，根据《东京都统计年鉴》，进入21 世纪以来，东京的货物贸易稳步增长，保持一定的净出

---

　　①　杨丹萍，许继琴. 宁波区域性国际贸易中心城市建设研究［M］. 杭州：浙江大学出版社，2014：16.

口，贸易额占全国的 1/4，充分体现了国际贸易中心的地位和实力。

东京的产业集聚性非常强，人员、物品和资金都高度集聚。技术含量较高、节能环保的"城市型产业"在东京非常发达，同时还汇聚了大量的中小型企业，资本金额 10 亿日元以上的大企业中的绝大多数在东京有自己的总部和经营设施，东京成为企业间商业交易和信息交换的中心。同时东京的第三产业非常发达，商业和金融保险业所占比重最高。21世纪以来，日本和东京政府都旨在推进东京的产业进一步升级，建设日本的硅谷地区，振兴旅游业，加大研发力度。通过集结智慧和技术，构筑了支撑创新的大环境，提升了东京在国际产业链和创新链中的高端地位，加强了企业技术核心的国际竞争力。

图 2.8 是笔者根据东京国际贸易中心的确立和演进历史制作的简图：

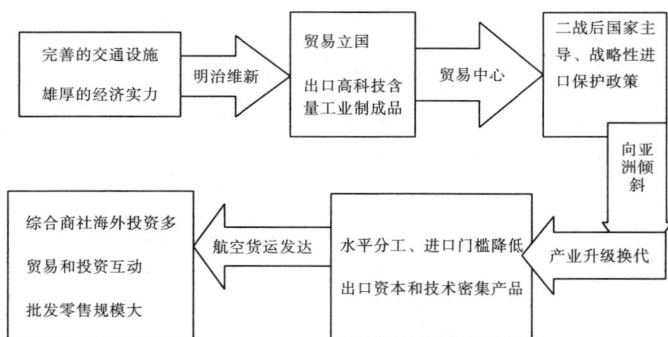

图 2.8　东京国际贸易中心的确立与演进简图

（四）新加坡国际贸易中心的确立与演进

新加坡基础设施完善，拥有全球最繁忙的集装箱码头、服务优质的机场、亚洲最广泛的互联网体系和通信网络。

新加坡位于马来西亚半岛的南端，马六甲海峡的东南侧。马六甲海峡是印度洋和太平洋之间的必经通道，在海峡的北侧，港内深水码头的平均水深为 10～14 米，气候和地质条件良好，是天然的深水良港，适应船舶大型化、重吨位化的要求，是全球重要的航运枢纽。

新加坡的经济发展开始于殖民地时期。1828 年以后，英国在新加坡正式开埠，新加坡成为自由港和英国在东北亚地区的离岸门户，英国借此输出商品，并获得大量廉价的来自东南亚各国的自然资源和劳动力资源。[①] 作为英国的殖民附庸地，当时的新加坡没有腹地和自然资源，没有自己的经济根基和工业实体，单纯依靠转口贸易，是畸形单一的殖民地经济。

独立之初的新加坡面临失业率高、制造业基础薄弱的国情。当时世界资本主义发达国家正在进行产业的升级换代，把劳动密集型产业转移到有比较优势的国家。于是新加坡政府抓住了这一历史机遇，作为印尼和马来西亚两国的主要转口贸易中心和加工中心，确立了出口导向型的劳动密集制造业发展战略。坚持实施贸易立国，打造全球贸易枢纽，用高效廉洁的政府治理和尊科重教的社会风尚，发展成为东南亚唯一的发达国家和转口及加工贸易中心。

新加坡政府大力实行招商引资政策，鼓励兴办企业来解决就业问题。20 世纪 80 年代，新加坡迎来新一轮产业升级，将廉价的劳动密集生产转移到亚洲其他国家，政府提出

---

① 汪亮. 国际贸易中心城市崛起的经验与启示 [J]. 城市观察，2011（4）：58.

"自动化、机械化、电脑化"的发展方针，制造业向资本和技术密集型和高附加值发展，新加坡自此跻身于亚洲新兴工业国。重视教育培训以开发人力资源，大量信息工程、电脑制造等跨国公司在新加坡投资建厂。进入 20 世纪 90 年代以后，新加坡具备了从研发到产品设计，再到国际销售和贸易一条龙的资源整合能力，成为全球重要的集成电路、芯片和磁盘驱动器的生产基地。在此期间，石化冶炼业、商业、酒店旅游业都迅猛发展，跨国公司数量日益增加且多数具有地区总部职能，政府确定制造业和服务业作为经济发展的双引擎（见表 2.8、2.9）。

表 2.8　新加坡制造业统计数据

年份	企业数量	就业人数	总产值（亿美元）
2000	4044	344610	1637.21
2005	8037	369610	2170.86
2006	7892	381909	2378.8
2007	8166	404154	2533.81
2008	8640	417569	2638.87
2009	9296	419963	2267.84

资料来源：Economic Survey of Singapore 2010，Singapore Department of Statistics.

表 2.9　新加坡服务业统计数据

年份	企业数量	就业人数	增加值（亿美元）
1999	109352	845973	4768
2004	130629	975179	8440
2005	129613	1054680	10496

续表2.9

年份	企业数量	就业人数	增加值（亿美元）
2006	129735	1128053	12291
2007	130465	1197275	14679
2008	139361	1270924	16505
2009	131329	1283405	14095
2010	135209	1353739	17231

资料来源：Economic Survey of Singapore 2011，Singapore Department of Statistics.

新加坡依靠优良的港口条件，以集装箱运输为载体发展物流。从 20 世纪 60 年代开始大力兴建集装箱专用泊位和码头。充分发挥在金融、网络基础设施方面的优势，推进自由港建设，大力兴建集装箱专用泊位和码头，大力发展班轮航线、空港联运等完善的物流产业链，夯实作为贸易中转地的地位，转口贸易额一度达到出口总额的 93.8%。充分利用信息技术，建立起全方位立体的船舶交通系统、全球定位系统和电子航运表，提高了航运的效率和安全，建成了全世界吞吐量最大的集装箱码头。2008 年，新加坡的集装箱吞吐量达到了 2992 万 TEU（标准箱），连续 3 年排名全球第一，在全球 60 多个港口拥有关联业务。[①] 与此同时，航空运输亦发展迅速，建立了发达的海空一体化运输体系。

新加坡奉行自由贸易政策，大部分商品能够自由进出口，并且实现了自由通航、自由航空、自由通讯、人员自由

———————

① 黄丙志. 新加坡国际贸易中心转型及其贸易发展与便利化政策研究 [J]. 经济师，2011（3）.

进出和货币自由兑换，较少约束进出口和转运业务。在货物的转口贸易方面，有着严格的检验检疫标准流程以及通关管理细则。据中国驻新加坡大使馆经济商务参赞处的数据，新加坡 2008 年的进出口贸易总额达到 12.78 万美元，是世界硬盘驱动器的主要供应国，由于西方五大石油公司均在新落户，因此是重要的区域石油定价、交易和混兑中心。新加坡拥有批发与零售业、商务服务业、交通与通信业以及金融服务业等四大支柱产业，新加坡时区的特殊性为全球 24 小时不间断的金融交易服务提供了可能，成为伦敦和纽约最重要的补充。金融服务的发展对市场监管制度、人才培养和信息技术提出了更高的要求，这一系列产业的知识密集型特点促使新加坡的服务贸易拥有了坚实的核心竞争力。政府提出新加坡服务业发展的六大战略：营造贸易中心的商务与政治氛围，创建当地交易所品牌，为金融衍生品和证券交易提供优质场所，深化区域贸易法律的制定与仲裁能力，吸引和留住外贸专才。鼓励跨国公司设立总部，提供税务优惠和金融财务奖励政策以及航运优惠政策。新加坡的服务贸易发展增速很快，年均增幅在 9.5% 左右，在旅游、金融、交通服务、知识产权服务等商业服务方面种类繁多。目前，服务贸易在新加坡 GDP 中所占比例为三分之一。同时由于国土面积小，资源匮乏，新加坡大规模发展离岸贸易，以金融活动为核心的生产服务业迅速集聚，促进了国际金融和商务中心的形成。[①]

---

① 丝奇雅，沙森. 全球城市［M］. 周振华等译. 上海：上海社会科学院出版社，2005：14.

表 2.10 新加坡近年来服务贸易进出口额统计

单位：百万美元

年份	2008	2009	2010	2011	2012	2013	2014
总额	2558875	2413962	2754882	2968573	3204589	3490144	3572981
出口额	1268775	1190201	1374847	1491481	1590938	1718034	1779356
进口额	1290100	1223761	1380035	1477092	1613651	1772110	1793625

资料来源：中华人民共和国商务部官方网站国别贸易处相关统计资料。

目前新加坡是亚太经济合作组织、东南亚国家联盟最活跃的成员之一，也是签订多双边自贸协定最多的国家之一，作为东南亚主要转口贸易基地的地位稳固持续，同时由于"门户开发"的分散贸易政策，和包括美国、东盟、中国、欧盟、日本在内的 160 多个国家和地区都有贸易往来。

良好的通商、制度和服务环境使得新加坡在转口贸易中的核心竞争力得以保持，但也面临劳动力成本高、内陆腹地狭窄、自然资源匮乏等问题，因此进入 21 世纪以后，政府提出"扩大腹地战略"，向太平洋、印度洋纵深发展，贯通亚洲、美洲、大洋洲，衔接好主要的世界发达经济体。新加坡以中国、印度为支撑，坚持以东盟为依托，以 7 小时航程经济圈（包括东盟、中国、印度、澳大利亚、新西兰、日本和韩国）为腹地，努力向"腹地延伸型"国家靠拢。

新加坡高端服务贸易发展态势良好，得益于国际企业发展局（原贸发局）的 GTP（Global Trader Programme）计划[1]，该计划旨在促进大型跨国贸易商在新加坡的集聚。

---

[1] 从 2001 年开始对获得 GTP 计划认定的贸易中间商企业实行 10%（最低 5%）的优惠所得税税率。

　　新加坡是众多跨国公司重要的亚太区域物流和后勤管理中心。在总部经济的发展过程中，政府有针对性地制定了一系列优惠政策，推动总部经济的发展。主要包括特准国际贸易商计划，向符合条件的贸易商核定"全球贸易商地位"，拥有此地位的贸易商可享受优惠的税收政策——企业所得税为 5% 或 10%，远低于 22% 的一般企业所得税。此外还有商业总部计划、营业总部地位、"跨国营业总部"奖励、国际总部计划和区域总部计划等。①

　　截至 2014 年 7 月，7000 多家跨国企业入驻新加坡，其中 2/3 以新加坡为基地建立后勤管理中心，还有众多企业建立了区域物流中心。从高端服务贸易发展和跨国公司集聚角度来看，新加坡国际贸易中心在功能上向高级形态的提升已初步实现，这主要得益于贸易发展与便利化的制度保障和基础性技术支撑。② 新加坡正式成为亚洲地区的金融中心、航运中心和国际贸易中心。

---

　　① 彭羽，沈玉良. 上海、香港、新加坡吸引跨国公司地区总部的综合环境比较[J]. 国际商务研究，2012（7）.

　　② 黄丙志. 新加坡国际贸易中心转型及其贸易发展与便利化政策研究[J]. 经济师，2011（3）.

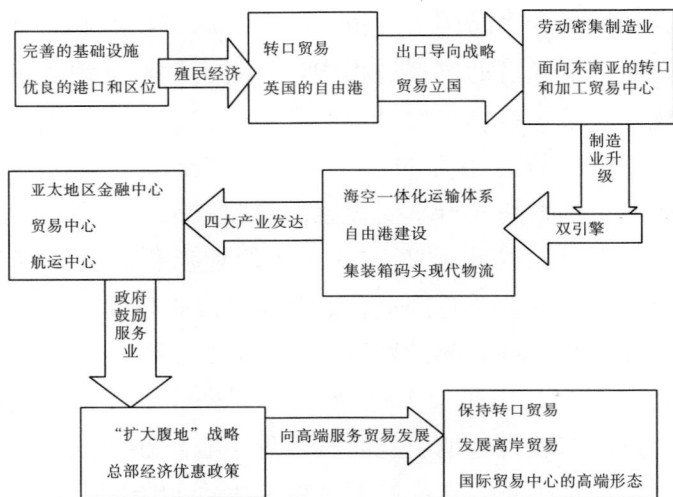

图 2.9　新加坡国际贸易中心的确立与演进简图

（五）我国香港地区国际贸易中心的确立与演进

1. 香港在世界贸易中的地位

一直以来，香港参与世界经济十分活跃，同 200 多个国家和地区及国际经贸组织建立了经贸往来，是世界贸易组织（WTO）创始会员、亚太经合组织会员和太平洋经济合作议会成员等国际经济组织和协定的成员。据香港贸易发展局统计，截至 2014 年年底，香港是全球第八大贸易经济体，是世界最大的转口贸易商埠，进出口货物中 80% 以上的份额属于转口贸易。有多家跨国公司在香港开设了 1379 个地区总部[①]和 2456 个办事处。贸易网络遍布全世界，与 100 多个国家和地区的 400 多个港口有航运往来，形成以香港为枢纽，贯通五洲四洋的海

---

　　①　据香港特区政府统计处的界定，地区总部是指代表香港境外母公司对区内（即香港及另一个或多个地方）各办事处拥有管理权的一家机构。香港特区政府统计处关于地区总部的详细统计见诸每年发布的《代表香港境外母公司的驻港公司按年统计调查报告》。

洋运输网络，集装箱运输量和空运货物量常年高居世界前列，是全球最繁忙的国际货运机场和货柜港之一。

2. 优越的地理位置和港口条件

香港坐落在中国南部珠江口以东，东连太平洋，西连印度洋，南临南中国海，是东西方航运连接的枢纽，拥有香港岛、九龙半岛和新界，维多利亚港贯穿其中，是世界第三大天然深水良港，长约 1.5 千米，港口面积 60 平方千米，优越的地理位置和先进完善的管理经验使维多利亚港成为世界上最繁忙的海港之一。同时香港还是世界领先、接驳便利的国际航空港。贸易业是香港经济发展最重要的行业之一，是香港最早兴起的经济行业。

香港地区的早期民众以采集、狩猎为生，在漫长的封建社会时期，原始农业和近海渔业经济得到发展，渔民、佃农、石匠和市集商贩构成了香港开埠之前自然经济社会的主体。

3. 自由港的优势：贸易集散和转口

1842 年英国强占香港后，照搬新加坡模式，宣布将香港列入其下属的贸易自由港，依照"帝国特惠制"法令，船只自由进出，香港正式开埠，成为挺进中国市场的"滩头阵地"。以英资为首的洋行贸易行迅速拓展西方对华贸易业务，在免税的自由港政策吸引下，香港迅速吸引了大量的国际金融资本和贸易资源，成为联结东西方殖民地垂直分工体系的枢纽、重要环节和国际货物集散地、转口港，带动了航运业、仓储码头、船坞业、货代业、报关业的发展，奠定了香港深水港的基础地位。转口贸易的发展对货币汇兑和资金存贷产生了巨大的需求，进而促使银行业、保险业的迅速发展，当时是以英国全球扩张的重要基地和转口贸易为主导的时期。

抗日战争和中国内战促使中国内地的商贸资本、劳力、技术主动或被迫流入香港，促进了服务业与贸易零售业的进一步壮大，香港作为一个自由港的优势得到了极大的发挥。

表 2.11　香港 1947—1952 年地区生产总值、外贸总额与外贸依存度

年份	地区生产总值（百万港元）	外贸总额（百万港元）	外贸依存度（％）
1947	1564	2767	177
1948	1775	3660	206
1949	2330	5069	218
1950	2800	7503	268
1951	2800	9303	332
1952	3200	6678	209

资料来源：地区生产总值来源于 Edward Szczepanik，The National Income of Hong Kong，1947－1960 [R]．The First Conference of the I. A. R. I. W. held in the university of HongKong，21－28．August，1960．外贸总额来源于 Hong Kong Statistics，1947－1967.

4. 工业化发展时期：制造品出口导向

20 世纪 50 年代到改革开放前，中国内地遭遇了以美国为首的联合国贸易禁运，作为转口贸易最主要的港口，香港受到重创，转口贸易额占总出口比重由 1950 年的 81.1％下降到 1957—1979 年平均 26.5％的水平。但随着科技的进步，前期积累的各项要素开始发挥作用，在发达国家向发展中国家进行产业转移的趋势下，香港提出"出口导向战略"，进行工业化发展的同时逐步形成了多元化的产业结构。面对美欧和日本经济对劳动密集型产品的强大需求，香港走上外向型工业化道路。

这个阶段由传统的依赖转口贸易转向制造业产品出口阶段，也是香港国际贸易中心形成和发展的阶段。香港以高度外向的方式发展工业，20 世纪 70 年代约占制造业 3/4 比重的制衣、纺织、电器、塑胶品和金属业以满足出口为主。香港的制造业和外贸业互相促进，制造业的发展为香港产品的出口奠定了坚实的基础（见表 2.12）。

表 2.12　1971 年香港制造业产品出口额占产值比重

产品名称	出口产值（%）	产品名称	出口额占产值（%）
成衣	88.3	化学品	43.6
电器及电子产品	83.6	食品	30.1
树胶	82.6	烟草	26.9
塑胶	81.4	运输设备	25.9
仪器	80.0	非金属矿物质品	24.4
鞋类	71.7	机械	22.9
金属及金属制品	50.3	饮料	1.2
木器及家具	45.4	其他	82.1
纺织品	45.3	制造业产品设计	65.0

资料来源：英占时期香港政府统计处，1971 Census of Manufacturing Establishments.

20 世纪 70 年代以后，日元升值使得日本船运公司竞争力下降，为降低预期损失，大量日本船主同香港商人签订租船合约，加上港口物流以货运码头建设为主，香港承接了日本的航运能力。香港货柜码头迅猛发展，20 世纪末跃居全球第一，迅速成为举世闻名的现代航运中心。[①]

---

① 谷克鉴. 香港国际贸易中心功能及其在内地的演化与拓展 [J]. 财贸经济，1997（11）.

5. 改革开放时期:转口贸易蓬勃发展

改革开放后,港资企业内迁并加大投资,加速了以香港为中转基地的转口贸易的发展。据有关资料统计,香港从内地、中国台湾和东南亚进口原料、半制成品,从日、美、欧进口机器和设备,少量留在香港加工制造,大部分运往内地尤其是华南地区加工制造,获得成品后销往美国、欧洲、内地和东南亚市场,再从内地、日本、美国和东南亚进口食品和消费品。这种特殊的"前店后厂"模式在香港对内地外发加工集中的省份表现尤为明显。香港与内地经贸往来加大,转口贸易的比重重新上升,或可称之为基于外发加工贸易产品的新型转口贸易。转口贸易额在香港总出口中所占比重由1979年的26.4%上升到1997年的95.9%,近20年来香港货物贸易增长近6倍,见表2.13:

表2.13　2001—2013年香港对外贸易额及增长率

年份	进口		港产品出口		转口		整体出口	商品贸易差额
	百万港元	年变动百分率	百万港元	年变动百分率	百万港元	年变动百分率	百万港元	百万港元
2001	1568194	−5.4	153520	−15.2	1327467	−4.6	1480987	−87208
2002	1619419	+3.3	130926	−14.7	1429590	+7.7	1560517	−58903
2003	1805770	+11.5	121687	−7.1	1620749	+13.4	1742436	−63334
2004	2111123	+16.9	125982	+3.5	1893132	+16.8	2019114	−92009
2005	2329469	+10.3	136030	+8.0	2114143	+11.7	2250174	−79295
2006	2599804	+11.6	134527	−1.1	2326500	+10.0	2461027	−138777
2007	2868011	+10.3	109122	−18.9	2578392	+10.8	2687513	−180497
2008	3025288	+5.5	90757	−16.8	2733394	+6.0	2824151	−201137
2009	2692356	−11.0	57742	−36.4	2411347	−11.8	2469089	−223268
2010	3364840	+25.0	69512	+20.4	2961507	+22.8	3031019	−333821

续表2.13

年份	进口		港产品出口		转口		整体出口	商品贸易差额
	百万港元	年变动百分率	百万港元	年变动百分率	百万港元	年变动百分率	百万港元	百万港元
2011	3764596	＋11.9	65662	－5.5	3271592	＋10.5	3337253	－427343
2012	3912163	＋3.9	58830	－10.4	3375516	＋3.2	3434346	－477817
2013	4060717	＋3.8	54364	－7.6	3505322	＋3.8	3559686	－501031

资料来源：香港特区政府统计处贸易资料分析组。

同时，随着劳动力成本的增加以及不断优惠的内地投资政策，香港本土的制造业北迁，金融、旅游、物流、会展等服务业比重持续上升，生产控制中心和服务中心的虚拟化特征形成了制造业"空洞化"和以服务业为支撑的产业结构。服务贸易增长近4倍，在这个典型的外向型经济社会里，贸易是香港经济最重要的支柱之一。

表2.14　2005—2012年香港服务贸易进出口额（与新加坡对比）

单位：亿美元

年份	出口额	占比①	出口增长率			进口额	占比	进口增长率		
	2012	2005—2012	2010	2011	2012	2012	2005—2012	2010	2011	2012
新加坡	1 119	2.6	11	25	15	3	1 177	2.8	11	18	17	3
香港	1 234	2.8	10	23	14	5	572	1.4	1	17	10	2

资料来源：根据 UN COMTRADE 数据库编制。

---

① 占比：此处指进口或者出口额占全世界进口或出口总额的比重，单位 ％。

6. 21 世纪生产性服务贸易比重上升，离岸贸易成为未来趋势

在未来的贸易发展中，服务业将是香港的优势和支柱产业，通过吸聚流通性服务和生产性服务驱动城市经济发展。服务贸易的顺差格局短期内会一直保持，从而弥补货物贸易的逆差局面。从 2009 年到 2013 年的服务贸易进出口数据显示，香港在《服务贸易总协定》（GATS）涉及的所有服务大类中均实现了进出口，尤其是交通、旅游、金融及其他商业服务等。

表 2.15　近年来香港服务贸易分类一览表

单位：十亿港元

服务组成部分	2009 年	2013 年	2014 年
服务输出			
运输	183.6（−18.6）	242.4（−2.5）	245.6（+1.3）
旅游	127.2（+6.7）	302.0（+17.7）	297.6（−1.4）
保险及退休金服务	4.8（+2.8）	7.9（+9.5）	9.0（+13.2）
金融服务	87.5（−6.4）	127.8（+5.9）	132.7（+3.9）
其他服务	98.2（−3.3）	132.3（+0.9）	137.9（+4.3）
服务输入			
运输	101.0（−21.6）	140.6（−21.4）	143.0（+1.8）
旅游	120.5（−3.8）	164.5（+5.7）	171.5（+4.2）
保险及退休金服务	6.2（+2.0）	10.4（+10.0）	10.9（+4.6）
金融服务	24.4（−0.7）	32.7（+7.1）	34.1（+4.2）
其他服务	221.5（−21.0）	235.0（−8.2）	228.1（−2.9）

数据来自：根据 UNCTAD Handbook of Statistics 2015 编制。

　　而在商贸服务及其他与贸易相关的服务输出中，离岸贸易①占有重要的比重。离岸贸易无须在香港清关，由于中国内地珠三角地区港口的崛起和长三角地区制造加工业的日益发达，很多公司利用离岸贸易减免税务负担并且没有外汇管制的优势在香港发展离岸贸易。据香港贸易发展局的统计，近年来离岸贸易开始超越转口贸易，成为主要发展趋势。香港商人充分发挥其全球贸易网络优势，从商务成本、顾客需求和产品特点出发，采取转运和直接付运相结合，在转口贸易和离岸贸易之间灵活选择，体现了作为贸易运营中心对全球的控制力。

　　从所集聚的流通性服务和生产性服务在香港经济中的地位来看，流通性服务仍然占据产值和就业的主要比重，但金融等生产性服务具有较为领先的发展速度。香港外贸依存度已达到 300%，中转贸易占绝对比重，尤其以内地商品为主。但近些年来内地开放程度提高，经济腹地向纵深发展，沿海港口发展也很受人瞩目，因此香港的中转平台功能面临严峻的考验。从 1998 年到 2008 年的 10 年间，从初级产品到中间产品再到最终产品，香港在内地贸易往来中的地位都有显著下降。虽然内地贸易规模扩张，绝对数上升，香港还能够集聚相应的流通业继续发展，但发展空间已经有所局限。在金融等生产性服务业中的发展空间较为广阔，内地自身生产性服务业的专业化发展和需求会给香港集聚更大范

---

　　①　离岸贸易：贸易中间商以经营或代理的方式将境外货物销售给中间商所在地以外地区的方式。货物由境外直接发到目的地或者从中间商所在地转运到目的地，但都不进入中间商经营地的关境。由于不在中间商经营地清关，因此所涉货物数字要通过离岸贸易企业进行申报获得。

围、更深层次的生产性服务提供市场，主要服务于国际资本
向内地输出，同时满足内地对资金、技术的需要。

香港将从一个转口贸易中心逐步发展为集多种贸易模式
于一体的贸易运营和控制中心。

图 2.10 是笔者自绘的香港国际贸易中心的确立与演进
历史简图：

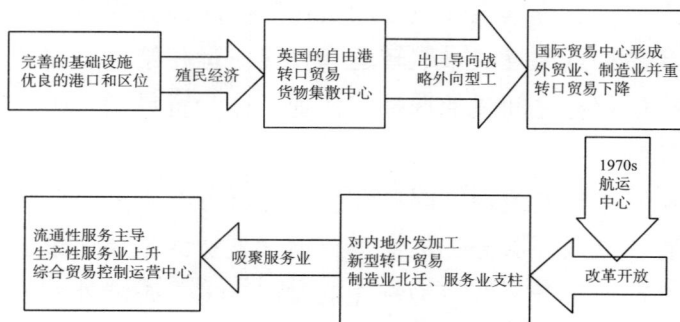

图 2.10　香港国际贸易中心的确立与演进简图

香港作为国际贸易中心的发展过程，就是从转口港发展
开始，经历工业化发展和服务化发展的过程。从殖民体系下
产业间分工，到产业内分工主导发展时期，从自然资源类产
品转口贸易，到承接劳动密集型产品，再到内地劳动密集型
产品转口贸易和中转国际投资，转口贸易、金融、地产共同
驱动。外贸依存度大，自由港开放程度高，是香港作为贸易
中心最显著的特征。长期坚持"积极的不干预"政策，极少
进行贸易保护，整个市场长期处于高度自由竞争的状态；同
时政府积极制定优惠政策和协调商贸活动等，也是有益的补
充。伴随自由贸易这一特征的，还有发达的交通网络和金融
服务。香港一直都是东方贸易的接驳枢纽和远东地区的空运

中心，维多利亚港被认为是远东地区装卸最快、收费低廉的港口之一；香港的两大机场也具备日夜通航的强大货运吞吐力。支撑外贸产业的港口、码头、物流、仓储系统以及通信基础设施都非常完善，为贸易提供金融资金支持和信贷担保服务的各种金融机构和财务保险公司也很密集。香港处在纽约和伦敦间隔时区的中间，无缝对接金融交易和全球信息传递，这些都促使香港进一步发展为立足亚太、面向全球的国际贸易中心。

二、演进的共同规律和特征

对五大国际贸易中心的历史演进进行回顾，可以发现它们具有共同的规律和特征。

现代国际贸易中心是以完善的基础设施和信息网络为依托，以强大的综合经济实力为后盾，以高度国际化、规范化、开放化的贸易制度和运行机制为基础，以贸易要素集聚辐射能力为手段，在全球贸易网络体系中起重要枢纽作用的城市。

（一）以高度发达的生产力为基础，产生对外贸易的需要

生产力的发展必然带来生产关系和交换关系的变革，加速了对生产资料、人力、资本、技术等一系列生产资源的需求，因此贸易这一商品交换最本质、最发达的产业形式便迅速凸显。

在英国爆发的以蒸汽机为代表的第一次工业革命促使伦敦成为最早的国际贸易中心，在美国爆发的以电气化为代表的第二次工业革命促使纽约后来居上成为国际贸易中心。第

三次科技革命催生了电子、通信产业，并在各领域广泛应用，促使东京成为国际贸易中心。新加坡和香港都曾是英国的殖民地，是英国拓展世界霸权的需要，也是生产力高度发达的触角往东方世界延伸的表现，而新加坡和香港也在产业革命和科技革命的浪潮中抢抓机遇，实现了生产力的飞速发展，并奠定了较为良好的工业化基础（即使在以转口贸易为主导的情况下，新加坡和香港的本地加工业也经历过充分发展的时期，为经济的转型奠定了基础）。

表 2.16　2011—2012 年城市竞争力之生产力指标一览表

指标	GDP 规模		城市综合竞争力	
城市	排名	指数	排名	指数
伦敦	4	0.774	2	0.676
纽约	3	0.822	1	0.704
东京	1	1	3	0.591
新加坡	13	0.258	8	0.548
香港	7	0.35	9	0.545

资料来源：根据倪鹏飞《全球城市竞争力统计报告 2011—2012》整理。

（二）以优越的区位和港口为先导，形成贸易城市的雏形

贸易的发展必定与地理条件密切相关，从原始社会最开始的部落内部，到奴隶社会、封建社会的内河运输和欧洲的海上“地理大发现”，在交通工具最容易到达的地方，就最容易形成货物的集散地和交易地。从五大国际贸易中心来看，它们都有着得天独厚的地理位置，香港和新加坡都是世界贸易组织的成员和独立关税区，占据着海河的流经要道，

有着优良的港口条件，并在一定程度上背倚广阔的陆地腹地，这样才能吸引金融资本和人才技术密集聚集，促进市场交易和技术创新，维持市场的持续繁荣。同时，依靠广阔的陆地腹地，就能同时将集聚到的生产要素第一时间、最小成本地用于生产和加工制造，转换为更新的商品和技术。这种良性的循环需要强大的腹地生产制造能力做支撑，并辐射到更广阔的内陆地区，让面向全球的国际贸易中心真正成为一个国家对外贸易和对外经济交流的重要根据地。

（三）以完善的基础设施为支撑，促进贸易中心的完善

综观国际贸易中心的发展，都是有大量的货物聚集运输，从而推动与贸易直接相关的物流、航运和交通运输产业的发展；必须有接驳便利、网络密集的立体式交通系统，才能保证各类货物的海、陆、空运送，以最高效、最节约的方式运送到贸易中心所在国家的各个地区。同时，立体综合交通体系的建设不仅需要现代化的硬件设施，也需要以信息通信技术和先进的管理经验为支持的软件设施。良好的软硬件设施会吸引贸易主体的入驻，大型跨国公司和总部、综合商社与集团通常都拥有全球范围的购销网和商情信息网，它们与当地企业一起构建了世界营销网络。

而随着贸易产业的不断发展，除了传统的货物贸易这一有形贸易方式外，无形贸易也在迅速崛起。电子商务、无纸化交易平台都客观上促进了贸易中心业务的发展，也对贸易中心的软硬件基础设施提出了更为严苛的要求。

（四）以发达的城市产业布局为依托，推动贸易产业的发展

从产业结构来看，第二产业是贸易的基础，伦敦、纽约和东京的发展，无一不是建立在整个城市良好的工业水平基础上的。实体产业的发展不仅促进了贸易的发展，还增强了贸易的内在稳定性，并通过深加工和制造，大大提升了产品的附加值，在促进出口的同时，推动了产业结构的转型升级，进一步提升了贸易中心的吸引力。[①] 即使像新加坡和香港这样的以转口贸易为主导的国际贸易中心，也在转口贸易发展受阻的阶段，通过出口导向战略，发展外向型产业和技术，建立了良好的工业制造业基础。发达的制造业也是对外贸易发展的重要支撑，可以在对外贸易政策发生变化时有替代的选择，良好的工业基础更是提升外贸竞争力的重要保障。

在第三产业中，除了前文提到的交通运输和航运物流等流通性服务业外，还包括间接为贸易提供服务的零售业、旅游业、会展业、教育业等，它们为参与贸易的各类经济主体提供交易的场所、充分的信息，保障人员的衣食住行，培养更多更优秀的服务从业人员等。尤其是金融业、保险业的发展，各种金融衍生工具的创新建立了更为丰富、灵活、畅通的资金网络，提供了融资的便利、担保货物和资金的安全。贸易中心往往和金融中心、航运中心的发展相辅相成。

城市的产业布局越完善，商品的种类和结构越丰富，参

---

① 王火灿. 国际贸易中心的形态与成因及上海的目标与对策［J］. 国际商务研究，1995（3）：43.

与贸易产业链条的各项生产要素越集中，贸易产业就越发展；各个产业的集聚程度越高，整个城市就越容易成为贸易中心城市。

（五）以自由开放制度和政府引导协调为保障，优化贸易环境

贸易中心的形成既是市场经济规律的体现（一个城市因为具备了前述条件，客观上便成为贸易主体和贸易行为的聚集地），同时也需要更合理的制度和政策来增加它的吸引力和稳定性。伦敦、纽约、东京、新加坡和香港（中国）政府在经济发展的关键时期都适时地提出了促进经济发展和转型的战略决策，明确了"贸易立国"或"自由贸易"或"出口导向"的发展战略，助推了城市走出困难时期，确立了城市的经济话语权，并通过诸如"自由港"或"贸易自由园区"等制度和政策，建立完善的金融监管制度、健全的法制体系、优越的财税政策等来引导城市的产业发展、更新基础设施、招商引资、留住人才、保护高新技术知识产权、确保金融资本安全和汇兑便利自由等。各项战略、政策和措施或直接，或间接地推动了城市发展，甚至还上升到国家层面的高度，将某个城市有意识地作为战略突破口以掌握经济话语权，加强城市周边区域和都市圈、城市体系的建设，从而起到成为国家经济战略高地的作用。

（六）以传统的货物贸易为立足点，创新现代综合贸易的形态

虽然货物贸易依然是国际贸易的主要交易形式，但服务贸易日益发展，且占有相当比重，成为发达国家或地区产业转型

升级和参与国际分工的重要选择。现代国际贸易的运行与发展远超过物流本身的含义，是最终产品、中间产品和服务贸易的结合，附加了信息交流、资金融通、购销运营等活动，国际贸易企业、跨国公司共同构成贸易主体。服务类产品通过信息传输，中低附加值产品通过海上和铁路、公路运输，高附加值产品通过航空运输，依赖更多的中介和平台。当代国际贸易中心必然是深水港、航空港、信息港的综合体，并根据城市的自然禀赋和产业优势，突出其中的某一个或几个特色。

伦敦港口的优化和航运业的创新管理，纽约港口改革、自由园区和知识产权保护多管齐下，东京高新技术研发、批发和零售业蓬勃发展，新加坡总部经济持续繁荣，香港离岸贸易不断崛起，每个城市都在不断变化的全球经济形势中找准了自己的定位，克服发展瓶颈，树立新的核心竞争优势。传统的以货物贸易为主的中心，正在不断演变为现代综合国际贸易中心。

发达的生产力、优越的区位、完善的设施、良好的产业基础、便利的制度和创新的形态，环环相扣，促使伦敦、纽约、东京、新加坡和香港成为国际贸易的中心城市，也为其他城市的发展提供了经验范本和参照。

三、演进的不同模式和功能

（一）按贸易模式分为腹地型、转口型和离岸型国际贸易中心

根据国际贸易中心的贸易模式，可以分为腹地型、转口型和离岸型国际贸易中心。模式的差别主要取决于国内市场的容量、自然资源的充裕度、加工制造能力以及居民的整体

消费水平。

1. 腹地型国际贸易中心

腹地型国际贸易中心就是以加工贸易为主，兼有转口贸易，一般是国际贸易商品交换流向的起点和终点，其一方面将其中心区域自产产品或收购的腹地市场的产品在国内市场销售，又通过外销网络销往国际市场；另一方面从国际市场进口产品进行深加工或者消费，或者继续销往腹地市场。其往往兼具对外贸易中心和对内贸易中心两种功能，是内外贸易转化的"中转站"。这一类型的中心是倚靠经济腹地，挖掘国内市场需求，增强各类要素资源的相互转化能力，建立关联度高的产品制造体系，从而顺利地衔接国内市场和国际市场，充分发挥这两个扇面的辐射功能，起到相当重要的中心作用。

目前国际学术界与实业界公认的腹地型国际贸易中心有伦敦、纽约、东京。

2. 转口型国际贸易中心

转口型国际贸易中心是以转口贸易为主，往往处在国际贸易的中间环节，是货物在生产国和销售国之间中转的驿站，往往是中间商将进口货物在当地保税仓库进行分级、混装、加包装、贴标签等，再将货物销往销售国，获得可观的转口利润和仓储、运输、装卸、税收等收入。

转口型国际贸易中心需具备三个重要的基础条件：一是拥有天然的优越的地理位置，处于各国之间通航的要塞或者大洋岸线的中部，与周边国家有着良好的传统贸易关系，同时港口自身是深水良港，具有良好的吞吐能力和较多的泊位。二是港口设施高度现代化，管理高度电子化和较高程度的运输集装箱化，港口与经济腹地之间已经建成完善便捷的集疏运网络，航线和航运市场发达，空运发达并具有方便快捷的城市交通体系。三是有特殊的贸易优惠政策，例如自由港、自由贸易区等，在降低中转成本的同时配套有完善的财税、金融、保险、法律、通信体系，确保贸易的顺利进行。新加坡、香港一般被认为是转口型的国际贸易中心，其转口贸易一直在对外贸易中占据着突出地位。

3. 离岸型国际贸易中心

离岸贸易是主要方式，投资人的贸易公司注册在离岸法区，但投资人和其实体不用亲临当地，其业务运作可在世界各地的第三个国家或地区直接开展，贸易产品不通过贸易中心实转，而是直接从货源地运送到第三国。在当前国际贸易实践中，离岸贸易是大量存在的，但由于统计口径比较困难，难以计入某国的贸易统计数字之内，因此要明确某国或者地区是离岸型国际贸易中心还比较困难。

目前学界较为认可的是香港近年来日益向离岸型国际贸易中心靠近。据香港特区政府的统计数字，2008 年香港离岸贸易总值达到 33630 亿港元，而同期转口货值为 27330 亿港元，离岸贸易总值在当年已经全面超越转口货物总值，成为香港参与国际贸易的最主要方式。[1]

（二）按功能分为货物集散型、加工贸易增值型和综合型国际贸易中心

从功能完善程度来看，国际贸易中心分为货物集散型、

---

[1] 杨丹萍，许继琴. 宁波区域性国际贸易中心城市建设研究 [M]. 杭州：浙江大学出版社，2014：5.

加工贸易增值型、综合资源配置与高端贸易型三大类，层级水平依次递增。这一分类与前述分类具有相似性，但贸易模式强调的是基于先天自然条件的分类，而功能完善程度强调的是各产业综合完善程度。

这种分类方法描述了一个贸易中心从最初级到最高级的发展特征。原始的货物聚集在港口，促成了货物集散型功能贸易中心的萌芽；市场需求的扩大、国内工业的支撑、加工制造业的出口导向，推动着加工贸易增值型功能的国际贸易中心的发展；在全球化与信息时代背景下，先进的国际贸易中心在商务、金融、保险、物流、会展、法律、研发、设计等生产性服务业方面实现了产业要素的集聚；以跨国采购商、发包接包商、网络运营商为多元主体补充贸易批发和代理商，以中间品贸易、离岸服务和无形贸易为重要内容补充制成品贸易和有形贸易，以产业内贸易、公司内贸易为新兴贸易形式补充产业间贸易，以信息港、通信网络为虚拟平台补充传统实体贸易网络，以技术研发和融资为核心补充产品内涵，综合资源配置、价格发现话语制定权和高端贸易得以实现。在国际贸易网络体系中配置生产和销售网络，发挥中枢功能，控制全球价值链，最终成为全球商业网络的核心节点和国际贸易中心。

第三节　区域性国际贸易中心概念的新阐释

一、区域性国际贸易中心的内涵解读

通过对各类国际贸易中心特征及其典型代表城市的发展脉络进行梳理，可以看到国际贸易中心发展的一般规律和具有的共同特征，也可以看到不同城市的发展模式和功能。在此基础上，借鉴各个城市的经验，综合国内外学者的研究，得出区域性国际贸易中心及中心城市的内涵、功能及特征。

本书的定义如下：区域性国际贸易中心是在经济发展具有相似特征且空间相邻的区域内居于核心地位，能够代表区域面向海外市场、发挥主导作用的城市。其一定程度上集聚了国际贸易和相关行业生产要素，有一定经济基础，有较完善的产业配套和支撑，有较大的商品流、人流、信息流和资金流聚集，并以此为枢纽向国外流通，有相对便捷的交易平台和相对高效的交通通信网络，能够辐射和推动周边区域对外开放、发展对外贸易的外向型经济中心城市，往往在一个区域推行战略性经济政策时发挥先导作用。

（一）区域性国际贸易中心的时间内涵

从时间上来看，区域性国际贸易中心指的是一种发展阶段。在一个城市对外贸易的辐射力和影响力还不足以达到影响全球的商品交换关系和资源配置规则，也不足以吸引大量的跨国公司集聚形成总部基地，只能在区域范围内发挥对局部海外市场的影响时，这个城市就处在区域性国际贸易中心的阶段。

但从长远发展来看，具有较好自然禀赋、经济基础和政策扶持的区域性国际贸易中心也有潜力发展为代表国家的全球性国际贸易中心，比如已经在某个产品领域有了较大的全球价格话语权，在某些消费市场拥有较大的消费吸纳力和市场容量，在制造工业拥有较好的根基和工业化基础，在贸易服务产业拥有较完整的产业链条和价值增值能力，在以本地为中心向周边更多地区拥有一定的影响力和辐射力，并将面临国家外向型经济战略和各项对外经济政策导向的大好机遇期，将有相当的上升空间时，在参与全球贸易活动，制定贸易规则方面发挥主动权，就自然上升为全球性国际贸易中心。

因此，区域性国际贸易中心是全球性国际贸易中心的初级阶段和准备阶段。

（二）区域性国际贸易中心的空间内涵

从空间上看，区域性国际贸易中心指的是一种地域关系的布局。一般来讲，每个国家都有一些经济发展位居前列的城市，由于地理位置、历史传承等资源禀赋的不同，呈现出不同的发展状况。其中，沿海城市由于拥有港口和海上交通的优势，有更好的基础发展国际贸易，可以率先受益于国家的开放政策以及国际产业结构的调整。这些城市在参与国际贸易的过程中，分别以各种不同的方式对周边地区产生辐射影响，或增加出口促进内地城市的制造业转型升级，或进口商品形成消费市场需求的多元化，或吸引外资促进整个地区相关产业的联动发展，或综合协调带动周边地区经济社会整体发展，最后以点带轴，以轴连片，各片相连，共同促成一个国家参与国际经济分工与交换的整体贸易格局。

（1）从影响范围而言，它能带动和引导的范围较小。全球性的国际贸易中心能够影响一国甚至全世界经济的发展，而区域性国际贸易中心主要影响区域经济的发展，为区域内的贸易企业搭建平台，对区域贸易进出口产生影响。从数量来看，全球性的国际贸易中心屈指可数，但在各国境内都存在若干经济区划，可以有多个区域性国际贸易中心共同存在，且在各自区域内发挥着贸易集聚和辐射作用。比如中国的各大城市群就是典型的经济区域，每个城市群内部都可以存在区域性国际贸易中心，通过该中心的要素集聚推动整个城市群对外贸易的发展。

（2）从面向的海外市场而言，相对于全球性的国际贸易中心，它只能辐射部分海外市场，主要对接特定海外区域市场（占有市场份额），尤其是集聚相邻各国的商品流、人才流、信息流、资金流，为所在国区域内贸易主体搭建通向这些海外市场的平台和通道（贸易以所在国和特定海外国之间的贸易为主）。比如中国西南地区面向西亚市场和东南亚市场，东北地区面向东北亚市场。各区域性国际贸易中心在区域的对外开放和贸易投资活动中充分发挥资源配置整合作用，共同促进我国沿海沿边对外开放政策的深入发展。

因此，区域性国际贸易中心就是指"时间和空间相结合""代表国内小区域、面向国外大区域"的具有国际贸易优势，并能对一定区域产生辐射和影响力的中心。

二、区域性国际贸易中心的功能解读

在明确概念内涵的基础上，我们再来分析区域性国际贸易中心的功能和特征。全球性国际贸易中心在贸易数量、规模和产业结构方面都高于区域性国际贸易中心，它们的功能和特征也更强大。但由于区域性国际贸易中心是一个发展的阶段，是对局部地区发挥国际贸易中心的职能，所以一定程度上也具有全球性的国际贸易中心所具有的功能和特征。

（一）区域商品流通中心

国际贸易中心城市是国际商品的集散地，区域性国际贸易中心城市就是以贸易（外贸和内贸相结合）的方式向区域的市场直接输出或者转口输出，将他国输入的商品带到该城市所能辐射的国内地区，同时将本区域的特色产品、专业产品、优势产品更多地输送到其他地区。通常表现为以大宗商品交易市场的形式将国际商品进行集聚和分销，对商品流通的平台和渠道有很高的要求。

因此，畅通的物流、精准的通关过程、完备的仓储系统是区域性国际贸易中心能够拥有较大商品交易规模的基础，而先进的供应链管理、便捷的腹地批发网络和高效的区域运输体系有助于增强区域性国际贸易中心商品流通的效率，从而更好地将商品和福利共享给周边区域。

（二）区域商品零售和消费市场

区域性国际贸易中心不仅可以输入和输出国际商品，成为集聚和周转商品的集散地，还具备一定的产能消化能力，提高本地和腹地市场购买力。购买力的提高既取决于城市工业化发展的阶段、居民的收入水平和消费文化习惯，也依赖于刺激消费的政策和环境，吸引周边甚至国内外的游客前来旅游购物。

因此，良好的经济基础、宽广的区域零售网络、发达的服务意识、包容的消费偏好、优惠的退税和免税政策、开放联通的旅游市场、优良的购物氛围、现代的一条龙购物设施成为区域性国际贸易中心必不可少的发展要素，它们共同构成强大的消费终端市场，吸引国际商品集聚的同时，吸引国内外消费者的集聚并不断创造新的需求。

（三）区域商务信息平台

跨国采购商、渠道商、分销商和本土的各类贸易企业、本土外向型企业等在同一个城市、同一个市场展开竞争，跨国公司总部经济作为国际贸易中心重要的贸易主体，和本土优秀的企业一起吸引相关产业链的企业集群，形成贸易中心，企业间具有较高的产业共生性和较高的信息共享要求。

通过会展集中发布新产品、新技术，培育推广品牌、提供体验消费、产生订单制造；通过产业园区和贸易园区高效地吸引人才、互换信息、交流供需；通过信息港、物联网、各种电子商务平台和金融衍生工具，使通关、商检、金融结算等功能无缝衔接；通过数据网络、数据存储平台的广泛运用将企业进行 24 小时全球串联，最大限度地缩短与世界各地的时空距离。这些措施使这座城市成为制造订单的发生地、全球信息的交换地、产业资源的配置地、本土跨国公司的孵化地、跨国采购的集中地[①]，由此形成庞大的能够辐射整个区域的商贸商务能级。

---

① 汪亮. 国际贸易中心的城市内涵［EB/OL］. http://blog. sina. com. cn/s/blog _ 5f114e6b0100vytd. html.

（四）区域创新研发孵化基地

区域性国际贸易中心应该是管理创新、制度创新、工艺技术创新、生产和交易流程创新的试验示范地和高新技术孵化基地，从而为货物贸易、服务贸易和终端的零售市场注入持续的创新力。

管理创新既包括政府宏观管理层面的创新，也包括企业微观管理层面的创新。制度创新指政府管理与企业实践相结合，推动实践，能最大限度地试点各项促进贸易发展的政策，吸引产业要素的集聚，释放和发展生产流通力。工艺技术创新则要求有宽松的制度环境吸引企业，有优惠的人才政策爱护人才，通过产学研一体化最大限度地实现工艺创新创意、技术研发、新成果转换。新兴技术和创新型工艺在创意中心和创新孵化基地能够得到有效保护和激励，通过新的生产和交易流程的示范，传播更好的程序、方法和国际交往经验。

区域性国际贸易中心正是因为具备以上几个功能，才能有发达的生产力、灵活的流通力、庞大的购买力、持续的创新力，并通过区域的人流、物流、资金流、信息流，将其辐射到周边地区，成为整个区域创新驱动的源泉、生产资源配置的核心、生产力发展的引擎。

第四节　区域性国际贸易中心发展特征的新阐释

区域性国际贸易中心同时具有世界城市、网络节点和区域增长极三个特征，代表了外向性、内外联通性和区域属性三个不同的层面。

一、区域性国际贸易中心的世界城市特征——外向性

世界城市是全球经济系统的中枢，以下是学者们公认的判断标准：

霍尔的标准：（1）综合性城市：在政治、经济、文化方面产生影响，（2）大公司集团所在地，（3）国际意识的居民，（4）世界金融贸易中心，（5）世界交通运输中心，（6）人才汇聚地，（7）信息收集和传播地。

弗里德曼的标准：（1）国际金融中心，（2）跨国公司总部所在地，（3）国际机构高度集中，（4）服务部门密集，（5）主要制造业中心，（6）主要交通枢纽，（7）人口规模巨大。

萨森的标准：（1）世界经济组织中心，（2）公司控制中心，（3）金融创新基地，（4）主要资本市场。

科恩的标准：（1）高层次的商务和金融服务，（2）国际组织和商务决策机构所在地。

这些标准都体现了世界城市经济的发达程度和对世界经济的引领性，同时也是全球资源流通的中枢，是重要的机构所在地。

区域性国际贸易中心同时具有世界城市的商贸流通内涵、服务内涵以及管理控制与资源配置内涵，只是在能量层级上较低，所能辐射的范围较小，影响力较弱。

（一）商贸流通内涵

1915年杰德斯（Patrick Geddes）提出"世界城市"一

词，定义为在世界商业活动中占有一定比例的城市。城市能融入世界网络体系，便具有世界城市功能。[①] 而国际贸易正是一个城市融入世界分工和交换体系最好的方式之一，国际贸易中心代表了融入全球商贸活动的功能内涵。

（二）流通性服务和生产性服务内涵

表 2.17 世界城市典型分类

	生产性服务中心	流通性服务中心	消费性服务中心	资金技术密集型制造中心	劳动密集型制造中心
就业	生产性服务业 消费性服务业	流通性服务业 消费性服务业	消费性服务业	资金技术密集型制造业 消费性服务业	劳动密集型制造业 消费性服务业
空间布局	中心商务区	港口	消费区域	制造基地	制造基地
典型城市	纽约	香港	澳门	伯尔尼硅谷	东莞

资料来源：马莉莉．香港之路［M］．北京：人民出版社，2011：46．

从纽约和香港的城市特征可以看出，生产性服务或流通性服务发达是成为世界城市的重要基础，纽约和香港正是凭借这样的优势发展为国际贸易中心的。城市产业布局也是以主导型产业为主进行发展，并且城市居民整体收入程度较高。这两类城市的发展都具有基于城市先天产业优势的鲜明的产业导向性，可以作为较为典型的范本。

---

① 周振华等．世界城市——国际经验与上海发展［M］．上海：上海社会科学院出版社，2004（5）：391．

表 2.18　　流通性服务和生产性服务业特征比较

	代表产业	主营业务	核心要素	前向关联	后向关联	知识创新	运输成本
流通性服务业	贸易	商品流通、运输、储存	商品、资本、信息	生产制造商、供货商	批发零售商、消费者	创新较慢，缄默知识、黏性知识较少	高
生产性服务业	金融	银行、保险、证券、信托	资本、技术、信息、知识	企业等资金需求部门	会计、法律、咨询等部门	创新较快，缄默知识、黏性知识较多	低

资料来源：马莉莉. 香港之路［M］. 北京：人民出版社，2011：54.

由表 2.18 可知，流通性服务和生产性服务具有不同的特征，各个城市的基础设施、自然地理条件和产业优势不同，在发展贸易中心的路径选择上也必然不同。但对国际贸易中心来讲，都应该是阶段性发展的重点，以流通带动产品的生产和技术创新，拓展更大的市场；以生产性服务来保障产品的生产、市场的稳定以及流通的便利，两者相辅相成，共同促成国际贸易中心的形成和发展。

（三）管理控制与资源配置内涵

此外，世界城市在全球化浪潮中逐渐担当起控制和管理生产、流通、交换、消费的职能，尤其是对全球生产线、供应链、生产资源进行综合配置，先进的世界城市往往是高等级生产服务网络集聚地，凭借高科技信息网络等现代设施和便捷的交通枢纽，集聚着以跨国公司和各类先进的经济机构组织为载体的贸易主体，汇聚全球资源，成为生产、经营战略的策划、运营和管控中心。

综上，区域性国际贸易中心在区域范围内发挥着作为较低等级世界城市的商贸流通、流通性与生产性服务、管理控制与资源配置功能，并依据其自身优势侧重于某种内涵。随着经济实力的不断增强或减弱，其世界城市的特征也同时增强或减弱。

二、区域性国际贸易中心的节点城市特征——内外联通性

区域性国际贸易中心是区域经济系统的贸易中枢，是在区域城市体系中的重要节点城市，其重要属性就是在区域中的联通性。

研究节点城市就要将其放入城市体系的框架中考察。后者并不仅仅是自然地理意义上的城市密集分布，而是城市体系间借助于现代化的交通工具、综合运输网络和高度发达的信息网络构成的有机联系的整体[①]，也就是指城市网络体系，不是狭义的电子网络，而是包括交通运输网络、贸易购销网络、旅游网络、城镇网络、电子通信网络等。

（一）商贸流通有形网络节点内涵

区域性国际贸易中心是城市体系之间进行商贸流通活动的关键节点，包括贸易购销、交通运输等，其流量和影响范围决定了作为节点城市的能级。

国家中心城市、区域中心城市与更低等级的中心、普通城市的区别仅仅在于节点功能和辐射能级在联通性上的差异。中心城市往往在城市体系中扮演重要的向心力和动力机制的角色，不仅有中心的含义，更重要的是成为节点，和周围产生垂直与横向联系，处于双向互动的网络之中。它是区

---

① 陈柳钦. 新的区域经济增长极：城市群［J］. 福州行政学院学报，2008（4）：78.

域内各城市间生产、消费、服务和社会职能的中心节点，通过与外围区域的各种联系（人员流、技术流、资金流、物流、商品流、信息流），输送生产要素、配置经济资源、优化城区结构，引导和控制区域的发展方向、发展速度和发展规模。

Taylor 等人根据近 200 家跨国公司在全球 500 多个城市的业务分布和定位数据，利用世界城市网络关联度模型（Interlocking Network Model），从 2000 年开始每 4 年做一次评估，结果见表 2.19：

表 2.19　7 个城市个别年份的网络关联度水平

城市	网络关联度（衡量与全球城市网络的总体连接水平）					
	2000 年		2004 年		2008 年	2012 年
	数值	全球排名	数值	全球排名	全球排名	全球排名
香港	0.724	3	0.731	3	3	3
东京	0.694	5	0.690	5	6	7
新加坡	0.645	6	0.671	6	5	5
台北	0.488	18	0.466	25	28	41
上海	0.429	30	0.452	23	9	6
北京	0.421	33	0.456	22	10	8
首尔	0.413	38	0.499	24	13	24

资料来源：笔者根据 http://www.lboro.ac.uk/gawc/world2012t.html 数据整理获得。

此外，2012 年内地主要城市的等级分别是：上海，北京 Alpha＋，广州 Beta＋，深圳 Beta－，天津 Gamma－（每 4 年发布一次，2008 年和 2012 年的资料只能查到排名情况，暂无详细数值）。

（二）信息网络空间节点内涵

电信与通信技术是现代贸易发展的最重要的技术推动力量，信息成本逐渐变得和运输成本一样重要，在传统国际贸易中心向现代国际贸易中心转型的过程中，信息网络大大降低了贸易成本，推动了贸易全球化的多元化发展，其提供的知识和技术密集型服务，带动了无形贸易的繁荣。[①] 国际贸易中心的转型升级，只有建立在通信和电信技术高度发展的基础上，才能形成网络经济空间综合资源配置能力。

很多区域经济学者认为，在新信息技术的支撑下，世界经济的"地点空间"（place）正在被"流空间"（flow）所代替。[②] 空间结构逐步进入"流、节点、网络"这样的逻辑基础上。Manuel Castell（2000）认为当前世界体系的空间结构是通过建立各种方式和强度的"流"来维系的，包括人才流、资金流、信息流、技术流、运输流等。所有"流"的汇集运动塑造了对世界经济发展十分重要的"门户城市"，也就是各种"流"的汇集地、连接区域和世界的节点。陆大道（2002）认为海量的数据库和网络化联系，使得大城市成为信息流、人才流、物流等的交汇点，土地需求较大的制造业和仓储业扩散集聚在核心区周围，形成庞大的都市经济核心区。处在当今世界"流"节点上的以高端服务业为核心的门户城市，正在塑造新的分工和产业格局。

---

① 黄丙志. 世界城市视角下国际贸易中心的当代节点特征 [J]. 上海经济研究，2010（11）.

② 陆大道. 我国区域发展的战略、态势及京津冀协调发展分析 [J]. 北京社会科学，2008（12）.

三、区域性国际贸易中心的增长极特征——区域首位性

增长极是指具有推动型工业的主导产业聚集点，也是要素在城市集聚的空间增长点。

从伦敦、纽约、东京贸易中心的确立和演进历程可以看出，其都是生产力高度发达，在进出口贸易规模以及港口吞吐量方面具有绝对的数量优势，能够吸引各种先进的生产要素集聚，城市自身通过对外贸易获得了充足的资本和广阔的产业发展空间，赢得了国际声誉。同时，向内陆腹地运送大量的物资、为内陆地区的发展创造了更高的平台，充分体现了增长极的回流效应和涓滴效应的平衡，为区域和国家的整体发展做出了贡献。

区域性国际贸易中心具有增长极的特征，就是把国际贸易活动放入区域的空间范围。研究确定区域性国际贸易中心，就是在区域内部具有较大贸易流量、较高贸易要素集聚能力、国际化程度较高、商贸流通功能较强的城市会成为整个区域的对外贸易增长极。这一特征对城市、区域的对外开放以及整个区域内部的协调发展具有重要的理论指导意义。

本章小结

本章对国际贸易和贸易中心演进的两个阶段进行了介绍，详细梳理了理论界和实业界公认的国际贸易中心城市伦敦、纽约、东京、香港、新加坡形成的背景、发展脉络和发

展前景，提炼出国际贸易中心城市共同的发展规律、特征。并以此为经验参照，在传统分类方法的基础上，丰富了"区域性国际贸易中心"的内涵，从时间和空间相结合、"代表国内小区域"和"面向国外大区域"相结合的角度进行解释，阐释了区域性国际贸易中心具有的世界城市特征、节点城市特征和增长极特征，完善了它的外向性、内外联通性和内部首位性三大属性。在案例分析和逻辑演绎的基础上，为下一章区域性国际贸易中心的形成机制与影响因素分析奠定基础。

第三章　区域性国际贸易中心的
形成机制与影响因素

第一节　区域性国际贸易中心形成机制的含义

一、集聚机制和传导机制共同演化为形成机制

本章作为承上启下的章节，既要呼应前文的理论和案例分析，归纳总结区域性国际贸易中心出现的条件，也要分析中心对周边地区发挥作用的条件，从而完整描述区域性国际贸易中心如何产生、如何形成、如何巩固完善；并为后面章节的实证研究奠定基础，回答如何判断中心是否形成，以及是否起到了集聚和辐射作用。

研究中心形成的机制，就是要研究哪些因素促成要素集聚；形成集聚的产业和集中的市场又是如何促使城市具有了中心枢纽的功能，从而促使城市成为区域性国际贸易中心——这是促成中心形成的影响因素研究。

中心要充分发挥集聚效应，吸引周边地区的资源集聚，

同时发挥辐射作用，将各项功能通过贸易网络体系输送到周边更多的区域，产生更大的经济推动力。这样的中心才真正从功能角度成为对区域发展有益的中心——狭义地讲，这是促进中心更加成熟的因素，或者说是中心城市对区域经济发展的传导机制。广义地讲，这种传导机制和要素集聚机制共同构成了区域性国际贸易中心的形成机制。

因此，本章既要着重考察前一种要素集聚的机制，挖掘哪些因素促进要素集聚在特定地区，同时也要考察后一种传导机制，挖掘中心如何带动区域发展，从而完整地回答区域性国际贸易中心的形成机制，为后文的实证研究奠定基础。

二、从三个维度展开对形成机制的影响因素研究

前述章节已经分析了区域性国际贸易中心的特征：以较开放和规范的贸易制度为引导，以较先进的生产力和经济运行机制为基础，以较完善的基础设施和信息网络为依托，拥有区域范围内的贸易要素集聚辐射能力，在区域贸易网络体系中起重要枢纽作用的并深入全球贸易网络体系的前沿节点。

因此，本章分析区域性国际贸易中心的形成机制，就是要针对这样的特征，挖掘形成条件和影响因素，同时结合理论溯源，把影响因素分为资源禀赋力、市场驱动力、制度保障力三个维度，分析这些影响因素如何渗透并作用到集聚机制，最终促成区域性国际贸易中心的形成。

这种针对概念特征，挖掘影响因素的理论内涵，从三个不同维度对集聚机制的影响因素进行研究，就是区域性国际贸易中心的形成机制研究。

第二节 区域性国际贸易中心形成的
自然机理：禀赋生长力

禀赋是指拥有的资源条件。禀赋生长力是指依赖于禀赋基础可以生发的优势。区域性国际贸易中心的产生需要一定的自然条件，包括优越的地理区位、丰富的要素禀赋（自然和人文）、良好的基础设施。其中，地理区位和自然资源是天生就具有的客观自然条件，而人力资源和交通设施是在自然禀赋基础上派生的发端于自然优势（人口数量和区位）的禀赋优势，狭义来讲，其并不属于自然资源的范畴，但因为属于有形的经济资源，具有禀赋生长力的内涵，因此本书一并将其归入禀赋生长力进行探讨。

某个地方具有了先发优势，一旦形成集聚，就容易保持和存续下去，也就更具有"锁定"效应，比一般的城市更容易成为贸易中心。

一、地理区位

地理区位对国际贸易的发展至关重要。地理位置越优越，交通条件越发达，生活条件就越便利，越容易集聚人口，从而形成庞大的市场需求；同时，厂商的生产成本也就越低，市场规模经济效应就越明显，越容易集聚生产商；市场接近效应的作用一旦发挥，运输成本和贸易成本都会降低。因此，拥有良好地理区位的地方，能率先控制贸易资源，最大限度地获得财富和收益，成为区域经济发展的先导力量。

（一）港口

国际贸易最先起源于水运，传统的水路运输成本最低。随着经济的发展，远洋海运成为国际贸易最主要的运输形式。因此，拥有港口，尤其是天然的深水良港，是成为国际贸易中心最重要的区位优势。

伦敦港口航道宽、广、深，以富庶肥沃的泰晤士河谷为依托，是西北欧最大的集装箱港口；纽约港口宽而深，潮差小，常年不冻，深浅得当且有潜力可继续扩建；东京位于本州岛关东平原南端东海岸和东京湾中心，东西南北和千叶、川崎、横滨、横须贺等大海港形成组合港，已经具有一定的港口规模效应。因此，临海、有优越的港口自然条件，是国际贸易中心形成的重要地理区位优势。

（二）交通要塞

交通工具越容易到达的地方越容易形成货物的集散地和交易地。但随着交易产品和交易形式的多样化，中高附加值产品开始出现，对公路、铁路运输和航空运输同样带来了发展机遇。

伦敦作为英国最大的商贸交易城市，对外扼大西洋航道的要冲，是连接西欧与北美的桥梁；对内是英国最大的铁路枢纽和公路网中心；背倚纵深辽阔的英国大陆腹地，连接国内公路、铁路等交通节点；在重要运输内河的入海口，面向广阔的大西洋航道。香港和新加坡同处亚太地区的核心位置，扼印度洋和太平洋的交通咽喉，是东西方航运连接的中转枢纽。

处于交通要塞，有得天独厚的地形地貌，比如纵横交错的河流、宽广的平原、具有建设成为一流空港的起飞降落条件，铁路、公路枢纽的集散扩容条件，成为各种要素流动的必经之地，有较大的区域交通运输承载力，是区域性国际贸易中心形成的另一个地理区位优势。

中心地、次级中心地是中心地理论对同一个区域城镇功能等级的判断。中心性商品和服务按其特性可分为若干档次，各中心地之间构成一个有规则的层次关系，分别有市场原则、交通原则（如图 3.1 所示）和行政原则。

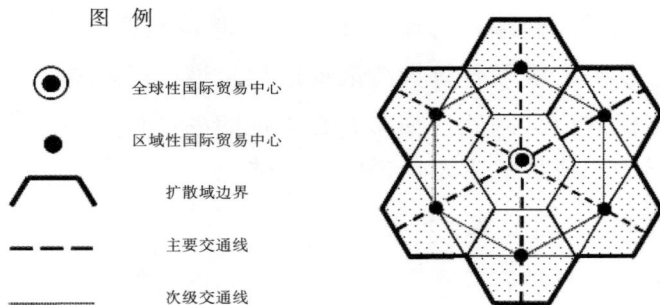

图 例

⊙ 全球性国际贸易中心

● 区域性国际贸易中心

⌐¬ 扩散域边界

－ － 主要交通线

── 次级交通线

图 3.1　交通原则下的贸易中心地系统——地理区位优势示意图

将此城镇体系放大到全球和国家层面，在交通原则的作用下，拥有最优港口条件和交通要塞位置的，成为全球性的国际贸易中心，提供辐射全球和全国的服务和产品；拥有次佳地理区位的，成为区域性的国际贸易中心，提供辐射本区域的服务和产品。其中，主要交通线包括海洋运输、航空运输，次要交通线包括干流、公路、铁路、空中运输。

二、要素禀赋

经济发展建立在要素禀赋的基础上，贸易中心虽然更大程度上是商品的集散地和转运地，但其发展也是建立在经济发展、需求增加、分工细化的基础上。本身拥有良好资源禀赋的地方，比如拥有矿产资源和土地资源，就会率先发展生产，生产出丰富的工业品和农业品，进而产生对外贸易。这是一类情况，要素禀赋占优的地方，率先发展为国际贸易的中心。

此外，地理条件在容纳要素方面的极限，包括自然环境因素——土地面积、土壤质量、土地容量、气候条件、空气质量、人口数量和素质等，都决定了要素禀赋所能发挥的作用。

这里需要说明的是，人力资源应该从人口数量和人口素质两个维度进行界定。人力资源是经济活动中的主观能动因素，人口的数量和质量决定了社会分工的规模和效率。在城镇化进程中，拥有较大人口基数和较高分工效率的地方，比较容易创造有效的消费需求和产生对外交换的必要，同时也有较多的就业机会和较高的工资水平，人口自然能够集聚，从而具有丰富的劳动力资源，形成良性循环，中心城市的人力资源基础得以形成。

拥有最佳自然禀赋、良好人口素质的地方，具有生产力发展的最佳基础，以经济发展促进贸易繁荣，成为全球性的国际贸易中心；拥有较好自然禀赋和人口素质的地方，经济起步相对较晚，通过追赶经济发达地区，可以成为区域性的国际贸易中心。

三、基础设施

基础设施包括交通、通信、供电、给排水、污水处理厂等，是城市与外围区域相互联系的纽带，直接影响城市对周边地区的集聚和辐射能力。对某区域发展国际贸易起重要作用的基础设施包括：（1）承担区域内生产要素对外流动的大型基础设施，如沿海港口、深水港、航空港、跨境铁路、跨境高速公路、油气管道和国家电网等。（2）保障区域内城市间要素往来的各级内河航道、城际铁路、高速公路、国道、县级和乡村公路、区域油气管道和电网等。（3）提供区域信息一体化的信息网络。[①] 在这三类基础设施中，第一类属于连接全球城市的纽带，它们决定了城市对外开放的空间和参与全球开放以及承接产业转移的能力。第二类是区域经济发展的主要轴线，保证某区域获得持续的全球化发展动力和整个区域协调发展的能力。拥有这些基础设施的城市能够成为经济发展的重要节点，通过资源整合、产业集聚、城市空间演变等，发挥集聚能力和辐射能力，成为区域发展的增长源泉。[②]

各级城市依托自己所在的这三类基础设施网络，集聚各种生产要素和资源，体现出不同的网络规模。基础设施最完善、集聚和辐射能力最强的成为全球性国际贸易中心；基础设施较为发达，对周边城市产生一定集聚和辐射能力的，成为区域性国际贸易中心。

---

① 王永刚. 中国城市群经济规模效应研究 [D]. 沈阳：辽宁大学，2008.

② 耿乃国，王永刚. 中国城市群经济规模效应研究 [M]. 北京：北京师范大学出版社，2011：70.

四、本节小结

由地理区位、资源禀赋、人口数量与质量以及基础设施带来的禀赋生长力，推动着某些地方成为国际贸易中心，并非外生给定。地理位置或由要素禀赋引发的历史优势是集聚的起始条件，比如，英国通过"鸦片战争"把香港化为其殖民地，这是历史的偶发事件，但由于香港特殊的地理位置和港口条件，这一历史事件则演化成历史优势。良好的区位条件带来最初的贸易机会和贸易便利，集聚贸易要素的过程中，越来越多的贸易活动开始发生并不断产生正面的累积效应；再比如像纽约本身经济基础较好、要素禀赋较高，规模经济的显现吸引更多的贸易商汇聚于此，集聚的自我强化机制不断发酵，在累积的报酬递增基础上，产生新的集聚，并不断扩大和保持这种优势。

拥有次佳地理区位和要素禀赋，基础设施在区域范围内大规模延伸，集聚本区域的商品和服务，面向国外部分地区的城市，成为区域性的国际贸易中心。

第三节 区域性国际贸易中心形成的
经济机理：市场驱动力

区域性国际贸易中心的兴起有两种原因：一是贸易地理位置内生的贸易集聚并不断加以强化，这在禀赋生长力中已经阐述；二是潜在贸易中心及其周边地区的经济实力引发的规模经济和自我增强机制导致的贸易集聚。[①]

贸易中心城市的形成过程就是各种贸易要素在空间集聚的过程，经济力量是推动贸易要素集聚并形成中心的核心动力，因此，本节将着重讨论区域性国际贸易中心形成的经济机理——贸易发生并开始集聚的地方，如何凭借内生优势产生规模经济，吸引周边要素集聚并自我强化——市场驱动力。

区域性国际贸易中心形成的根本动力源于规模效应和集聚，或者进一步说，源于规模经济对贸易集聚的强化。规模经济和运输成本共同作用，再经过生产要素流动的市场传导，就形成了产业集聚、市场集中、区域中心和外围格局。本节拟对上述因素逐一分析。

一、规模经济、分工、集聚与城市

（一）规模经济与集聚

规模经济是生产领域的概念，指随着生产规模的扩大，单位产品生产成本不断下降，企业收益出现递增的趋势，包括以下两种情况：

1. 内部规模经济

由于生产要素的不可分割性和生产周期性决定了生产要素投入需要有一定的规模才能盈利，因此单个企业在某特定区位需要扩大生产和经营规模。规模越大的企业，越能获得资金、渠道、人才，生产成本、管理成本都随之下降；同

---

① 唐晓云. 内生性、生产分割与国际贸易中心的新兴起——以上海为例 [J].
亚太经济，2010（5）.

时，技术水平、运输能力、营销渠道、管理经验等都获得提升，这就是内部规模经济（如图 3.2 所示）。

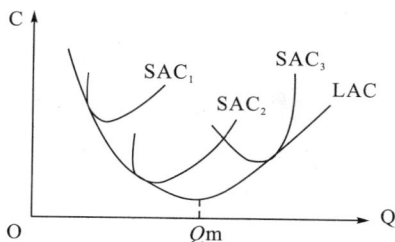

图 3.2　企业内部规模经济示意图

2. 外部规模经济

众多企业在局部空间呈现一定规模的集聚，彼此之间的信息交流和人员流动更加方便，技术交流和创新频繁，生产工艺仿效竞争和管理水平等相互促进。众多企业对市场的生产性服务需求导向一致，相关服务产业集中，使效率更高更专业化，企业在发展壮大的同时，共享各种基础设施、公共服务。在更大的供给和需求水平上，共同分享交易成本和费用下降带来的规模经济，共享外部收益。这两种都能促使商品生产成本下降，从而带来规模收益。企业可以利用具有比较优势的各类资源，共享社会生产条件，形成高效率的劳动力市场，人力和技术的集中会引发交流，共享专业服务，从而获得知识和技术的外溢效应。

两种类型的规模经济都会带来集聚经济。集聚经济是指经济要素和经济主体在地区集聚所产生的专业化分工与协作及高效资源配置带来的成本降低和效益提高。集聚发生的次序一般是单个企业生产规模的扩大—各类工厂的集中—同一产业内部企业的集中—为相关产业提供服务的各类产业的集中。

从单个企业的规模经济开始，到企业集中，形成外部经济，再到各类产业集中，分工协作，共同使用公共设施和共享外部管理服务。如果某区域由于集聚效益的增加，引起生产成本的降低大于运输费用和劳动费用的加总，更多的企业将集聚到该区域，由此，城市的集聚经济得以形成。此外，交易成本和交易费用的降低、市场的专业化以及信息的对称性增强，都是集聚带来的好处。

（二）分工与集聚

作为承载国际经济交换与联系的特定空间，区域性国际贸易中心形成的微观经济基础可以从分工—集聚理论中获得。贸易交换由分工开始，分工导致市场规模扩大，出现规模效应，因此出现集聚；而集聚产生新的更细化的分工，并对此起着自我强化的作用，贸易中心就在这样的循环互动中成长壮大。

在对分工和集聚的关系研究中，西方关于城市化的形成探讨分为两大理论体系：一类是古典、新古典、新兴古典的"分工—集聚—城市化"研究范式，另一类是区位理论学、新经济地理学、空间经济学派的"集聚—分工—城市化"研究范式。

1. 分工—集聚—城市化

从亚当·斯密开始，古典经济学认为分工和在此基础上的专业化促成了企业的内部规模经济；马克思将分工从企业内部扩展到三个层次的产业，指出分工越发达，各部门之间交易量越大，城市经济就越发展，并指出了"行业分工—企业内部规模经济—市场容量扩大"三者的共同作用和循环发展带来了城市的集聚。

杨格将其扩展为迂回生产和社会收益递增理论，认为产业分工能使生产迂回程度加强，从而扩大市场规模，反过来再次促进分工。

总之，"分工—集聚—城市化"范式认为城市是在分工发展过程中集聚累积起来的。

2. 集聚—分工—城市化

新经济地理学认为，国际范围内，要素禀赋虽然是国际分工的基础，但集聚会带来新的分工。随着产业内贸易、产品内贸易的涌现，当前新兴的国际分工呈现出不同的特点，一是生产分工越加细化，生产环节被分割为若干细小的部门和规模；二是技术进步（技术创新、技术诀窍、专利产品、知识产权保护与发展）、要素禀赋的多样性、商业环境等都成为"比较优势"的新内涵。因此，分工开始体现在中间产品、资本品和最终产品等各种产品和各个生产环节，与之相关的各类企业集聚在一起，促进分工的专业化和协作。

分工演化过程中突变点的特性和国际分工变迁的历史说明：每一次的产业革命通过分工—集聚效应，促使最显著的地区成为经济中心。[①]

无论是分工带来集聚，还是集聚产生分工，最终的结果就是两者互动强化机制的形成。

各类贸易主体在一定空间范围内的集聚可以享受专业化分工带来的好处，如提高了企业的生产效率，节约了生产资

---

① 马莉莉. 香港之路：产品内分工视角下的世界城市发展［M］. 北京：人民出版社，2011：156.

源，降低了贸易成本，而且为技术进步、资源利用率的提高创造了外部经济条件，从而为社会带来经济利益并进一步吸引着社会经济活动的空间集聚。社会经济活动的空间集聚也对已有的社会分工和协作起着自我强化机制的作用。两者相互促进，推动城市的中心性不断上升，中心的贸易更加繁荣，进一步推动技术的利用和要素的流动。如此循环累积，贸易集聚的能级不断增强。

（三）城市的规模经济和集聚经济

正是规模效应的存在，促使外向型的生产企业、贸易加工企业、贸易企业各自的内部扩大生产规模，企业希望彼此接近，倾向于聚集在有潜力成为贸易中心的地方，形成集聚经济。城市经济的本质就是规模经济和集聚经济。

集聚和分工的自我增强机制不断作用，于是，作为贸易中心的空间载体——贸易中心城市就内生化地出现了。从贸易集聚能级不断增强的角度看，区域性国际贸易中心是全球性国际贸易中心的初级阶段。

二、产业集群

（一）产业、产业集群的概念

"产业"是具有某种同类属性的经济活动的集合或系统，最开始特指经济社会的物质生产部门，随着生产力的发展、生产关系的进步以及社会分工的不断细化，产业泛指一切生产物质产品和提供劳务活动的集合体。同时和"行业"这一范畴比较，产业由一系列关联度较高的各个行业组成，相互之间具有一定的分工和协作，同时共享类似的生产条件和分工利益。

关于产业分类，西方国家普遍采用三次产业分类法。在我国第一产业为农业，包括农、林、牧、渔各业；第二产业为工业，包括采掘、制造、建筑、煤气、电力各业；第三产业分流通和服务两部分，共 4 个层次：流通部门、为生产和生活服务的部门、为提高科学文化水平和居民素质服务的部门、为社会公共需要服务的部门。[①]

"产业集群"这一概念最早是由迈克·波特（1990）提出的，指在特定区域中，有交互关联性，在地理上集中，具有竞争与合作关系的企业、服务供应商、专业化供应商、相关产业的厂商、金融机构及其他相关机构等组成的群体。

产业集群是在要素集聚和产业集聚的基础上形成的状态，不仅代表生产要素在地理上的集中，规模经济和集聚经济得到体现，同时还是产业竞争力的体现。

（二）贸易产业集群的内涵解读

国际贸易是指世界各个国家或地区在商品和劳务等方面进行的交换活动。"贸易"一词的产业内涵比较特殊——在我国的"三次产业"划分中，没有明确的"国际贸易"产业，但是提到了"批发零售贸易业"，这更多地含有内贸的意思，但无论商品交换的主体是生产者、经营者还是消费者，无论商品交换是否跨国界，无论交换的环节是批发还是零售，"贸易"就是商品和劳务的交换活动。[②] 因此，本书

---

① 关于产业细分，详细可参见中华人民共和国国家统计局网站中国民经济行业分类一页（GB/T4754−2011）。

② 汪亮. 论国际贸易中心建设的国家战略 [M]. 上海：上海社会科学出版社，2011：30.

认为，狭义的国际贸易主体是指从事进出口业务的企业，广义的国际贸易主体包括所有为商品和劳务流通与交换服务的企业。

贸易主体集聚是指贸易资源在贸易主体（包括跨国公司总部、大宗商品交易商、各类贸易公司和贸易服务企业）的承载下，在特定条件下向具有一定自然、经济和社会禀赋优势的某些特定区域空间集中，进而形成一定规模和集中度的贸易商品生产、流通、交换市场的动态过程。在外部经济、规模效应、知识集聚、信息技术外溢的市场机制作用下，在区域社会、文化、产业生态的影响下，各种不同种类的贸易主体在空间集聚，形成产业集聚，体现出企业间的关联效应，生产要素组合、优化、升级，各种不同类型的企业相互支撑，不断创新，为彼此提供更好的产品和服务，逐步形成贸易产业集群。

需要指出的是，广义的贸易产业本身就具有产业集群的含义：包括实现商品和劳务位置转移的交通运输业、仓储业，包括实现所有权转换的批发和零售业，也包括为以上活动提供融资支持的金融产业（银行、保险、证券、信托等）、提供信息传输的通信业、提供资讯分享的会展业等。在这个"交换和转移"的大范畴下，所有与商品流通、交易相关的环节都能被视作狭义贸易产业的关联支撑产业，在这些产业中的企业、供应商、机构等，自然构成广义的贸易产业集群——包括与货物的运输、储存、通关相关的流通企业，与国际结算和融资相关的银行，与财产安全相关的保险企业，与信息发布、接洽相关的会展企业，与人的移动相关的旅游业，与信息技术、网络安全相关的物联网企业，以及跨境电子商务企业等，它们都可被视作贸易产业集群的范畴。

例如与贸易业关系最为密切的航运业的内涵不断丰富完善，对贸易业起着重要的支撑作用。以伦敦为例，其拥有颇具特色的航运服务教育，包括航运咨询、航运金融、航运研究、海商法、航运软件等完备的专业学科，建立了业界领先的航运服务专业研究中心，包括卡斯商学院国际航运、贸易和金融中心，格林威治大学海事研究所，米德尔塞克斯大学海商法研究中心，南安普敦大学海商法研究所，利物浦约翰摩尔斯大学的利物浦物流、离岸和海运中心等。[①] 伦敦的航运教育专业和研究机构均走在世界前列，很好地服务了相关航运行业，成为世界范围内专业服务的开拓者，最大限度地发挥了产业集群的优势，助力伦敦成为国际著名的航运中心。

贸易中心城市的形成过程就是贸易主体以城市为空间载体进行产业集聚的过程，贸易产业集群提高了贸易主体进行创新的速度和效率，能够促进贸易额的提高和贸易方式的升级，而贸易机构持续的空间集聚推动着整个产业规模的不断扩大，进而形成以城市和区域为载体和辐射对象，以跨出区域和国门为目的的贸易中心。

同时，传统的国际贸易中心随着贸易产业的创新和演进，随着流通性服务业和生产性服务业的全面发展，不断激发出新的活力，演进为现代的综合性的国际贸易中心。

国际贸易中心就是为这样的产业集群提供土壤和平台，

---

① 董岗. 伦敦发展国际航运服务的关键举措及经验借鉴［J］. 大连海事大学学报，2010（4）.

让产业内所有的要素能够自由便利地流动，充分发挥规模经济和集聚效应。贸易主体的集聚越完善，规模经济越大，中心的平台作用就越大，就越能成为全球性的国际贸易中心；而如果只是在集中和集聚的阶段，各部门各产业之间有一定的关联和支撑、依托作用，那么就成为区域性的国际贸易中心。

三、运输成本与枢纽功能

（一）运输成本

国际贸易作为一种交换活动，从动态过程看是各种生产要素的空间流动。区域性国际贸易中心就是生产要素在区域范围内流动所形成的贸易活动集聚核心和扩散点。承载于商品和服务之上的要素流动就产生了贸易成本，也就是克服空间距离所造成的成本。

广义的贸易成本包括运输成本、关税和非关税壁垒、交易成本、时间差异成本、文化风俗、商业习惯等。其中，运输成本是决定贸易活动是否进行以及如何选址的重要市场因素。与交易成本相关的制度成本将放在下一节论述。

交通运输的产业属性表明，交通运输是通过提供交通工具、交通设施和相关公共配套服务，融入社会生产，从而降低商品转移和交易的成本，是重要的价值创造和产品生产部门。[①]

经济活动发生的选址通常与运输成本关系密切。关于生产布局和运输成本之间的关系，国内外学者有详细的论述。

---

① 肯尼思·巴顿. 运输经济学 [M]. 北京：商务印书馆，2001：12—15.

　　杜能认为农业土地利用直接取决于农产品运输距离的长短和土地距离城市的远近。可以从地租的高低进行判断，同时这也决定了采用何种专业化生产方式。对农产品而言，最终进入市场的价格包括生产价格和运输价格，前者由自然禀赋、资源和劳作时间决定；而后者取决于运输距离、时间和在途所必需的储藏条件，通常运输价格对农产品市场供需有更大的影响。

　　正如沃尔特·艾萨德指出的，运输成本取决于运输距离与时间等变量的综合作用，在此规律引导下可以安排产业的空间布局。[①]

　　胡佛认为关税和运输成本是贸易成本中非常重要的环节，尤其当生产商处于边界地区时，他们通常将厂址选在经济中心地区，这样可以避开边界的贸易成本。

　　萨缪尔森认为运输成本的存在使得区际贸易的范围相对缩小，运输费用越高，交易数量越小，空间运输距离越接近，不同空间经济实体进行贸易的优越性和可能性越大。[②]因此，两个城市之间如果劳动生产率差距较大、生产要素禀赋差距较大，但同时有着相似的需求和较近的运输距离，那么两个城市区域间贸易的数量就较大，种类就较多。

　　交通运输体系的建设对区域的形成与发育起着重要的制导性作用，包括：（1）生产要素在各区域间基于市场价格和运输成本进行匹配，从而有效促进新的分工体系的产生；

---

　　①　埃德加·M. 胡佛. 区域经济学导论［M］. 王翼龙译. 北京：商务印书馆，1990：30.

　　②　王建伟. 空间运输联系与运输通道系统合理配置研究［D］. 西安：长安大学，2004.

（2）缩小了各节点之间的时间距离，从而带来距离成本的减少，促使企业生产成本和贸易成本下降，并带动节点之间包括人流、物流、信息流、技术流和资本流等生产要素的区际流动（如图 3.3 所示）。

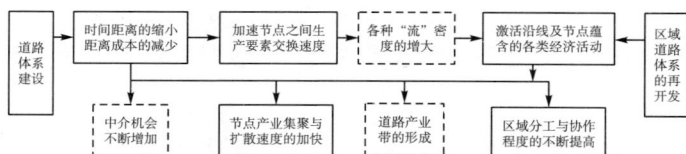

图 3.3　交通运输体系对城市群的形成发育发挥作用的途径

有选择、有顺序、有重点地提高某些联系强度大的节点间的交通基础设施等级，增强交通运输节点，如机场、港口、货运站场和物流服务中心等的功能，产业集聚的区域逐渐形成有职能分工和协作的公路经济带和经济节点。其中功能节点、道路等级以及公路经济带的形成存在密切的关联，这三大地物类型的形成将使所依托的中心城市的辐射范围进一步扩大，提高经济集聚与扩散的能力。①

藤田昌九和塞则（2004）建立了新经济地理学的理论模型研究厂商利益和运输成本的关系，发现本地市场效应对产业集聚的影响表现在运输成本的高低与产业的地理集聚关系密切，会促进本地市场效应的表现。运输成本越高越阻碍产业集聚，因为无法享受到规模效应。

生产场所与市场都很集中，这种集中可以有效降低运输成本，节约运输成本就可以有效降低总成本；与此同时，生

---

①　方创琳，宋吉涛，蔺雪芹等. 中国城市群可持续发展理论与实践 ［M］. 北京：科学出版社，2010：30.

产与交换的集中，使得劳动力、资金、商品和人才技术等都集聚起来，供求信息更加对称，生产要素的可获得性增加，总成本也就降低，最终提高利润和市场竞争力。

南京大学梁琦教授总结了运输成本与要素集聚的一般规律，将规模经济效应视为常量，认为运输成本越低，要素越容易向原本丰裕的地方集聚，但当上升到某个临界值后，集聚会停止。[①]

因此，运输成本对集聚起着重要作用。降低运输成本的方式主要是提供足够多的运力，发展多样化的交通工具，良好的道路、可通航的河流、海陆空多式联运等综合运用，从而缩短运输距离或者运输时间；此外还包括各种港口场站的仓储费用、堆存费用、装卸费用等，都可视为运输成本的一部分；在货物运输方式上，采用集装箱运输也有利于节省运输成本。

（二）枢纽功能

枢纽功能是综合交通枢纽所具有的统筹、整合社会交通资源进行统一运输和社会化作业，并和上下游产业有机协作、联合贯通的功能，是所有交通方式的综合体按照一定的技术特征和产业需求匹配的有机系统功能。交通网络的节点是联系网络的起点、终点和必经中转点，网络的节点并不是单一的，而是复合的，这种复合性体现了城市交通联系的中心性和重要性。

规模化的大生产促进市场的活跃。市场容量的扩大和生产规模的提升对所需上下游产业链的物流供应能力提出了更

---

① 梁琦. 产业集聚论［M］. 北京：商务印书馆，2004.

高的要求，高效的交通和运输才能满足原材料和产成品的运输，同时带来劳动力的大批量流动。高效运输使经济要素顺畅流动，资源配置效率不断提高，为专业分工和社会化大生产创造了条件。[①] 交通运输体系在连接上下游产业的过程中，自然产生较强的前向、后向产业联系以匹配采购、生产、加工、销售、消费的全产业链，枢纽功能的不断完善可以促进国家整体交通运输能力的提升，进而为打造全产业链提供强大的物流支持，促进产业集聚和产业融合，进一步增强中心城市的经济发展水平和产业主导能力。

对外功能的综合交通枢纽是国家中心城市进行世界贸易与国际交流的重要窗口。对外枢纽功能具有较强的路径依赖性，一旦建成将对周边地区产生强烈且持久的惯性引力，其他地区的后发建设就会面临很大的压力。

国际贸易大通道的枢纽地位体现在是否是封闭通道的接口，是否具有海关权力或海关功能。国际贸易的大通道往往依靠的是既有航线或者既有铁路，往往施行的是"一票到底"的国际联运制度，所以国际贸易通道的地位体现在是否是联运通道的接口，在这个接口处是否拥有海关权力，实行一次申报、一次查验、一次放行的国际互认制度。

城市交通网络的联运方式是将城市的对外和对内交通资源进行充分匹配，鼓励各种运输方式充分发挥自身作用并找到结合的最优点，拓展航空、铁路和港口的辐射范围，提高整个运输系统的经济效益和社会效益，是国家中心城市枢纽

---

① 张江余. 成渝城市群综合交通运输——经济复合系统研究 [D]. 成都：西南交通大学，2010.

功能的最重要体现，也是未来城市的发展方向。

四、本节小结

规模经济和集聚经济是城市经济的本质，在企业不断向中心市场靠近的过程中，分工日益细化，产业集群出现，城市整体规模经济更加明显。综合枢纽功能的加强、运输成本的降低能进一步促进关联配套产业的集中，整个城市越容易成为产业的中心。

英国城市经济学家巴顿[①]总结了城市产生规模经济的原因：本地市场的潜在规模导致生产费用的减少，满足了交通运输、道路网、供水供电网、网络电信网的最低标准。某种产业集中布局，与之关联配套的产业随之集中，熟练劳动力的汇集和流动都在局部范围进行且效率最高，有丰富管理经验的企业家集聚，发达的金融和商业机构随之集聚，在特定范围内的集聚更加促进了相互学习和竞争。

中心城市具有市场经济的内生优势，因为各类企业集中，商品交易活跃，因此必然要求有高效率、高效益的市场体系，成为规模化、专业化和国际化的载体。在中心城市构建企业集团网络有利于打破地方壁垒和行业壁垒，促使区域形成统一的大市场。

图 3.4 表示市场驱动力促进市场集中和集中后带给区域的影响，从而从宏观上明确了整个市场驱动力的来源和作用机制。

---

① K. J 巴顿. 城市经济学：理论与政策［M］. 上海社会科学院部门经济研究所城市经济研究室译. 北京：商务印书馆，1984：20.

市场集中 —运输成本降低→ 厂商集中 —专业分工与协作→ 产业集中 —规模效应→
市场集中 —交易成本降低→ 厂商集中 —生产要素聚集→ 产业集中 —外溢效应→

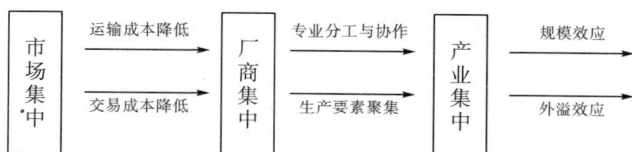

图 3.4　市场驱动力的作用机制

　　从市场驱动力的微观影响因素来分析，新经济地理学把规模经济和集聚的自我增强机制视作内生化的过程，因此贸易中心的形成也具有内生性，很多因素决定了要素能否集聚，这些因素可以是向心力或者离心力。外部经济、收益递增、产品生产的可流动性以及充裕的劳动力市场可决定向心力，地租、拥挤程度、不可流动的生产要素和其他外部不经济决定离心力，两力相互作用共同决定要素的集聚。

　　具体到区域性国际贸易中心的形成，有以下因素对贸易要素的集聚与分散产生影响，决定是否形成区域范围的贸易要素集聚（见表 3.1）：

表 3.1　市场驱动力的微观影响因素

要素集聚的影响因素	要素分散的影响因素
生产力发展水平高	生产力发展水平低
中心枢纽功能高	中心枢纽功能低
贸易流量高	贸易流量低
运输成本低	运输成本高
信息化程度高	信息化程度低
市场规模大	市场规模小
市场潜力大	市场潜力小
产业关联度高	产业关联度低

　　规模效应推动外向型的生产企业、贸易加工企业、贸易企业各自从内部扩大生产规模，企业希望彼此接近，倾向于聚集在有潜力成为贸易中心的地方，形成集聚经济。城市经济的本质就是规模经济和集聚经济。集聚和分工的自我增强机制不断作用，于是，作为贸易中心的空间载体——贸易中心城市就内生化地出现了。从贸易集聚能级不断增强的角度看，区域性国际贸易中心是全球性国际贸易中心的初级阶段。

　　国际贸易中心就是为这样的产业集群提供土壤和平台，让产业内所有的要素能够自由便利地流动，充分发挥规模经济和集聚效应。贸易主体的集聚越完善，规模经济越大，中心的平台作用就越大，就越容易成为全球性的国际贸易中心。而如果只是在集中和集聚的阶段，各部门各产业之间有一定的关联、支撑和依托作用，那么就成为区域性的国际贸易中心。

　　生产要素在区域范围内流动的程度与规模取决于运输成本的大小和枢纽功能的强弱，运输系统的综合经济效益越高，在全球贸易网络中的节点枢纽功能越强，贸易活动就越容易形成集聚核心和扩散点，而一般性在区域层面发挥枢纽功能的则成为区域性的国际贸易中心。

第四节　区域性国际贸易中心形成的
政策机理：制度保障力

一、战略引导

发展国际贸易几乎是所有国家对外经济交往的必然结果，是一国经济真正融入全球化的基本方式和途径。对外贸易战略是国家层面的战略——政府需要根据什么样的经济理论，选择在什么样的阶段发展对外贸易，以怎样的方式，制定什么样的政策来发展贸易——就是战略决策层面的制度推动力。

古典学派的代表人物亚当·斯密和大卫·李嘉图认为，社会真正的财富并不是金银，而是整个社会所生产出来的商品和服务，商品和服务的增加就是经济增长的表现。

斯密认为，从供给角度看，对外贸易能细化社会分工，分工能够提高劳动生产率；从需求角度看，贸易帮助消化国内过剩的产能，将商品和服务分享到全社会。所以对外贸易能够促使生产率提高，刺激需求，扩大经济增长。

李嘉图认为，经济增长的动力就是资本积累，资源类生活必需品的价格随着土地收益递减规律的作用而上升，随着人口增长，利润将减少，一国的资本积累将下降。当能通过出口工业品来换取进口更廉价的资源类生活必需品时，就能阻止本国物价上涨和利润率下降，从而促使本国继续资本积累。因此，一国保持工业产成品的出口和资源类初级产品的进口，是资本积累并促使经济增长的根本保障。这一理论对1860年第二次工业革命后美国工业化的崛起和纽约发展成国际贸易中心产生了重大影响，并对以后伦敦贸易政策的改变和调整产生了影响，也为东京国际贸易中心的崛起奠定了基础。

日本在第二次世界大战后实行"国家主导、战略性进口保护"的贸易立国战略，新加坡20世纪80年代实行"出口导向型"的贸易立国战略，都是在国家政府的直接管理下，制定了一系列或限制进口，或鼓励出口的措施，美国甚至从全球化战略高度鼓励纽约建设成为国际贸易的枢纽和中心城市。

因此，国际贸易中心的形成，既是经济发展和国际分工的必然产物，也是国家有意识地选择和培养的结果。一国是否需要建设国际贸易中心，以怎样的方式和速度建设，在什么样的城市建设，应该成为开放型经济环境下国际贸易战略决策的重要思考。

二、制度护航

要素资源集聚的地区成为参与全球经济活动的重要主体。要形成国际贸易中心，就必须为要素在全球范围内的自由流动、集聚和最优配置提供条件。而要素的流动，首先要降低的就是流动过程的障碍——贸易成本。

贸易成本是进出口商品在商流、物流、资金流和信息流中发生的交易、纳税、运输、仓储、管理等各项费用支出的总和。作为新贸易理论和新经济地理学的核心概念，它包括运输成本、交易成本、政策壁垒（关税和非关税壁垒）、时间差异成本和文化风俗、商业习惯等成本。

运输成本和与之相关的费用在上一节市场驱动力中有详细的描述，不再重复。交易成本从市场驱动力角度来讲，也能得到有效降低：基础设施和公共配套建设的使用成本在产业和人口大量集中的时候会降低很多，同时，由于生产集中，信息共享增加，信息的获得成本下降，交易费用因此减少。

交易成本是英国经济学家罗纳德·科斯于 1937 年在《论企业的性质》中提出的。从制度环境看，交易成本是由于存在信息不对称等制度障碍，为破除障碍获得准确市场信息所投入的与制度相关的成本，包括获得信息的成本、谈判成本、缔约成本、执行经常性契约的成本、监督履约成本和可能发生的处理违约的成本等。交易成本通常用交易费用表示。

李斯特、杨小凯等人通过对经济增长微观机制的研究发现：世界经济中心的形成首先是因为某个地区在制度环境中取得了优势，促进了生产要素的最优组合，并最终形成生产率的提高和经济组织活力的增强，在世界范围内成为新的经济中心。

世界经济增长极从大西洋沿岸逐步转移到太平洋沿岸的过程，正是市场经济制度在资本主义国家逐渐确立，替代封建制度，用先进的私有产权制度、竞争制度、银行制度和股份制度等保护新兴生产关系和市场创新的过程。

良好的制度环境能够有效降低交易成本，实现利益最大化。市场经济制度能提供宽松自由的市场环境，如严格的契约精神、资源的优化配置、尽可能透明的信息。

　　由于信息的外部性和不对称性以及信息腹地的存在，商贸中心核心的地方是信息的集中地，因此要解决信息的不对称性，这是导致商贸和金融机构等集聚并形成商贸中心的关键因素。通过商贸中心的集中，能更容易地获得业务信息，降低信息搜索成本，从而进一步降低交易成本。

　　国际贸易中心能够集中大量的贸易主体，展示交易平台，提供尽可能多的信息对称机会，通过各类商品交易和要素流动平台实现充分了解与自愿选择，从而能最大化地降低交易成本，改善和创造更优良的制度环境。

　　遵守严格的契约精神，监督成本和合约违约的成本就会降低。比如对知识产权的鼓励和保护，提高了后来者的违法成本；鼓励创新，在宽松且规范的市场框架内，创新能够成为城市源源不断的发展动力。

　　因此，要进一步完善市场经济制度，制定各项促进要素自由流动的政策法规，充分实现对创新的保护；同时将信息搜索成本和违约成本降到最低，从而将贸易成本尽量最小化，促进贸易中心的建设和发展。

三、政府调控

　　区域性国际贸易中心是以区域为基础进行发展的，这里的"区域"，除了市场意义上的中心可以集聚和辐射的范围外，还包括行政意义上的区域概念。中心城市和周边城市、区域内部、区域之间如何协调发展，都取决于政府的宏观调控和协调政策。

　　在全球化、一体化的背景下，贸易资源在空间范围内大规模地调配，单一城市的资源组织能力和要素的容量都无法成为规模化、综合化的发展趋势，只有在区域内部城市间分工协作，共同配置资源，才能促进经济获得更大量级的发展。

政府协调推动生产要素的自由流动，从基础设施、产业布局、城市和空间结构等方面进行宏观规划，充分重视单个城市、中小城镇、城市群和区域发展的统筹，既要加强区域基础设施建设，同时也要协调好跨行政区的区域基础设施规划和建设，避免简单、盲目和重复建设，使有限的建设投资获得最大的收益。①

建立有效的管理机制，加强区域内城市间的对话协调，共同制定便利的政策，充分保障政策的延续性等，都是亟待思考的问题。

四、本节小结

是否建设国际贸易中心，哪些城市可以成为国际贸易中心，以怎样的方式建立，按怎样的进度建立，各区域间如何协调，如何制定促进贸易自由和贸易集散功能的政策，不同的行政区域间如何协调发展、统筹推进，都是决定区域性国际贸易中心发展良好与否的制度动因。具体到区域性国际贸易中心的形成，有以下影响因素决定制度土壤是否成熟（如图3.5所示）：

---

① 姚士谋. 区域与城市发展论［M］. 合肥：中国科学技术大学出版社，2004：33.

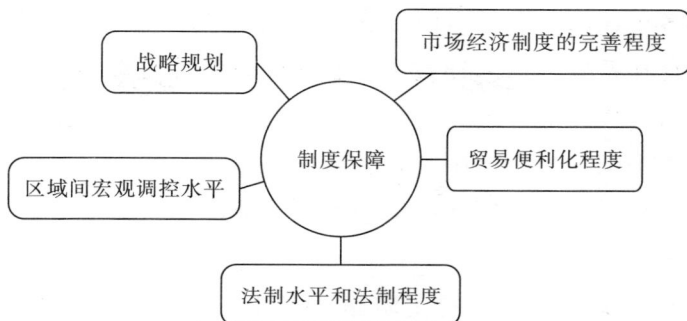

图 3.5　制度保障的影响因素

第五节　中心城市对区域发展的传导机制

根据经济集聚的空间范围，可以将其分为三个层面：产业层面、城市层面、区域层面。在区域经济的运行上，中心城市历来都承担着组织区域经济体系、协调区域经济运行的核心职能。其不仅是生产力布局的组织协调者，而且是整个区域市场生产关系和交换关系的组织者。因此，只有同时实现了三个层面的集聚，才能说中心城市真正形成并且在区域中发挥了经济功能。

因此，本节着重讨论在实现产业集聚和城市集聚经济的基础上，中心城市如何向区域拓展经济功能。

一、中心城市向区域的层级扩散功能

2002 年，郭鸿懋等在《城市空间经济学》一书中提到，作为城市外部空间结构形成的主要经济机理应从地域的差异性产生的贸易联系去研究。

　　各个地区拥有的资源要素是不同质的，或者在发展层次上也存在差异，这就导致了区域之间对资源要素的交换。各个城市组成庞大的贸易交换网络，要素最密集最丰富的城市就是整个网络的经济中心，其他城市组成节点。这事实上就为中心城市在区域经济网络中发挥重要的商贸作用提供了理论解释。

　　建设城市经济区的实质是通过中心城市的经济组织功能，在其经济辐射的地域范围内建立一种稳定的经济空间网络体系（网络型的地域生产和劳动分工的空间综合体），空间系统的核心就是中心城市，中心城市的辐射强度决定了区域经济空间的边界，而中心城市和周边地区产业的关联结构决定了整个区域的经济空间布局。

（一）中心城市向区域扩散的主要动因

1. 城市规模经济的存在

　　城市的经济规模往往指城市所能承载的产业规模和经济总量。在同一个地区，城市经济规模往往与人口规模和企业规模呈正相关关系，与企业一样，城市也存在规模经济。在某个临界值内，城市规模越大、经济效益越高，生产、流通等经营成本就越低。

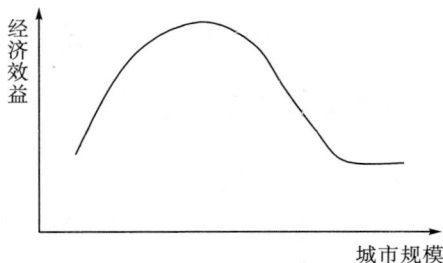

图 3.6　城市规模经济

区位优势和资源优势促使企业集聚，带动规模经济出现，但随着规模的不断增大，负面效应（外部纯不经济）出现，土地限制、拥挤等聚集不经济将越来越显著，原有城市的边界出现，边界之外形成新城市，卫星城市和新城市出现，由交通干线连接起来的两个城市之间的断裂点上易形成新的城市，最终城市在空间分布上集中和集聚。

2. 循环因果机制的作用

新经济地理学这样分析企业或厂商的区位选择及空间关系：（1）生产集中和集聚是因为规模经济的存在；（2）生产厂商在生产成本固定不变的条件下会努力靠近最大的市场，以便通过降低运输成本，从而降低整体贸易成本；（3）而工人希望寻找土地租金较便宜的区位居住。对贸易成本的规避与中心市场规模之间产生了一种"循环诱发"的因果放大机制，空间集聚的地区外部性逐渐增大。总体而言，之所以经济集聚的空间范围会不断向外拓展，是因为中心与外围之间的相互贸易成本远低于外围地区之间的贸易成本。

3. 产业转移的需要

从产业转移的角度看，中心城市的生产要素空间向区域其他城市进行产业梯度转移，于是中心城市部分产业的生产能力和市场、生产关系等一起在整个区域范围内进行重组和空间置换，这是中心城市带动其他城市发展的有效途径。①

（二）中心城市向区域扩散的主要方式

中心城市往往通过人才、资金、信息、技术等经济要素

---

① 陆军. 城市外部空间运动与区域经济 [M]. 北京：中国城市出版社，2001：244.

的外溢效应进行扩散，主要表现形式有跳跃式扩散、周边式扩散、点轴式扩散、等级式扩散等。

1. 通过产业集聚的外溢效应进行扩散

在规模效益方面，产业集中度越高，专业化分工与协作越强大，劳动生产率就越高。产业集聚有利于降低交易成本和运输成本，企业和厂商集中，在更精细分工和紧密合作的基础上开展专业化生产与经营，劳动力因此更熟练，单位生产效率提高。伴随着市场商业活动的增加，资金流通量增加，金融业相应发展。技术和信息的获取更便捷，促进了企业可以最大限度地分享收益。于是越是产业集聚的地方，规模效应和外溢效应就越明显，中心城市的优势扩大，并通过运输网络的发展及流通、经营和消费的扩散，将优势辐射到周边地区。

城市规模增加到一定程度会向周边扩散，在向心力和离心力的共同作用下，规模经济的大小和运输成本的高低不同会形成城市的等级结构。城市结构的发展取决于"市场驱动力"参数，一旦中心形成，虽然会自我强化集聚并保持原有的优势，但由于规模经济的存在，会不断打破原先的区位优势和简单的自我累积，开始新的空间自组织。[①]

2. 通过对外传输机制进行扩散

一个城市向周围城市进行辐射和扩散是通过该城市的对外传输机制进行的，其传输质量的好坏取决于距离和传输成本的综合水平。

---

① 马莉莉. 香港之路：产品内分工视角下的世界城市发展 [M]. 北京：人民出版社，2011：17.

距离通常用两个城市之间的公路连接里程来衡量；而传输成本通常用城市的基础建设条件、交通运输能力、地理区位等因素衡量，常用传输方式的多样性和匹配性、便利通达性、时间与货币价值等表示。[①] 如果某城市具有强大的交通枢纽功能，处于多种传输方式的节点位置，且各种传输方式之间高效对接，接驳方便，那么该城市的对外传输就具有多样性，便于不同传输要求的对象找到最适当的传输载体，能够配套的产业结构就较丰富，多样性、便利度和自由度能降低城市联系间的传输成本，因而城市向周边进行辐射和扩散的能力就更强；同时，周边城市就更能和该城市形成产业结构的配套，促进向该城市的集聚。

3. 通过产业分工进行扩散

中心城市的产业基本上是输出型产业，专业化协作网络在初级产业向外转移的过程中逐渐形成，是各类服务业的集聚地。中心城市是区域工业化和城市化的支撑系统以及经济布局的中轴线[②]，是大市场和大流通的枢纽。与此同时，由于中心城市能够集中辐射能力强、影响范围广的产业部门，城市中的产业分工进一步表现为城市间的劳动地域分工，从而形成不同规模等级的、经济联系区域范围不同的城镇体系。

产业之间由于存在上下游环节的联系，必然会有贸易往来，而且可能由于产业在不同空间的分布产生跨区域的贸易

---

① 国家计委国土开发与地区经济研究课题组. 对区域性中心城市内涵的基本界定 [J]. 经济研究参考，2002（52）.

② 国家计委国土开发与地区经济研究课题组. 对区域性中心城市内涵的基本界定 [J]. 经济研究参考，2002（52）.

往来。某个区域城市的主导产业一般具有较强的产业关联性，并由市场供需和要素禀赋的供给来决定。因此，主导产业决定了产业内部贸易往来的方向和路径，考察各地的贸易联系，就需要研究各地主导产业的产业链特征。研究城市外部空间结构就是研究这种产业链形成的贸易联系，着重其主导方向和路径，从而在理论上确定中心城市与其他城市之间主要贸易往来、次级贸易往来和更次级贸易扩散的联系方向和同一经济区各城市间贸易联系的最佳路径及市场网络。[①]

二、中心城市推动区域发展的动力

研究中心城市如何推动区域发展，可以帮助我们全面了解中心城市形成和发挥作用的机制，从而为下文指标体系的搭建和实证分析奠定基础，也为政策建议指明方向。

（一）竞争与协调是区域形成发展的内生动力

城市是现代工业的集中地，具有较强的生产集聚规模，也相应地形成了大规模的生产要素和商品的物流交换，从而使得城市外部空间产生广泛的经济联系。现实中任何城市都是开放的，不同城市之间通过贸易活动，依靠商品和服务的流向和流量关系，在空间范畴上充分体现了城市区域之间生产力布局的相互影响。

中心城市与区域体系内城市质点间的交易关联模式直接制约甚至决定了中心地模式的城市经济区域体系空间结构的形成和演变。概括来讲，中心城市与经济区域内其他城市的交易关联分为竞争型交易关联、转移型交易关联、互补型交

---

① 郭鸿懋等. 城市空间经济学 [M]. 北京：经济科学出版社，2002：26－34.

易关联，在此基础上形成三种基本的区域空间结构形态。

中心城市通过要素集聚能够实现规模经济，并自我增强，吸引周边地区的生产要素不断靠近中心；与此同时，周边地区又具有某些要素的比较优势，从而也能独立承担某些产品的生产并由于成本较低而替代中心地区的类似产品。这是中心城市与其他城市的竞争型关联。

不同城市的经济实体通过进行贸易取长补短，共同从地区的专业化生产中获益；通过空间的专业化分工实现各自城市生产的规模经济并提高生产效率，这两个方面的追求是进行贸易的动机。

两个城市之间的贸易形态可以是以下两种（如图 3.7 所示）：

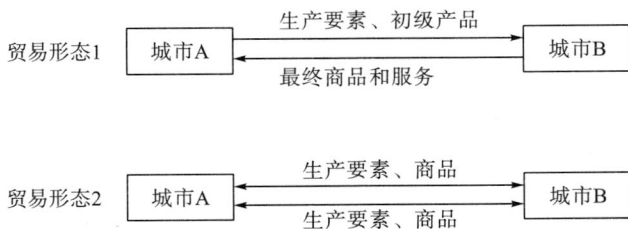

贸易形态1　城市A ⇄ 城市B
生产要素、初级产品 →
← 最终商品和服务

贸易形态2　城市A ⇄ 城市B
生产要素、商品 →
← 生产要素、商品

图 3.7　两个城市间的城际贸易形态

图片来源：郭鸿懋等. 城市空间经济学［M］. 北京：经济科学出版社，2002：106.

图 3.7 中的贸易形态 1 代表了中心城市和其他城市之间的协调型关联，贸易形态 2 既可以理解为协调型关联（不同产品），也可理解为竞争型关联（同种产品）。

在全球范围内，中心城市和外围城市不断竞争最好的商品、人力、资金和技术等要素，吸引跨国企业集中，发挥着集聚效应，同时又不断和周边城市交换生产要素和最终产品及服务，再次形成各种要素的新一轮流动。在这种竞争和协调不断转换的关系中，相互影响、相互牵制、相互依赖，形成不同尺度的区域板块。

（二）枢纽功能是区域形成发展的外生动力

枢纽功能是中心城市发展的基础功能——既发挥着城市内部运转循环的作用，也发挥着城市外部链接的物理通道作用，是综合性的枢纽功能。

在世界范围内关于城市扩散、区域物质流和经济联系的网络性规律见表 3.2：

表 3.2 城市与区域之间的导向性联系

类型		基本要素
自然联系		路网和管道交通运输网络、生态系统的相互依赖
经济联系	内在的	国家—区域、区域间投资—生产—利润循环 国家—区域、区域间最终消费—生产—就业循环 区域专业化与协作，生产的前、后、侧向联系 市场辐射范围、产品销售的空间模式、消费水平与消费结构的空间关系
	实体的	原材料、半成品、制成品的区际商品流 能源流动及网络资本流动、收入流动
人口移动联系		劳动力流动、人口暂时或永久迁移
技术联系		创新与技术的扩张
社会联系		文化、价值观念、社会思潮相互渗透 习俗、宗教的联系 社会群体间相互作用
服务传递联系		电信系统及信息流动 信贷及金融网络 教育、培训 商业及技术服务联系

类型	基本要素
政治、管理及组织联系	区域管理与控制层次的关系 政策决策链 组织与结构相互依赖

资料来源：吴传钧，侯峰. 国土开发与整治规划［M］. 南京：江苏教育出版社，1990：290.

由表3.2可知，中心城市形成巨大的枢纽经济节点，利用发达的交通网络和现代化的通信网络，在开放的区域城市体系中，实现着与广大腹地之间物质和能量的交换，带来区域发展所需的物质流、信息流、人才流和资金流。

（1）物质流：与腹地垂直交流，为腹地提供高技术、高附加值商品，与国内外同类板块间水平交流和垂直交流，同时发挥中转地功能。

（2）信息流：先进的网络和创新能力，获取信息并向腹地传播。

（3）人才流：人才供给集中、智力荟萃，促进知识外溢，带动创新良性发展。

（4）资金流：资金高地，依靠金融功能控制世界的运行和发展。

物质流、信息流、人才流和资金流通过中心城市的枢纽功能在区域内双向甚至多向运动，整个区域内的城市群形成网状辐射，辐射方向增多，辐射力度增强，辐射范围扩大[1]，保持着区域板块的生机与活力。

① 姚士谋等. 中国的城市群［M］. 合肥：中国科学技术大学出版社，1992.

本章小结

在前面章节对区域性国际贸易中心先进经验进行分析的基础上，本章着重挖掘其形成机制和影响因素。

由地理区位、资源禀赋、人口数量与质量以及基础设施带来的禀赋生长力促使某些城市具有了先发优势成长为贸易中心；规模经济和集聚经济是城市经济的本质，在企业不断向中心市场靠近的过程中，分工越加细化，产业集群出现，城市整体规模经济更加明显。综合枢纽功能的加强、运输成本的降低能进一步促进关联配套产业的集中，整个城市越易成为产业的中心，这就是市场驱动力；战略规划、贸易便利化程度、市场经济制度的完善程度、法制水平和法制程度、区域间宏观调控的水平构成了制度保障力。

在实现了产业集聚和城市集聚经济的基础上，中心城市向区域拓展经济功能。由于规模经济、循环因果机制的存在和产业转移的需要，中心城市通过产业集聚的外溢效应、对外传输机制和产业分工等方式将各种经济要素向区域扩散，并通过竞争与协调实现区域发展的内生动力，通过枢纽功能产生区域发展的外生动力（如图3.10所示）。

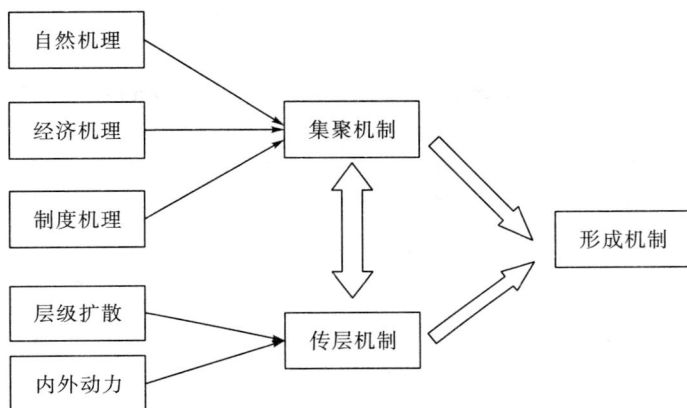

图 3.10　形成机制分解示意图

　　要素集聚机制和传导机制共同构成了区域性国际贸易中心的形成机制，对集聚机制和传导机制各影响因素和作用的研究，共同完成了形成机制的分析，并为后文的实证研究奠定了理论基础。

第四章 区域性国际贸易中心在我国的建设实践和存在的问题

　　本书的前述章节对区域性国际贸易中心的概念内涵、理论支撑和典型案例进行了介绍、比较和剖析，归纳了区域性国际贸易中心的基本特征和功能，并通过逻辑演绎总结出区域性国际贸易中心的形成机制、若干影响因素和实现条件，也就是论述了区域性国际贸易中心是什么样，有什么作用，如何形成并实现其功能。

　　研究任何理论和概念范畴的最终目的都是为了更好地指导实践，因此，有必要了解我国区域性国际贸易中心的建设背景、城市的发展现实、所处的发展阶段、面临的困惑和问题，才能在理论分析的基础上，采用与之对应的实证方法，确立实证研究的样本城市和搜集近年来的经济数据，进行全面客观的评价并给出建议，指引区域性国际贸易中心在我国的发展。

第一节 我国区域性国际贸易中心建设现状

一、上海建设国际贸易中心的实践

在 20 世纪末我国就从国家战略层面将上海作为国际贸易中心进行构想和规划，邓小平提出用 30 年左右把上海建设成为集商业、金融、科技、贸易、信息于一体的综合性国际中心。2001 年，国务院明确了上海要在 2020 年基本建成"国际经济、贸易、金融、航运中心"的战略定位。2011 年，上海市政府出台《关于加快推进上海国际贸易中心建设的意见》，明确到 2020 年基本建成现代服务业发达，具有国际、国内两个市场配置功能，服务长三角地区，服务长江流域，服务全国，与我国经济贸易相匹配的国际贸易中心。

可以说上海建设国际贸易中心是国家战略层面顶层设计的结果，是上海经济发展水平、对外交流合作、贸易金融、航运物流综合能力的体现。近些年来，国内该领域的专家学者和政府官员对上海建设国家贸易中心从历史、基础、战略、制度、立法、产业、企业、自由贸易试验区、海关特殊监管区、与世界城市比较等多个角度进行研究，积累了丰富的学术成果和课题报告，提出了很多中肯的建议并形成了决策指导；上海市政府积极引导政策的落地，在自由贸易试验区的新机遇下，上海正将国际贸易中心建设推上更高的平台。

二、青岛、宁波建设区域性国际贸易中心的探索

青岛提出到 2020 年基本建设成东北亚区域性国际贸易中心城市和全面启动创建青岛自由贸易试验区，宁波努力创建服务全国、在国际有一定影响力的区域性国际贸易中心城市，目前都在紧锣密鼓地建设进程中。

三、其他内陆城市的规划与尝试

成都提出 2013—2017 年区域性国际贸易中心建设方案和争创内陆自由贸易试验区方案，昆明提出建设成为中国面向西南对外开放的国际性城市，大连、喀什等城市也不同程度地表达了建设有影响力的区域性国际贸易中心或对外开放城市的目标。

第二节　我国区域性国际贸易中心建设存在的问题

一、上海应实现从区域性到全球性国际贸易中心的跨越

上海国际贸易中心经过多年建设已经初具规模，在中国所有城市中经济实力和外向型水平最高。但和著名的国际贸易中心城市相比，依然存在商贸综合实力还不强，与纽约、东京的贸易规模和社会消费品零售总额存在差距；市场定价和资源配置能力较弱，贸易便利化等制度性措施瓶颈较大；生产性服务业和流通性服务业对 GDP 贡献度相比货物贸易

还有差距等问题。作为区域性国际贸易中心的建设来讲，研究上海如何建设并不是本书的主旨，因为它本身就已是中国的经济中心和国际贸易中心，代表了中国最高的水平（见表4.1)，但是，了解上海的优势和存在的问题，有助于全面把握长三角地区区域性国际贸易中心的建设背景，并提出针对性的建议。

表4.1 2014年各国贸易促进指数（便利化）排名

国家（地区）	新加坡	香港	美国	日本	英国	中国①（上海）
排名	1	2	15	13	6	54
市场准入	2	37	70	111	75	119
国内市场准入	3	1	27	28	46	98
国际市场准入②	13	135	128	138	97	125
进出口清关效率	1	11	21	5	7	48
过境管理透明度	1	11	21	5	7	48
基础设施	1	2	8	5	4	36
交通设施的可获得性和质量	2	3	8	7	10	16
运输服务的可获得性和质量	1	5	11	4	9	31
ICT的可获得性	8	11	13	10	2	82
商业经营管理环境	2	1	24	22	11	37

资料来源：《2014年全球贸易促进报告》，由世界经济论坛发布。

---

① 上海代表中国最好的水平，纽约、伦敦、东京分别代表这三国的典型水平。

② 国内市场准入：关税、关税歧视、关税种类和税率、免税商品进口比例。

二、港口城市对区域性国际贸易中心的功能与定位模糊

宁波所处的浙江省是传统外贸强省，除了宁波之外，浙江、无锡等都有很强的贸易实力。长三角地区包括江苏、浙江和安徽等省市，上海、苏州等外贸强市云集。各城市之间如何错位发展，宁波如何在区域性国际贸易中心的建设中处理好和周边城市的竞争合作关系，青岛如何处理与周边港口城市烟台、日照等的关系，这些问题不仅需要深入宁波、青岛的经济发展实践来思考，更需要跳出宁波和青岛，站在整个区域平衡发展的大局上，来考虑和评判其区域性国际贸易中心城市的功能和定位，从而制定科学的发展措施。

三、其他城市建设区域性国际贸易中心的必要性与可行性值得探讨

成都、昆明、大连、喀什这些城市是否客观上都具有成为区域性国际贸易中心的基础，它们和上海相比存在怎样的差距，和世界先进的国际贸易中心相比又有哪些差距。政府是根据什么样的判断来制定这样的规划，究竟是否有必要制定相关战略或政策来促成区域性国际贸易中心的建立，如果有，怎样制定措施科学发展；如果没有，能否有类似的经济发展目标来引导城市的发展和合理定位。针对这些已经提出规划的城市，需要探讨区域性国际贸易中心建立的必要性和可行性。

四、全国需要战略层面的思考和布局

结合区域性国际贸易中心形成机制的分析，除了上述已经进行实践和正在规划中的城市外，还需要思考有哪些城市可能具备区域性国际贸易中心的形成条件。这些城市没有提出规划，但经济发展水平和贸易水平已经达到相应的层级，极有条件建成区域性国际贸易中心。这样的城市有哪些，分别应该采取什么样的措施来抓住机遇、引导发展。在全国范围内，又应该如何合理布局，分批次、分阶段、分区域规范发展。

"区域性国际贸易中心建设"能否成为我国区域对外开放的重要战略部署，能否上升到国家战略顶层设计层面进行全局统筹协调，能否成为东中西平衡发展、区域协同发展、向东向西对外开放的重要途径。这些都需要理性思考和慎重对待。

第三节　我国区域性国际贸易中心建设的实证分析思路

前面介绍了我国城市建设贸易中心和区域性国际贸易中心的现状，提出了相关质疑和思考，下面将根据城市经济发展的各项客观数据，采用数理统计和空间统计的方法，筛选出潜力城市，并判断它们和区域中其他城市的关系，从而最终回答本章提出的疑问。

一、构建综合潜力指标模型，确定潜力城市

下一章将根据形成机制，构建区域性国际贸易中心综合潜力指标模型，寻找具体影响要素对应的指标，确定研究的样本城市。并收集整理样本城市近5年来的相关指标数据，寻找有基础、有潜力建设区域性国际贸易中心的城市，横向对比各城市的指标表现，明确其主要优势。其实质是研究区域性国际贸易中心作为增长极的作用。

二、分析潜力城市与区域内其他城市的关系

第六章将根据筛选出的潜力城市，将其放入所在区域进行考察，采用空间统计方法，分析区域的贸易规模集聚效应和它们对周边城市的贸易辐射效应。其实质是研究这些城市是否对周边产生了辐射作用，如果是，就能判定其区域性国际贸易中心城市的地位。

三、提出对策建议以供决策参考

第七章将根据第五章、第六章实证分析的结果，对整体推进路径进行宏观分析，对具有典型意义的城市提出政策建议。

需要说明的是，实证研究中提出的问题由上海、青岛、宁波、成都、大连、昆明、喀什等城市的建设和规划现状引发，但最后的政策建议应基于经济发展的客观现实，结合相关的战略规划综合决策，研究的城市并不局限于以上城市。

本章小结

　　本章是对区域性国际贸易中心从理论演绎到实证分析的承上启下的章节，介绍了我国区域性国际贸易中心的建设背景、城市的发展现实、所处的发展阶段、面临的困惑和问题，以怀疑和理性的精神指出对我国相关城市进行实证研究的必要性以及具体展开的步骤方法，为后文的实证研究提供研究背景和分析思路。

第五章　我国区域性国际贸易中心综合潜力评价指标体系与统计分析

从本章开始，将根据前述理论基础，建立一般性的综合潜力评价指标体系，并结合我国对外开放和城市外向型经济水平发展实际，判断我国哪些城市具有发展为区域性国际贸易中心的潜力，发展现状如何，并给出未来发展的方向和政策建议。

本章的研究主要结合区域性国际贸易中心的世界城市特征、区域节点特征和贸易产业竞争力特征，在形成机制的基础上将影响因素和表现特征结合起来，建立一套规范的评价指标体系，对城市进行样本筛选、数据搜集整理和评价打分，排名靠前的城市就具有成为区域性国际贸易中心的潜力，以便为下一章这些城市在区域中的效应检验奠定研究基础。

第一节　区域性国际贸易中心综合潜力
评价指标体系的内涵

一、评价指标体系构建的目的和意义

构建区域性国际贸易中心综合潜力评价指标体系，从实践背景看，是因为 2009 年我国上海市已经开始站在国家战略高度，对建立全球性的国际贸易中心进行破题研究；青岛、宁波、大连、喀什、成都、昆明等地政府也相继提出建设国际贸易中心或区域性国际贸易中心，有的还将其列入国民经济第十二个五年发展规划，成为对外开放和区域经济发展的重大部署。但这些城市是否客观上都具有成为区域性国际贸易中心的基础，它们和先进的国际贸易中心相比还有哪些差距都是疑问。带着这些疑问，本书通过搜集客观数据，比较研究了各个城市的优势、劣势和潜力，理性看待城市发展阶段和规划，以为政府制定政策提供依据。

构建区域性国际贸易中心综合潜力评价指标体系，从理论角度讲，是为了延续前述章节的分析，从自然、经济和制度的维度进一步梳理影响区域性国际贸易中心形成的因素，从城市等级和贸易产业竞争力的角度将内在动因细化，筛选出更具体直观的三级指标描述城市贸易的发展，明确哪些因素可以考量。对于难以量化的因素，选用相似或替代指标描述城市的经济发展，从而形成一般性的评价指标体系，定性和定量分析相结合，回答城市拥有何种经济和贸易体量、流量，在区域中处于何种等级节点，有没有形成区域性国际贸易中心的基础。

因此，准确描述该指标体系，应是"评价城市是否具有发展成为区域性国际贸易中心的潜力"的指标体系，解决"是否有基础成为区域性国际贸易中心"的问题（简要称之为"有没有"）。但能否真正成为区域的中心，则要分析它在区域内是否发挥了集聚效应和辐射效应，这是下一章节要解决的"是不是发挥了中心效应"的问题（简要称之为"是不是"）。两相结合，回答"是否已经成为区域性国际贸易中心"的问题，最终对城市的定位和发展提出有针对性的建议。

在构建评价指标体系之后，本章会筛选样本城市，进行主成分分析、因子分析，通过城市排序和分类，得到20个国内目前有基础、有潜力成为区域性国际贸易中心的城市，为下一章的分析选定研究对象。这就是本章实证分析的目的。因此，构建指标评价体系本身并不是最终目的，严格来讲，是筛选研究样本的一个方法手段，是为下一章的研究对象提供筛选思路和解释依据。

二、评价指标体系构建的内涵基础

区域性国际贸易中心综合潜力评价指标体系是对城市发展为区域性国际贸易中心的潜力进行评估的体系，从禀赋生长力、市场驱动力、政府调控力三个维度，考察各种影响因素综合作用的结果。而"区域性国际贸易中心城市"的概念包含区域中心城市和国际贸易两个角度，是从城市层面和贸易产业层面共同描述城市是否能成为区域性国际贸易中心，以城市为主体，以国际贸易为内容的研究命题。因此，在自然禀赋、市场经济和政府制度三个维度的基础上，要从城市等级判定和贸易竞争力考量两个层面选取指标描述影响因素和在动态作用过程中的表现特征。评价指标体系的内涵基础如图 5.1 所示：

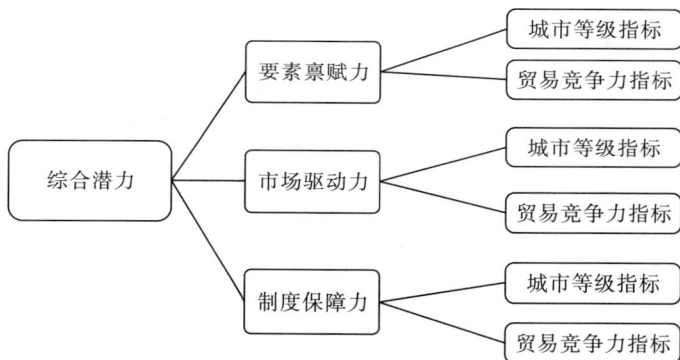

图5.1　综合潜力评价指标体系的内涵解构

总之，本综合潜力评价指标体系应综合考察既有研究和未来研究领域，采用集成指标评测方法，把区域性国际贸易中心综合潜力的影响因素放在一个框架内加以考察，构建多级指标体系，使评价对象层次化、系统化、清晰化，从而直观、系统地呈现城市发展为区域性国际贸易中心的潜力和基础。

三、评价指标体系构建的思路来源

（一）体现对城市的评价

如前文的分析，城市是区域性国际贸易中心的主体承载，应该同时具有世界城市和节点城市的特征。要从城市层面描述区域性国际贸易中心的功能，设计合理的指标，就要涵盖世界城市和节点城市的特征。

弗里德曼提出世界城市等级的判定标准，从主要的金融中心、国际性机构的集中度、重要的制造业中心、商务服务部门的快速增长、跨国公司总部、人口规模、主要的交通枢纽以及人口迁移目的地等几个分级指标进行世界城市等级的划分。后来学者 N. J. Thrift 选取了银行总部数量和公司总部数量，从金融商贸中枢的角度来划分世界城市的等级。伦敦规划咨询委员会从城市的基础设施条件、企业能够创造的财富价值、工作机会岗位的增加、生活水平的提升与居民福利的改善等四个方面对世界城市进行比较和分类。[①]

无论学者提出什么样的等级评价标准和指标，都具有以下特点：世界城市是全球经济要素流动传输的中枢，可以用经济的流量、容量、体量、储量等指标来描述其经济规模、要素承载和辐射带动能力，体现其商品流通、生产服务、管理控制和资源配置的内涵，关注满足核心要素合理流动的城市环境和基础条件。

因此，把区域性国际贸易中心城市放在世界城市等级体系中，其所处的位置应该是在全球某区域内发挥贸易要素配置和流通功能的世界城市。与此对应，所选指标应体现区域性国际贸易中心应该具有的经济容量、流量、体量，描述在国际经贸往来中的深度和广度。

区域性的国际贸易中心应当是区域内部人员流、产品流、技术流、信息流、资金流的节点。但节点城市在运送各

---

① The London Planning Advisory Committee [Z]. London：World City, 1991.

种流的过程中产生了范围、规模、速度和强度上的差异，进而成为不同层级类别的城市①，由小到大，比如国家各区域内的中心城市、国家中心城市、世界某区域的区域性中心城市、世界城市等，等级较高的中心城市能够配置高端的生产要素，等级较低的中心城市则接受一般生产要素的流动。

国际贸易就是与贸易生产和交换、消费有关的各种要素通过这样的城市节点，在全球或者区域范围内流动的过程。作为区域性的国际贸易中心，尤其应当发挥节点功能，包括货物贸易的集疏运能力大小、贸易厂商和商品的信息发布交流平台大小、海陆空综合交通走廊对人员流和货物流的运送承载能力大小等。与此对应，所选指标应该体现区域性国际贸易中心应该具有的枢纽功能、中转功能和集散功能，描述在国际经贸往来中的密集度和频繁度。

（二）体现对贸易竞争力的评价

如前文的分析，贸易竞争力是区域性国际贸易中心的核心能力，从竞争力层面设计合理的指标描述区域性国际贸易中心，就必须涵盖描述贸易竞争力的相关指标。

波特的钻石模型从产业角度给出了分析城市国际贸易竞争力的框架。基于钻石模型的国家竞争力研究同样也适用于城市。宁越敏等在此模型基础上提出了对外开放框架下建立城市竞争力模型的新思路，认为对外开放程度对城市竞争力具有重要影响。② 于伟等人从基础设施、城市综合经济实

---

① 段霞，文魁. 基于全景观察的世界城市指标体系研究［J］. 中国人民大学学报，2011（3）.

② 宁越敏，唐礼智. 城市竞争力的概念和指标体系［J］. 现代城市研究，2001（3）：19—22.

力、城市规模、对内对外开放程度、产业结构与效益、科学技术与文化、环境质量等方面出发对青岛市的城市竞争力进行评估，提供了能够客观衡量国际贸易中心城市发展水平的方式方法。[①]

生产要素：生产的基本要素包括天然存在的各种自然资源、地理位置；高级要素包括现代通信、交通等设施以及受过高等教育的人力和科研教育机构。

需求条件：市场对某类产品或服务的需求。国内市场的大小及其性质不单影响生产的规模和效益，更是产业发展的动力，会刺激本国企业进行创新。在全球化竞争浪潮下，尤其是在有竞争的供给时，市场需求增大，产业发展的动力就会形成。

支持产业与相关产业：是指与某个产业相关联的互补性产业和上下游产业。其中支持产业是指提供原材料、零部件、机械设备等的上游产业，能够为下游产业快速、有效地适应市场需求变动、降低成本、提高竞争优势创造条件。相关产业是指因共同使用技术和共享营销渠道与服务而联系的产业，通过合作、分享信息，形成在技术、流程、销售、市场和服务上的竞争优势。

与之相对应，衡量区域性国际贸易中心的贸易竞争力，就是要通过自然资源、地理位置、通信设施以及人力资源、科技研发等指标描述生产要素，通过经济基础、贸易规模、消费实力等指标描述需求条件，通过贸易潜力、贸易质量等

---

① 于伟，杜小刚，于绍璐. 青岛市城市竞争力的多层次评估及提升对策 [J]. 国土与自然资源研究，2007（2）：1—3.

指标描述相关产业与支持产业条件，通过政府特殊政策和机构的设置指标描述机会和政策，从而体现出区域性国际贸易中心所具备的贸易竞争力。

第二节　区域性国际贸易中心综合潜力评价指标体系的构建

一、评价指标体系选取的基本原则

（一）科学性与可行性

科学性是指在充分认识、系统研究区域性国际贸易中心的发展动因、过程和特征的基础上，选取能充分反映发展潜力的指标，要对其系统性和逻辑性有准确的把握。同时，评价指标体系要简单明了，容易取得，要尽量使用易于取得、便于操作的指标和方法，以提高其可行性。

（二）可比性和可靠性

可比性要求评价指标体系应该横向可比和动态可比。前者是指不同城市在同一时间上在综合评价指标表现上的差异比较，能清晰看到不同城市之间的发展差距；动态可比是能看到一个城市在不同时间段在相同的指标表现上的先后比较。横向和动态的综合，方便研究者长期、连续、全面地对研究对象进行研究。统计指标的选择要含义明确，口径一致，尽可能与世界公认的评价指标名称接轨，符合国际规范和现行统计制度要求，使用的数据应以各类统计出版物和国际组织公布的为准。

（三）代表性和全面性

代表性是指所选取的指标要典型，具有明确的解释含义，不累赘、不重复；全面性是指整体系统性，所选用的指标体系能全面涵盖研究对象的特质，可以从不同维度和角度综合评价，指标设置要在有代表性和全面性的基础上避免重复。

二、评价指标体系的内容

根据前述章节的理论基础和本章对评价指标体系的内涵的阐释，本研究认为区域性国际贸易中心的潜力评价可从三个维度进行：自然维度、经济维度和制度维度。建立与之对应的禀赋生长力指标、市场驱动力指标、政府调控力指标作为一级指标。将城市等级指标和贸易竞争力指标细化，分别归入禀赋、市场和政府项下，建立与之对应的二级细化指标，再根据指标选取的可行性原则，遴选三级指标，用实际可取得的指标名称代替理想指标的表达。以下分别对其进行解释。

（一）禀赋生长力维度

主要考察城市所具有的自然禀赋优势，建立区位优势、人力资源和基础设施三个二级指标。区位优势主要反映城市是否临海，是否具有优良的港口优势，下设港口吞吐量和水路货物运输量两个三级指标；人力资源反映城市的基础规模和劳动力禀赋，下设人口数量、专利申请数量、高等学校数量三个三级指标；基础设施主要反映交通综合枢纽的运输功能，下设铁路货物运输量、公路货物运输量、航空货物运输量三个三级指标（见表5.1）。

表 5.1　禀赋生长力维度指标构建

一级指标	二级指标	三级指标
禀赋生长力	区位优势	水路货物运输量、港口吞吐量
	人力资源	人口数量、高等学校数量、专利申请数量
	基础设施	铁路货物运输量、公路货物运输量、航空货物运输量

（二）市场驱动力维度

主要考察城市所具有的贸易容量和促进贸易要素集聚的能力，建立经济基础、贸易规模、贸易质量、贸易潜力、消费实力、商业枢纽六个二级指标。经济基础反映城市的整体经济发展实力，下设地区生产总值和人均地区生产总值两个三级指标；贸易规模反映贸易量的大小，下设货物进出口总额、货物运输总量、限额以上批发零售贸易数量、旅游外汇收入五个三级指标；贸易质量反映贸易活动的高效性和对经济发展的推动作用，下设外贸依存度、出口贡献率、贸易竞争指数、外贸企业进出口额前500强个数、服务贸易指数五个三级指标；贸易潜力反映相关产业的支持力度，下设第三产业从业人员占比、第三产业GDP占比、实际利用外资额三个三级指标；消费实力反映城市居民的收入状况和整体消费需求，下设社会消费品零售总额、金融机构存款余额、商品交易市场数量三个三级指标；商业枢纽反映城市的节点特征和国际化程度，下设国际航线数量、总部经济指数、邮政业务收入、电信业务收入、互联网用户数、固定电话用户

数、城市展览业发展指数等七个三级指标。所有的指标共同
描述城市的生产力发展水平、运输成本、市场规模、市场潜
力、贸易产业关联度、中枢功能、信息化程度，展示了贸易
要素的集聚和扩散能力（见表 5.2）。

表 5.2 市场驱动力维度指标构建

一级指标	二级指标	三级指标
市场驱动力	经济基础	地区生产总值、人均地区生产总值
	贸易规模	货物进出口额、货物运输总量、限额以上批发贸易零售额、旅游外汇收入
	贸易质量	外贸依存度、出口贡献率、贸易竞争指数、外贸企业进出口额前 500 强个数、服务贸易指数
	贸易潜力	第三产业从业人员占比、第三产业 GDP 占比、实际利用外资额
	消费实力	社会消费品零售总额、金融机构存款余额、商品交易市场数量
	商业枢纽	国际航线数量、总部经济指数、邮政业务收入、电信业务收入、互联网用户数、固定电话用户数、城市展览业发展指数

（三）制度保障力维度

主要考察城市所具有的制度便利、政策优势和政府宏观
调控力度，建立政策优惠和国际交流两个二级指标。政策优
惠反映国家对城市的贸易支持力度，下设海关特殊监管区、
跨境贸易电子商务服务示范城市、服务贸易创新示范基地三
个三级指标；国际交流反映本市政府和他国（市）政府的交
流合作能力，不仅代表城市的国际化程度，也代表了政务合
作的基础，下设外国领事馆数量一个三级指标（见表 5.3）。

表 5.3　制度保障力维度指标构建

一级指标	二级指标	三级指标
制度保障力	政策优惠	海关特殊监管区、跨境贸易电子商务服务示范城市、服务贸易创新示范基地
	国际交流	领事馆数量

　　最终，区域性国际贸易中心综合潜力评价指标体系的具体内容见表5.4：

表 5.4　区域性国际贸易中心综合潜力评价指标体系

一级指标（3 个）	二级指标（11 个）	三级指标（36 个）
禀赋生长力	区位优势	水路货物运输量、港口吞吐量
	人力资源	人口数量、高等学校数量、专利申请数量
	基础设施	铁路货物运输量、公路货物运输量、航空货物运输量
市场驱动力	经济基础	地区生产总值、人均地区生产总值
	贸易规模	货物进出口额、货物运输总量、限额以上批发贸易零售额、旅游外汇收入
	贸易质量	外贸依存度、出口贡献率、贸易竞争指数、外贸企业进出口额前 500 强个数、服务贸易指数
	贸易潜力	第三产业从业人员占比、第三产业 GDP 占比、实际利用外资额
	消费实力	社会消费品零售总额、金融机构存款余额、商品交易市场数量
	商业枢纽	国际航线数量、总部经济指数、邮政业务收入、电信业务收入、互联网用户数、固定电话用户数、城市展览业发展指数
制度保障力	政策优惠	海关特殊监管区、跨境贸易电子商务服务示范城市、服务贸易创新示范基地
	国际交流	领事馆数量

三、评价指标的筛选说明

（一）关于内生性的说明

首先从评价指标体系的构建上，从自然、经济和制度三个维度，从城市等级和贸易竞争力两个层面逐一对指标进行分类，尽可能避免高度相关的指标重复出现，从而准确构建评价指标体系。

前文主要是对形成机制的分析，挖掘其影响因素，研究发现规模经济和集聚具有自我强化机制，也就是贸易中心的形成过程具有一定的内生性。故有的指标是特征描述，有的指标是影响因素描述，两者之间有一定的内生性，无法避免的原因是从不同的角度和维度进行考察，均有一定的参考价值和解释价值。

货物运输总量指标与另外的公路、铁路、航空、水路运输总量具有高度相关性，但仍然保留的原因一是想为后文的主成分分析提供分类依据，二是想对综合现代化的交通枢纽和单一的港口交通进行对比分析。

（二）定性指标的处理

在评价指标体系中，有一些定性指标，比如跨境贸易电子商务服务示范城市、服务贸易创新示范基地，代表了城市所享受的优惠政策，都能较充分地说明城市发展为区域性国际贸易中心的潜力。对于定性指标的解决办法一般为赋值 0 或者 1，但本书所涉及的定性指标不同于其他增量指标，主要指个别市才享有的政策，或者是在全国范围内逐步改革试点并统一推进的政策；对前者而言，这样的单个定性指标在定量指标为主、单位较大的评分体系中作用并不显著；对后者而言，政策随着年份变化的可能性较大，不太好界定是否赋值 0 或者 1。因此，这类指标依据理论设计放在综合潜力指标体系中体现其重要性，但在本次具体代入数据进行测评时，对这类指标（共 2 个）暂不赋值。

处理方法：放在对排序结果的分析中，辅助判断城市的排序和发展潜力，并对结果起一定的修正作用。在后面的分析中，还将具体说明这样处理是合乎评分结果的（排名靠前的基本都是有政策优惠的，因此误差较小）。

（三）采集十分困难的指标

依据理论设计，本评价指标体系共涉及一级指标 3 个，二级指标 11 个，三级指标 36 个，除去上面提到的定性指标，其中定量指标有 34 个。但实际采集到 32 个指标的所有城市的数据，有 2 个指标的数据不全，分别是：商品交易市场数量在公开出版的统计年鉴《中国商品交易市场统计年鉴》中缺失较大，有近 20 个城市没有该数据，通过各层次商务网站部门和相关网站查找的数据在统计口径上亦出入较大，只好放弃；服务贸易数额统计缺失较为严重，只有国家和省级层面的数据，个别地级市数据可比性较差。

因此，依据理论设计的指标，除去定性的 2 个指标不便评测，定量的 2 个指标数据不全，最终进入评测的共有 32 个指标。

四、评价指标释义

以下对评价指标体系的所有三级指标进行释义，以便进一步明确区域性国际贸易中心的各项潜力。

水路货物运输量：反映水路设施运输货物规模、结构和质量的重要指标。

港口吞吐量：是衡量国际贸易中心城市的一个重要指标，是反映港口生产经营活动成果的重要数量指标。

人口数量：反映城市的规模和人口集聚的水平，也反映随之而来的各种生产要素的集聚。

高等学校数量：反映高等教育水平，代表城市对高学历人才的重视程度和为市民提供的文化氛围，是重要的人力禀赋指标。

专利申请数量：既体现城市居民的脑力劳动成果、科技智力水平，也体现城市文明和法制对知识产权的重视和保护程度。

铁路货物运输量：反映铁路设施运输货物的规模、结构和质量的重要指标。

公路货物运输量：反映公路设施运输货物的规模、结构和质量的重要指标。

航空货物运输量：反映飞机运输货物的规模、结构和质量的重要指标。

地区生产总值：反映城市的经济发展总体水平和规模，是绝对量指标。

人均地区生产总值：反映城市的经济发展质量、程度和创造力，是相对量指标。

货物进出口额：指实际由该城市进出我国国境的货物总金额，用以观察在对外贸易方面的总规模，反映城市进出口规模。

货物运输总量：包括从城市外部运送到城市内部的货物数量，也包括城市内部输出的货物数量，代表城市对外部经济的辐射能力。衡量各种运输工具的实际货物运送量，反映城市物流体系能力。

服务贸易指数：这是一个广义的概念，严格来讲分为TC指数、RCA指数和CA指数。用于衡量某个国家（地区）在某个行业的服务贸易是否具有国际竞争力和比较优势，是判断服务贸易发展质量的重要标准。因此服务贸易指数的统计也以国家地区层面居多。但以这样的思路来衡量城市的服务贸易发展，同样具有积极意义。

限额以上批发贸易零售额：我国批发和零售业、住宿和餐饮业对纳入定期统计报表范围的批发企业、零售企业以及住宿餐饮企业的销售（营业）额的统计，反映城市大宗贸易的繁荣程度。

旅游外汇收入：入境旅游者在境内旅行、游览过程中用于交通、参观游览、住宿、餐饮、购物、娱乐等的全部花费，反映城市旅游资源的丰富程度和旅游产业的发达程度，是服务贸易的重要指标。

外贸依存度：外贸商品进出口总额/GDP，反映城市经济的外向型水平，经贸活动对城市经济发展的影响水平。

出口贡献率：某地区出口额/该国出口总额，表明某城市在全国的出口总额中所占比例情况，反映是否是贸易出口大市，是重要的贸易规模指标。

贸易竞争指数：某地区净出口总额/该地区进出口总额，通常用于衡量某产业的出口竞争力。这里反映城市对外贸易的质量和结构，说明是进口主导型还是出口主导型。

外贸企业进出口额前 500 强个数：前 500 强排名依据为各年度海关统计进出口数据。外贸 500 强企业排名范围是中国境内有进出口实绩的所有企业，用于衡量各地外贸企业的竞争力。

第三产业从业人员占比：指三次产业从业分布中，从事服务业的人员数量比重。人力资源是产业发展的重要支撑，该指标反映第三产业的发展潜力，也反映了与进出口相关的金融、保险、运输等贸易行业的发展潜力。

第三产业 GDP 占比：说明第三产业相对于第一、二产业的发展程度，能够判断城市是否进入服务经济和知识经济阶段，特别是其中的现代服务业的发展水平直接反映城市的现代化水平。

实际利用外资额：指我国政府、部门、企业和其他经济组织通过对外借款、吸收外商直接投资以及其他方式筹措的境外现汇、技术、设备等。反映城市综合吸引外资和对外开放的能力，也是贸易潜力的重要支撑。

社会消费品零售总额：是批发和零售业、住宿和餐饮业及其他行业给予城乡居民用于生活消费的商品和社会集团用于公共消费的商品之总金额，代表社会总体消费实力，反映城市的商业服务能力。

金融机构存款余额：反映居民在金融机构储蓄和企业在金融机构对公存款的数量，是一个城市潜在消费能力和投资能力的体现。

商品交易市场数量：商品交易的繁荣程度反映市场的商贸繁荣程度，是衡量消费实力的重要指标。

国际航线数量：指城市机场联通国外机场的航线数量，

反映城市的国际化程度和对外交往的节点功能。

总部经济指数：总部经济是指城市吸引外埠大型企业集团总部和跨国公司入驻到特定的办公区域实现集群布局、把生产加工基地安排在具有比较优势的其他地方，从而形成企业价值链和城市空间布局最优化的经济活动。总部经济指数代表了城市对各种资源的整合能力，尤其是中心枢纽指挥功能和对周边经济辐射的能力，反映城市集聚贸易发起人的能力，协调全球资源的能力。

邮政业务收入：包括各种信函电报的业务收入，反映企业之间的往来业务量。

电信业务收入：反映通信网络密集度，是城市通信服务提供能力的表现。

互联网用户数：反映信息服务提供能力，是商业枢纽和网络节点的重要指标。

固定电话用户数：反映通信网络密集度，是城市通信服务提供能力的表现。

城市展览业发展指数：是中国会展行业的重要指数，反映城市举办展会的次数、规模、结构和对外宣传力度以及综合效益。

海关特殊监管区：是设立在关境内的以海关为主进行封闭监管的特定经济功能区，包括保税区、出口加工区、保税港区、综合保税区、保税物流园区和跨境工业园区等，代表了政府对贸易活动的分类管理和政策支持力度。

跨境贸易电子商务服务示范城市：反映国家政策的支持力度，代表电子商务和无形贸易发展受重视的程度。

服务贸易创新示范基地：反映国家政策的支持力度，代表服务贸易发展受重视的程度。

领事馆数量：反映他国政府与本地政府共同管理相关事务的能力，同时反映城市对外开放的政府协调力。

第三节　实证研究

一、评价指标的数据来源

为了保证数据的权威性和研究的科学性，本研究所选用的数据主要来自国家统计局和各地市统计局出版的统计年鉴。以下具体说明评价指标的资料来源。

人口数量、地区生产总值、货物进出口额、实际利用外资额、社会消费品零售总额、金融机构存款余额等数据来自《中国区域经济统计年鉴2010—2014》。

第三产业从业人员占比、第三产业GDP占比、货物运输总量、水路货物运输量、公路货物运输量、铁路货物运输量、航空货物运输量、高等学校数量、电信业务收入、邮政业务收入、互联网用户数、固定电话用户数、旅游外汇收入等数据来自《中国城市统计年鉴2010—2014》。

国际航线数量、领事馆数量均来自各地市政府官方网站，专利申请数量来自各地市国际经济和社会发展统计公报，港口吞吐量数据来自《中国港口年鉴2013》，总部经济指数来自《中国城市总部经济发展报告2014》，城市展览业发展指数来自《中国会展报告2014》，海关特殊监管区数据来自《中国保税区出口加工区年鉴2013》。外贸企业进出口额前 500 强个数来自中国对外经济贸易统计学会 2014 年 10 月公布的统计排名，均按企业所属城市归类计算得出。

对于流量指标，采用 2009—2013 年的平均数，对于存量指标，采用所能采集到的最新年度的数据。

二、样本的选取

以评价指标体系为基础，首先确定拟评测的样本城市，然后采集样本城市的数据测算样本城市成为区域性国际贸易中心的综合潜力，以发现各个城市发展的比较优势、竞争优势以及各自的短板，为推进城市间优势互补、资源共享、合作共赢提供决策思路，同时给出潜力较好的城市的排名，为后文的中心性研究奠定基础。

（一）选取样本的依据

由于本书对"区域性国际贸易中心"概念的界定是在经济发展具有相似特征且空间相邻的区域内居于核心地位，能够代表区域面向海外市场、发挥主导作用的经济外向型中心城市，因此，实证研究应评价国内主要外向型城市在国际贸易活动中能否成为本区域的中心，国内主要中心城市能否在国际贸易活动中引领外向型经济的发展。

基于以上思路选取三种类型的样本城市：（1）直辖市、省会、计划单列市等全国重点城市 35 个：具有"区域中心城市"的定位，在政治、经济、科技和文化等领域是全国或所在省份的中心。（2）进出口额排名靠前的 20 个城市：进出口量大，具有规模经济优势。（3）港口吞吐量排名靠前的 20 个城市：地理位置好，区位优势是重要的贸易中心先发优势。根据以上三个标准选出的城市，最终成为本次测评的样本城市，是有意义的研究样本，均有一定的发展潜力。需要特别说明的是：对我国区域性国际贸易中心的研究，也应该考虑拉萨、香港、澳门和台湾的贸易发展，但西藏自治区只有拉萨的数据且不全面，本研究实践意义不大，香港是本书研究的典型案例和借鉴对象，故不放在样本测评中；澳门行政区、台湾地区和大陆各城市的区域中心关系不显著，故不作为测评对象，但在下一章对区域城市群的研究中，这几个城市将会被提及和关注。

（二）样本城市概况

（1）直辖市 4 个：北京、天津、上海、重庆。

（2）省会城市和自治区首府 26 个：沈阳、长春、哈尔滨、济南、太原、石家庄、呼和浩特、乌鲁木齐、郑州、西安、成都、武汉、长沙、南京、杭州、昆明、贵阳、福州、广州、兰州、西宁、南宁、合肥、海口、银川、南昌。

（3）计划单列市 5 个：大连、青岛、宁波、厦门、深圳。

（4）货物进出口额在连续 5 年内（2008—2012 年）均值排名位居全国前 20 位的城市（排除掉前面已入选的城市，城市进出口额及排名见附录 1），如东莞、无锡、佛山、珠海、烟台、惠州、中山、绍兴。

（5）港口吞吐量 2012—2014 年前 20 位（港口吞吐量及排名见附录 2），如舟山、苏州、唐山、营口、日照、秦皇岛、南通。

经过以上筛选，从全国 288 个有详尽的指标数据的地级市中，共选出 50 个有理论支撑、有实践意义的城市，作为本次评价的样本城市。

三、统计方法的选用

（一）主成分分析和因子分析的基本原理

主成分分析的基本原理是通过数学变换把众多可能相互包含重复信息的指标转化成新的相互独立的综合指标，并选取在方差贡献率中比例较大的少数几个综合指标来替代原来众多的指标，对分析对象进行相应的分析和评价。

设有 n 个观测对象，每一对象有 p 个指标因子，X_j（$j=1，2，\cdots，p$），所得观测值为 X_{ij}（$i=1，2，3\cdots，n$，$j=1，2，3\cdots，p$），构成原始数据矩阵 $X=X_{ij}$（nxp）。

主成分思想用数学原理推导就是确定原来的变量 x_j（$j=1，2，\cdots，p$）在诸主成分 Z_i（$i=1，2，\cdots，m$）上的载荷 l_{ij}（$i=1，2，\cdots，m$；$j=1，2，\cdots，p$），它们分别是 x_1，x_2，$\cdots$，x_p 的相关矩阵的 m 个较大的特征值所对应的特征向量。

因子分析的基本原理是通过变量的相关系数矩阵或方差矩阵内部结构的研究，找出能控制所有变量的少数几个随机变量去描述多个变量之间的相关关系，然后根据相关性大小把变量分组，使得同组内的变量之间相关性较高，不同组的变量之间相关性较低，每组变量之间代表一个基本结构，这个结构称为公共因子或主因子，以再现原始变量和因子之间的相关关系。

（二）主成分分析和因子分析的具体步骤

1. 主成分分析的步骤

（1）原始数据的标准化处理：指标的量纲往往不同，为使比较有意义，评价结果客观合理，所以在主成分计算之前应先消除数量级和量纲不同带来的影响，最常用的方法是将原始数据标准化，即作如下数据变换：

$$x_{ij}^{*} = \frac{x_{ij} - \bar{x}_j}{s_j} \quad i = 1,2,\cdots,n ; j = 1,2,\cdots,p \quad (5.1)$$

其中：$\bar{x}_j = \dfrac{1}{n}\displaystyle\sum_{i=1}^{n} x_{ij}, s_j^2 = \dfrac{1}{n-1}\displaystyle\sum_{i=1}^{n}(x_{ij} - \bar{x}_j)^2 \quad (5.2)$

（2）计算原始指标的相关系数矩阵。标准化后的变量协方差矩阵就是其相关系数矩阵，计算样本数据的协方差矩阵：$\sum = (S_{ij})p \times p$，其中

$$S_{ij} = \frac{1}{n-1}\sum_{k=1}^{n}(x_{ki} - \bar{x}_i)(x_{k_j} - \bar{x}_j) \quad i,j = 1,2,\cdots,p$$

$$(5.3)$$

（3）求出 $\sum$ 的特征值 λ_i 及相应的正交化单位特征向量 a_i：

$\sum$ 的前 m 个较大的特征值 $\lambda_1 \geqslant \lambda_2 \geqslant \cdots \lambda_m > 0$，就是前 m 个主成分对应的方差，$\lambda_i$ 对应的单位特征向量 a_i 就是主成分 F_i 的关于原变量的系数，则原变量的第 i 个主成分 F_i 为：

$$F_i = a_i' X \qquad (5.4)$$

主成分的方差（信息）贡献率用来反映信息量的大小，α_i 为：

$$\alpha_i = \lambda_i / \sum_{i=1}^{m} \lambda_i \qquad (5.5)$$

$$G(m) = \sum_{i=1}^{m}\lambda_i / \sum_{k=1}^{p}\lambda_k \qquad (5.6)$$

把排在前面的 m 个主成分的贡献率通过公式累加，当

累积贡献率大于85％时，就认为能足够反映原来变量的信息了，对应的 m 就是抽取的前 m 个主成分，提取的前 m 个主成分相对应的特征值大于 1 时就可以作为主成分来进行评价分析。

主成分分析的目的在于提取信息，浓缩信息。

（4）计算因子载荷。因子载荷反映主成分 F_i 与原变量 X_j 之间的相互关联程度，原来变量 $X_j(j=1,2,\cdots,p)$ 在诸主成分 $F_i(i=1,2,\cdots,m)$ 上的荷载 $l_{ij}(i=1,2,\cdots,m;j=1,2,\cdots,p)$。

$$l(Z_i,X_j)=\sqrt{\lambda_i}a_{ij}(i=1,2,\cdots,m;j=1,2,\cdots,p)$$

$$(5.7)$$

在 SPSS 软件中进行因子分析后的分析结果中，"成分矩阵"反映的就是主成分载荷矩阵。

（5）计算得分。计算样本在 m 个主成分（公因子）上的得分：

$$F_i=a_{1i}X_1+a_{2i}X_2+\cdots+a_{pi}X_p \quad i=1,2,\cdots,m$$

$$(5.8)$$

（6）计算出主成分的最终系数，然后再以每个主成分所对应的特征值占所提取主成分总的特征值之和的比例作为权重计算，确定每个省市的最终得分和排序，并进行综合评价。

2. 因子分析的步骤

（1）选取原始变量，进行描述性统计分析。

（2）对原始变量进行标准化处理，并对其进行适用性检验。常用方法有 Bartlette's 球形检验和 KMO 检验。

（3）求解初始公共因子及因子载荷矩阵，SPSS 19.0 软件包提供了多种提取因子的方法，采用不同方法结果会有差异，本研究采用基于主成分模型的主成分分析法。

（4）因子变量的命名解释：通过对载荷矩阵的分析，得到因子变量与原始变量之间的关系，对公因子进行命名解释，采用方差最大化正交旋转法。

（5）计算因子得分和综合得分。

第四节　统计结果及结论

一、实证统计及结果

本书采用 SPSS 19.0 软件对 50 个样本城市进行主成分分析和因子分析。选取的 32 个指标为：水路货物运输量、港口吞吐量、人口数量、高等学校数量、专利申请数量、铁路货物运输量、公路货物运输量、航空货物运输量、地区生产总值、人均地区生产总值、货物进出口额、货物运输总量、限额以上批发零售贸易额、旅游外汇收入、外贸依存度、出口贡献率、贸易竞争指数、外贸企业进出口额前 500 强个数、第三产业从业人员占比、第三产业 GDP 占比、实际利用外资金额、社会消费品零售总额、金融机构存款余额、国际航线数量、邮政业务收入、电信业务收入、互联网用户数、固定电话用户数、城市展览业发展指数、总部经济指数、领事馆数量、海关特殊监管区。分别用 A11、A12、A21、A22、A23、A31、A32、A33、B11、B12、B21、B22、B23、B24、B31、B32、B33、B35、B41、B42、B43、B51、B52、B61、B63、B64、B65、B66、B67、B68、C11、C12 表示。

　　首先，为消除量纲的影响，对 50 个城市的 32 个指标的原始数据进行标准化处理，得到标准化后的数据（见附录3），从而标准化后变量的均值为 0，方差为 1。并得到各指标之间的相关系数矩阵 R（具体见附录 4）。

　　由相关系数矩阵表可知，这 32 个指标中个别指标间相互有包含解释的成分，相关性较大，因此需要提取主成分指标来消除相关性。

　　在提取主成分之前，除了要判断观测数据是否适合作基于主成分的因子分析外，通常还要通过适应性检验以便完成因子之间不相关的假设检验判断。其统计量为 KMO 指标和 Bartlette's 球形检验指标。KMO 值一般在 0.9 以上表示非常好，适合进行因子分析，0.8～0.9 比较好，0.7～0.8 一般，0.7 以下效果则不太理想。SPSS 软件显示 KMO 值为 0.823，因此可以继续进行分析。

　　相关系数的初始特征值、贡献率和累计贡献率见附录 5。

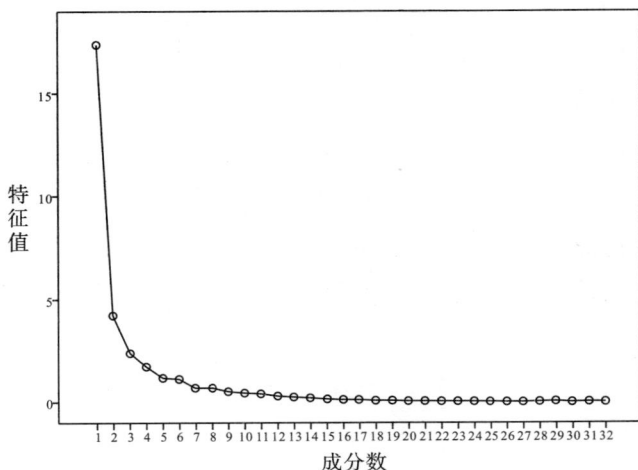

图5.1　主成分提取碎石图

由附录 5 和碎石图（图 5.1）可知，通过主成分提取，
32 个指标已被转换为相互独立的指标，指标间的相关性已
经被合理控制，按照指标的方差贡献率，选取排名前 6 位的
主成分指标（以下分别用 F1、F2、F3、F4、F5、F6 表
示），可以看到，从第 1 个指标到第 6 个指标的特征值分别
为 17.374、4.246、2.371、1.68、1.151、1.104，解释的
贡献率分别为 54.293%、13.268%、7.408%、5.25%、
3.597% 和 3.451%，累计方差贡献率为 87.268%，大于
85%，可以认为能够足够反映原来指标的信息。

成分矩阵与旋转成分矩阵见附录 6 和附录 7。

同理，旋转成分矩阵根据各个指标的方差贡献率选取 6
个主成分指标（以下分别用 F1、F2、F3、F4、F5、F6 表
示），可以看到，从第 1 个指标到第 6 个指标的特征值分别
为 8.31、7.948、6.044、2.923、1.36、1.341，解释的贡
献率分别为 25.968%、24.837%、18.887%、9.134%、
4.251% 和 4.191%，累计方差贡献率为 87.268%，大于
85%，可以认为能够足够反映原来指标的信息。

因子载荷矩阵值越大，该因子包含原指标的信息量越
多，因此，可以从指标因子的载荷值，判断每个主成分由哪
些因子组成，从而辨识主成分模型的类别。本研究的样本数
据在旋转成分矩阵的因子载荷值属性下主成分类型较为清
晰，因此选用旋转因子载荷矩阵对主成分继续进行分类、
排名。

根据主成分在旋转因子载荷矩阵中的因子载荷值，对主
成分作出以下解释：

（1）第一主成分中因子载荷量较高的指标是限额以上批

发零售贸易额、金融机构存款余额、第三产业 GDP 占比、国际航线数量、领事馆数量。其中，限额以上批发零售贸易额和金融机构存款余额反映的是市场规模和消费实力，可理解为市场容量；第三产业 GDP 占比反映第三产业的发展水平；国际航线数量和领事馆数量反映城市作为国际节点枢纽的能力和国外政府对该城市的重视程度，可综合理解为国际化程度。因此，第一主成分主要反映了城市的市场容量、第三产业水平和国际化程度。

（2）第二主成分中因子载荷量较高的指标是人均地区生产总值、货物进出口额、出口贡献率和外贸企业进出口额前 500 强企业个数。其中，人均地区生产总值反映经济发展的相对水平（质量），货物进出口额反映贸易规模，出口贡献率反映贸易质量，外贸企业进出口额前 500 强企业个数既反映贸易规模也反映贸易质量。因此，第二主成分主要反映了城市的经济发展质量、外贸规模和质量。

（3）第三主成分中因子载荷量较高的指标是人口数量、公路货物运输量和货物运输总量。其中，人口数量反映城市的规模和劳动力基础，公路货物运输量反映城市在区域内的运输能力，货物运输总量反映城市整体的对外运输能力。因此，第三主成分主要反映了城市的规模和运输能力。

（4）第四主成分中因子载荷量较高的指标是水路货物运输量、港口吞吐量以及海关特殊监管区（出口加工区、保税港区、综合保税区、跨境工业区、保税物流园区）等。其中，水路货物运输量既反映运输能力，也反映区位优势，港口吞吐量既反映运输能力、区位优势，又是城市实现开放的交通基础设施条件；特殊监管区数量反映了政府政策的支持力度和重视程度，也是环境优势的反映。因此，第四主成分主要反映了区位优势、基础设施和政策优势。

（5）第五主成分中因子载荷量较高的指标是铁路货物运输量，主要反映了铁路运输能力，也就是区域内外的交通枢纽层级。

（6）第六主成分中因子载荷量较高的指标是外贸依存度，反映的是对外贸易对城市生产总值的拉动和提升能力，也可理解为城市经济的外向性水平。

分别代入因子载荷值得到 F1、F2、F3、F4、F5、F6 的计算公式，根据公因子方差加权的权重得到综合 F 的计算公式。

$$F1 = 0.33 \times A11 - 0.015 \times A12 - 0.155 \times A21 + 0.543 \times A22 + 0.29 \times A23 - 0.03 \times A31 + 0.124 \times A32 + 0.882 \times A33 + 0.462 \times B11 + 0.017 \times B12 + 0.421 \times B21 + 0.223 \times B22 + 0.731 \times B23 + 0.623 \times B24 + 0.003 \times B31 + 0.142 \times B32 - 0.22 \times B33 + 0.235 \times B35 + 0.611 \times B41 + 0.801 \times B42 + 0.236 \times B43 + 0.595 \times B51 + 0.767 \times B52 + 0.892 \times B61 + 0.219 \times B63 + 0.671 \times B64 + 0.474 \times B65 + 0.58 \times B66 + 0.697 \times B67 + 0.538 \times B68 + 0.877 \times C11 + 0.323 \times C12$$

$$(5.9)$$

$$F2 = 0.207 \times A11 + 0.242 \times A12 - 0.035 \times A21 - 0.061 \times A22 + 0.682 \times A23 - 0.091 \times A31 + 0.033 \times A32 + 0.157 \times A33 + 0.564 \times B11 + 0.94 \times B12 + 0.801 \times B21 + 0.096 \times B22 + 0.413 \times B23 + 0.595 \times B24 + 0.715 \times B31 + 0.897 \times B32 -$$

$0.056×B33＋0.853×B35－0.418×B41＋0.213×B42＋$
$0.34×B43＋0.434×B51＋0.409×B52＋0.164×B61＋$
$0.824×B63＋0.573×B64＋0.486×B65＋0.491×B66＋$
$0.26×B67＋0.647×B68＋0.168×C11＋0.449×C12$

$$(5.10)$$

$F3＝0.262×A11＋0.054×A12＋0.906×A21＋0.658$
$×A22＋0.286×A23＋0.203×A31＋0.871×A32＋0.243×$
$A33＋0.601×B11－0.101×B12＋0.153×B21＋0.785×$
$B22＋0.342×B23＋0.293×B24－0.203×B31＋0.157×B32$
$＋0.006×B33＋0.128×B35＋0.063×B41－0.137×B42＋$
$0.6×B43＋0.613×B51＋0.407×B52＋0.282×B61＋0.181$
$×B63＋0.425×B64＋0.624×B65＋0.59×B66＋0.49×B67$
$＋0.381×B68＋0.258×C11＋0.274×C12$ $\qquad(5.11)$

$F4＝0.805×A11＋0.84×A12＋0.025×A21－0.153×$
$A22＋0.052×A23＋0.135×A31＋0.148×A32＋0.284×$
$A33＋0.2×B11＋0.033×B12＋0.23×B21＋0.452×B22＋$
$0.293×B23＋0.264×B24＋0.248×B31＋0.265×B32－$
$0.078×B33＋0.288×B35－0.049×B41－0.094×B42＋$
$0.336×B43＋0.126×B51＋0.106×B52＋0.124×B61＋$
$0.029×B63＋0.064×B64＋0.1×B65＋0.138×B66＋0.33$
$×B67＋0.164×B68＋0.142×C11＋0.625×C12$ $\qquad(5.12)$

$F5＝－0.039×A11＋0.056×A12－0.084×A21＋$
$0.214×A22－0.267×A23＋0.758×A31＋0.171×A32－$

$0.034 \times A33 - 0.019 \times B11 + 0.053 \times B12 - 0.14 \times B21 + 0.211 \times B22 - 0.031 \times B23 + 0.127 \times B24 - 0.234 \times B31 - 0.097 \times B32 - 0.236 \times B33 - 0.034 \times B35 + 0.403 \times B41 + 0.29 \times B42 - 0.024 \times B43 + 0.018 \times B51 - 0.112 \times B52 - 0.069 \times B61 + 0.244 \times B63 - 0.068 \times B64 + 0.109 \times B65 - 0.128 \times B66 - 0.034 \times B67 + 0.007 \times B68 - 0.116 \times C11 + 0.222 \times C12$ 　　　　　　　　　　　　　　　　(5.13)

$F6 = -0.088 \times A11 + 0.215 \times A12 + 0.104 \times A21 - 0.001 \times A22 + 0.188 \times A23 + 0.309 \times A31 - 0.151 \times A32 + 0.069 \times A33 + 0.132 \times B11 - 0.083 \times B12 + 0.169 \times B21 - 0.109 \times B22 + 0.172 \times B23 + 0.022 \times B24 + 0.305 \times B31 - 0.081 \times B32 - 0.802 \times B33 + 0.125 \times B35 - 0.079 \times B41 - 0.063 \times B42 + 0.268 \times B43 + 0.114 \times B51 + 0.173 \times B52 + 0.148 \times B61 - 0.203 \times B63 + 0.104 \times B64 - 0.037 \times B65 + 0.128 \times B66 - 0.091 \times B67 + 0.106 \times B68 + 0.158 \times C11 - 0.011 \times C12$ 　　　　　　　　　　　(5.14)

$F = 0.297F1 + 0.285F2 + 0.216F3 + 0.104F4 + 0.049F5 + 0.048F6$ 　　　　　　　　　　　　　　　(5.15)

二、结论

　　根据主成分系数矩阵和上述解释可以计算分项得分和综合得分，代入各城市数据的标准化值，结果见表 5.5：

表 5.5　各主成分指标排名前 20 的城市得分及综合得分

F1		F2		F3		F4		F5		F6		F	
上海	43.2794	上海	35.2382	上海	31.60378	上海	23.45443	广州	4.154516	上海	7.672506	上海	32.4451
北京	41.41197	深圳	32.68408	北京	23.37182	宁波	11.72428	昆明	3.341611	北京	6.310506	北京	26.1435
广州	27.28087	北京	26.05238	广州	21.77075	广州	8.692143	武汉	3.090357	天津	3.537053	广州	19.89031
深圳	14.13342	广州	19.578	重庆	19.81516	深圳	7.326359	天津	2.970433	苏州	2.575879	深圳	16.38644
重庆	10.19342	苏州	16.1856	天津	10.23046	天津	5.794688	呼和浩特	1.948716	宁波	2.10236	重庆	9.778454
天津	8.135685	天津	9.343025	深圳	8.922394	重庆	5.674031	郑州	1.55863	日照	2.065638	天津	8.36611
成都	6.3027	东莞	7.581793	成都	7.550648	苏州	4.282904	青岛	1.382131	广州	1.724582	苏州	7.169418
杭州	5.382911	宁波	7.470488	武汉	5.771963	大连	3.238963	唐山	1.377133	深圳	1.488342	成都	4.129214
宁波	4.314805	重庆	6.368923	杭州	4.412338	南京	1.994343	太原	1.100993	青岛	1.12913	杭州	4.064436
南京	4.220586	杭州	4.99578	南京	3.968495	青岛	1.888119	日照	1.081266	大连	1.068975	宁波	3.288647
武汉	3.453291	南京	3.155332	苏州	3.908787	武汉	1.153857	乌鲁木齐	0.967174	武汉	1.059064	南京	2.960855
西安	2.099836	无锡	2.169415	长沙	2.648072	杭州	1.153635	宁波	0.965282	杭州	0.805784	武汉	2.701027
宁波	0.699734	厦门	2.061765	大连	2.272774	舟山	0.841782	重庆	0.877359	成都	0.714182	青岛	1.067332
青岛	0.283153	成都	1.920764	青岛	1.511254	厦门	0.651783	大连	0.867839	东莞	0.636638	大连	1.026172
沈阳	-0.025971	青岛	1.04336	宁波	1.44141	福州	-1.064464	南宁	0.861658	重庆	0.472959	西安	0.922828
大连	-0.36825	大连	0.937031	郑州	1.068301	烟台	-1.327243	营口	0.627485	厦门	0.387184	东莞	0.498259
济南	-1.264464	武汉	0.373307	沈阳	0.611351	成都	0.440449	石家庄	0.623798	哈尔滨	0.231857	无锡	-0.686687
哈尔滨	-1.566757	佛山	-0.366979	西安	-0.047913	北京	0.241141	哈尔滨	0.369247	无锡	0.231191	厦门	-0.782395
厦门	-1.626462	西安	-1.853641	石家庄	-0.436381	佛山	-0.21047	贵阳	0.368333	南京	0.22142	沈阳	-0.832482
昆明	-1.69316	珠海	-2.145855	合肥	-0.556375	东莞	-0.271182	南京	0.334391	长春	0.157016	郑州	-1.288511

（一）对各主成分指标分项排名和综合排名的解读

在解释之前，需要说明的是：F1—F6只是说明在整个指标体系中，这些指标的因子载荷较高，权重较高，在某些方面能够影响最终的得分，能够说明在哪些方面具有优势或者不具有优势。但由于本研究样本量较小的原因，结果较为敏感，仅作下一步研究的思路启示分析。

（1）在反映城市的市场容量、第三产业水平和国际化程度的第一主成分中，结合得分排名，参考原始指标数据，在前的是上海、北京、广州、深圳等公认的国际化大都市和重庆、天津等直辖市，充分反映了城市的商贸规模、居民的消费实力和服务业的发达程度对建设区域性国际贸易中心的支撑作用；西部内陆城市成都在限额以上批发零售贸易额、金融存款余额以及国际航线数量、领事馆数量等指标方面都符合内陆开放高地的表现，显著走在整个西部地区的前列；杭州、苏州、南京等综合表现不错，但由于周边有上海和其他港口城市，因此在区域中成为节点枢纽的优势并不明显；宁波、青岛等沿海港口城市的国际化程度还较欠缺，枢纽作用相对较弱；沈阳、济南、哈尔滨第三产业较弱；大连近年来国际化程度有所下降；西安丰富的历史旅游资源使得国际化程度较为靠前，作为向西北开发的桥头堡城市和"一带一路"核心城市还有上升空间；武汉、厦门和昆明整体市场容量还不足，国际化程度尚待加强，厦门作为海上丝绸之路的门户之一，昆明作为向南开放的门户通道和西安一样有较大的上升空间。

（2）在反映城市的经济发展质量、外贸规模和质量的第二主成分中，结合得分排名，参考原始指标数据，货物进出口额较大的城市具有显著优势，北京虽然不是沿海港口城市，但北京的进口额多年来一直保持较高数额和占比，这与北京作为首都的商贸规模和消费实力是一致的；苏州在港口城市中排名最前，这与苏州在第一主成分中的整体实力和作为外商投资企业热衷地的进出口额的大小相吻合；东莞作为加工贸易发展较早的珠三角城市，拥有众多的进出口企业和加工企业，在外贸规模和质量方面表现强势；宁波作为港口城市的外贸水平也较高；杭州、南京、无锡虽然不及上海、苏州和宁波等沿海港口城市，但自身经济发展水平较高且拥有长江三角洲腹地的经济实力支撑；重庆重工业水平较高，有沿江港口优势，货物进出口额在中西部地区名列前茅；其他城市的整体经济发展水平和外贸进出口规模都有待提高。

（3）在反映城市的人口数量、公路货物运输量和货物运输总量的第三主成分中，结合得分排名，参考原始指标数据，重庆、上海、北京、成都、天津、广州等地人口基数大，劳动力基础好，有利于形成产业集聚；武汉、郑州均是南北联通的中部枢纽城市，和周边城市保持着较高的公路货物运输量；杭州、南京、苏州等地也保持着较高的货物运输总量，这与其货物进出口额的表现基本一致，但城市人口相对较少，公路路网发达但没有唯一的节点，每个城市在区域的竞争优势都不突出；长沙作为长株潭都市圈的交通节点城市，在公路运输总量方面较有优势；其他城市都具有一定的内陆运输能力，但货物运输总量与进出口额联系密切，因此排名不高。

（4）在反映城市的水路货物运输量、港口吞吐量、出口加工区、综合保税区等特殊监管区数量的第四主成分中，结合得分排名，参考原始指标数据，沿海港口城市优势非常明显，上海、宁波、广州、天津、苏州、大连、深圳、青岛、舟山、厦门、烟台等港口吞吐量较大，尤其是宁波—舟山港，已经连续 3 年（2012—2014 年）排名第一；上海、天津、广州、大连、宁波、青岛、南京等城市享有的出口加工区、保税港区、综合保税区、跨境工业区、保税物流园区数量较多，有较好的政策支持力度和环境（见附录8）。重庆、南京、武汉等城市临长江，具有较强的内河航运能力，发展潜力较大。

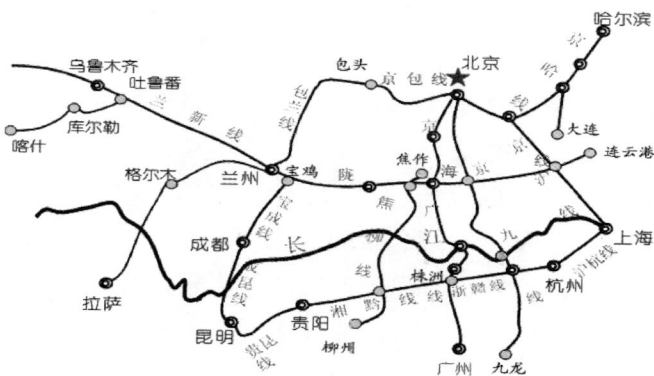

图 5.2　我国重要的铁路干线及交通枢纽

（5）在反映城市的铁路货物运输量的第五主成分中，结合得分排名，参考原始指标数据，排名靠前的城市不仅是重要的铁路枢纽，更代表了进出口货物在当地的主要运输方式（如图 5.2 所示）。广州是华南地区最大的铁路枢纽；昆明作为西南边疆最重要的铁路枢纽，其和周边地区的物资往来主要采用铁路运输；武汉是"九省通衢"之地；郑州位于交通大动脉京广铁路、陇海铁路的心脏位置；需要注意的是，西安、成都作为西北、西南最大的铁路枢纽并没有出现在前20 的排名中，说明其铁路货物运输量远远不够（或有其他替代方式）；哈尔滨、重庆、贵阳等铁路枢纽城市也有不错的铁路货物运输量；天津和青岛虽然不是铁路枢纽，但作为外贸强市，向区域内城市输送物资主要采取铁路运输。

（6）在反映城市的开放度水平的第六主成分中，结合得分排名，参考原始指标数据，反映的是对外贸易对城市生产总值的拉动和提升能力，上海、北京、天津、苏州、宁波、日照、广州、深圳、青岛、东莞等城市开放度较高，贸易业是地区经济的重要部门，为经济发展创造了较高的效益；但由于外贸依存度的计算是用进出口贸易总额计算的，结合2009—2013 年的数据，具体分为进口额和出口额，城市之间就有不同的类型，比如北京属于进口依赖十分明显的城市，这与北京商贸和消费城市的属性有关；天津和上海进口量略高于出口量；而苏州、宁波、东莞、深圳、广州、南京、青岛、烟台等城市出口量明显高于进口量，它们都是传统的外贸强市，有较为明显的产品优势和企业优势，西部的重庆、成都出口量也连续 5 年略高于进口量。它们是我国发展外贸最重要的实体支撑，有的城市货物集散能力强，市场容量不算大，但在转口贸易中发挥了重要作用。对国家的整体外贸水平而言，出口较多，意味着城市的工业制造业较为发达，能够为国家创造大量外汇收入；进口较多，代表城市具有较强的市场容量和消费实力。各城市应该根据自身的产业结构，进一步优化外贸结构。

在综合排名方面，第一主成分和第二主成分的权重相似，说明市场容量、第三产业水平、国际化程度、经济发展质量、外贸规模和质量都对区域性国际贸易中心的潜力起着重要的支撑作用,这也和先进的贸易中心城市的历史演进与经验归纳相吻合,说明结果较有合理性。所处区位、港口设施、区域交通枢纽节点、优惠政策支持、经济开放度等,都是较为重要的潜力支撑。最终得出上海、北京、广州、深圳、重庆、天津、苏州、成都、杭州、宁波、南京、武汉、青岛、大连、西安、东莞、无锡、厦门、沈阳、郑州等 20 个城市可以进入下一章的空间效应研究的分析。此外还有福州、济南、长沙、佛山、昆明等城市处于第 20～25 位,虽然不作为重点研究对象,但在区域对象的选择和最后政策措施章节还会有所提及,故不在此赘述。

(二) 对评测结果的补充解读

如本书前面的分析,在评估模型的理论构建中包含了定性指标,但本次潜力评估没有将个别定性指标纳入最后的测评,在此专门进行补充说明。

(1) 截至 2014 年年底,跨境贸易电子商务服务示范城市有上海、重庆、杭州、宁波、郑州、广州;电子商务在国际贸易中的地位和作用日益重要,已成为我国对外贸易未来的发展趋势。因此有必要制定跨境贸易电子商务管理办法及标准规范,通过先行先试,制定通关、结汇和退税政策,依托电子口岸建设机制和平台优势,实现外贸电子商务企业与口岸管理相关部门的业务协同与数据共享,优化通关监管模式,提高通关管理和服务水平,有效促进国家跨境贸易电子商务的发展。[1]

（2）中国服务贸易创新示范基地：苏州于 2012 年成为我国首个服务贸易创新示范基地，旨在加大对新兴服务贸易领域的投资，力争实现服务贸易从劳动密集型服务出口逐步向资本、技术、知识密集型服务输出。[2] 此外，2016 年 2 月，国务院决定用两年时间，在天津、上海、海南、深圳、杭州、武汉、广州、成都、苏州、威海 10 个省市和哈尔滨、江北、两江、贵安、西咸 5 个国家级新区开展服务贸易创新发展试点[3]，推进外贸转型，增强服务业竞争力。探索服务贸易管理体制、开放准入、发展模式、便利化等 8 个方面的制度建设，有序扩大服务业的开放准入。

以上政策的出台，代表着贸易领域的发展方向，国家给予相关城市政策支持和优惠，有助于在相关领域快速发展并总结管理经验，制定新标准，有助于区域性国际贸易中心城市的建设。

此外，诸如高等学校数量、专利申请数量、互联网用户数、旅游外汇收入、城市展览业发展指数、总部经济指数等指标没有显著出现在某一个主成分中，但几乎同时在几个主成分中都有比较居中的因子载荷值排序，说明这些指标不可忽视，它们代表着国际贸易未来的发展方向，就是以知识经济、信息经济、网络经济为载体的服务贸易和电子商务；在

---

①　莫岱青. 两会政府工作报告首倡"互联网＋"的意义 [J]. 计算机与网络，2015（3）.

②　袁妍. 细数园区创先争优的"第一"和"惟一"[N]. 苏州日报，2011—02.

③　李薛霏. 贵安新区被列为国家服务贸易创新发展试点 [N]. 贵州日报，2016—02—16.

以货物贸易为主的同时，向世界各国展示我们的旅游、文化资源和输出知识、技术密集型产品。各城市可结合自己的资源和特色有侧重地发展。

（三）研究的缺陷

因本研究是个人独立完成的，是对客观的多元统计分析方法的尝试，限于能力，没有采用邀请专家打分赋权重的层次分析法和德尔菲法等主观评价法。主成分分析和因子分析最理想的是样本量足够大，这样筛选的主成分指标才更有代表性并排除相关性。而本研究样本量相对较小，得分结果与实际情况可能存在误差。因此，本研究的得分虽能提供重要的启示，较为全面地展示各个城市的发展概况，辅助我们判断优劣势，并为发展的基本面提供决策参考，但本研究结果尚需跟随实践的发展以丰富完善。

本章小结

本章根据形成机制的禀赋生长力、市场驱动力和政府调控力三个维度，嵌入城市等级判定和国际贸易竞争力判定的思路，构建了我国区域性国际贸易中心综合潜力评价指标体系。选取 50 个样本城市，搜集相关指标数据，通过主成分分析和因子分析，得出各单项主成分和综合得分排名前 20 位的城市。排名较合理地显示出各城市在区域性国际贸易中心建设中呈现由高到低的状态。最后分析了城市的共性和个性，并就特殊的优势和存在的差距进行了说明。

第六章　我国潜力城市贸易集聚效应和辐射效应实证检验

　　前一章通过综合潜力指标模型的构建，对我国经济发达、贸易规模排名前列的城市及港口城市进行了评估，最终得出潜力城市。判断潜力城市能否真正成为中心城市，在于判断其能否发挥中心作用。这里的作用就是指集聚效应和辐射效应，更进一步说，判断是否是区域性国际贸易中心，就要看区域内部其他城市的贸易能否往中心集聚，中心能否为周边带来更多的贸易辐射效应，最终实现整个区域的贸易联动发展。

　　城市经济学家约翰·弗里德曼（John Friedman）根据世界各地的国际城市发展实践总结出以下规律（见表6.1）：

表 6.1　城市发展模式之外生式发展模式 VS 内生式发展模式

	外生式发展模式	内生式发展模式
作用空间	核心城市	城市—区域
时间尺度	长期负债	短期负债
影响范围	经济增长最大化	众多发展目标优化
基本驱动力量	外生力量、向内注入	内生力量、向外扩散

	外生式发展模式	内生式发展模式
作用途径	竞争的零和博弈	合作的网络组织
可持续性	弱	强

资料来源：John Friedmann. Planning Global Cities：A Model for an Endogenous Development［J］. 2002 城市规划汇刊，2004（4）.

外生式发展模式只局限于关注孤立的中心城市，内生式发展模式由中心城市向腹地延伸。前者追求城市短期利益，后者追求城市长期利益；前者以经济利益为中心，后者追求经济、社会、环境协调发展；前者受外来因素影响，外部刺激为主，后者依靠城市内部自身积累；前者与其他城市争夺资源，后者与其他城市合作共赢。因此，要实现良性的可持续发展，应该选择内生式发展模式，中心城市要实现与区域内其他城市的互利合作。

纽约、伦敦、东京的先进经验表明腹地依托是贸易中心城市崛起的重要基础之一。广阔的经济腹地能为贸易发展提供有力的支撑。集聚效应是外围地区向中心集聚的效应，判断城市对周边的吸引力，中心城市通过对腹地优势要素的集聚作用不断强化自身的区域增长极地位[1]；辐射效应判断城市对周边的影响力，中心城市通过产品交换、要素流动和产业转移等形式对腹地城市群产生辐射作用。吸引力和影响力结合，说明腹地城市对中心城市的支撑作用，从而证明城市真正成了区域中心。对那些没有集聚效应和辐射效应的潜力

---

① 姚海华. 长三角城市的贸易集聚效应与上海的贸易辐射效应研究［J］. 华东经济管理，2012（11）.

城市，说明它们只具有了极化作用，还不能成为区域中心。

第一节 城市群是区域性国际贸易中心发挥作用的理想区域

一、城市群的概念

城市群是城市化发展到高级阶段的一种新型城市地域形态。国内外学者对此进行的研究无论是理论还是实证都比较丰富。1910年，美国学者提出"大都市地区"的概念（Metropolitan District or Area），指出大都市地区是由一个大城市及与该城市有高度社会经济一体化倾向的毗邻社区组合而成的。1915年，英国城市规划学家、经济地理学者格底斯（Patrick Geddes）出版《演变的城市》一书，提出"集合城市"是由大城市及周围有附属关系的小城镇组成的聚合体。1957年，法国地理学家戈特曼研究了美国东北沿海地区长达600英里轴线上的数百座城市，把这一地区称为Megalopolis（巨大都市带，又有学者认为是"城市群"的最初定义），定义为在空间相互毗邻、社会经济一体化的多个大都市地区组成的城市密集区域，认为世界上有六个大的城市群，它们是城市化发展到高级阶段的产物，是21世纪人类社会高度文明的主要标志之一。

在世界范围内，众多学者对"城市群"的相关概念存在辨析争论。本书不特别针对城市群的概念体系进行研究，而是在前述章节的基础上，对排名靠前可能成为区域中心的这些样本城市进行实证研究，考察它们在所在城市群中发挥的贸易集聚效应和辐射效应。因此，下文将着重介绍我国的城市群建设背景和国内学者的相关研究，以解释为何把城市群作为理想的"区域"范围。

姚士谋（1992）从区域空间布局的角度分析概括了城市群的概念：依托一定的自然环境条件，以一两个超大或特大城市作为地区经济的核心，借助于现代化的交通工具和综合运输网的通达性，以及高度发达的信息网络，在特定的地域范围内具有相当数量的不同性质、类型和等级规模的城市共同构成一个相对完整的城市"集合体"。[①]

刘荣增（2003）认为城市群的组成包括节点、网络和基质。节点是指各级城市和城镇，它们是城市群的不同层级中心。城市规模、等级和职能的相互作用和差异互补形成了城市群的职能结构、空间结构和等级规模结构。节点城市的发育程度就代表整个城市群的发展水平。城市群的网络主要指交通、通信、电力、水利等诸多联系形成的错综复杂的网络。网络联系是城市群内部以及区内与区外诸要素综合作用的体现，以高速公路、高速铁路、电信、信息网等作为物质基础。[②]

方创琳等（2010）认为城市群是综合因素驱动下形成的全新的经济地域单元，依托发达的交通通信等基础设施网络、交通辐射、中心城市带动和区域政策激励形成空间相对

---

① 方创琳，宋吉涛，蔺雪芹等. 中国城市群可持续发展理论与实践［M］. 北京：科学出版社，2010：9.
② 刘荣增. 城镇密集区及其相关概念研究的回顾与再思考［J］. 人文地理，2003（3）：13—16.

紧凑、人口集中的特定区域范围，是工业化和城镇化发展到较高阶段的产物，也是都市区和都市圈发展到高级阶段的产物。形成城市群的几个充要条件主要包括：必须有一个核心城市带动，至少有三个以上的大中城市，城市之间必须有密切的经济联系和发达便捷的交通通信网络，同城化和一体化潜力巨大。[①]

综上，本书认为城市群是在城市化进程中（时间），在一定的地域范围内（空间），由物质性网络（包括发达的交通、运输、电力、通信等网络）和非物质性网络（各种市场要素的自由流动网络）组成的区域性的网络化组织，往往以一个或几个大中城市为核心（既可以是单中心型，也可以是多中心型）。中心城市是城市群经济活动的集聚中心和扩散中心。城市群是指在某个或者某几个中心城市的组织协调下，由若干个经济发展水平类似，但有不同等级规模的且在空间上呈密集分布的运作契合、分工合理的城镇区域系统。

城市群在结构状况（城市职能、产业结构、空间布局、专业化协作）、区位条件、基础设施、要素集聚方面比其他区域更突出，并能够通过中心城市形成良好的辐射、发散和互动协调。

二、"区域"的界定选择为城市群

在经济发展的城市化（城镇化）阶段，为了更好地参与经济发展，获得集聚经济与外部效益，城市群会成为大多数

---

① 方创琳，宋吉涛，蔺雪芹等. 中国城市群可持续发展理论与实践［M］. 北京：科学出版社，2010：12.

区域经济活动的空间组织形式。

Short et al.（2000）认为在经济全球化趋势下，城市群正在成为全球经济背景下最有竞争力的基本单元，是各种"流"的聚集地。[①] 陆大道（2002）认为大城市群是一个国家或者地区进入世界和世界进入该区域的门户，是国家或区域的增长极"门户城市"，是各种"流"的集聚地，连接地区和世界经济体系的节点。

城市群形成发育的动力机制十分复杂，国内学者对其机制的研究涉及区位、人才、综合交通走廊、产业、国际环境、政策制度、技术、城市体系、资金、城市化、城乡一体化、居住空间、节点的阶层结构和空间结构、中心城市影响等多个因子的集聚与扩散。区域生产力水平的不断提高和空间分布的高度集聚，是城市形成并逐步演变为大城市、城市群、城市带的内在驱动力。图 6.1 说明了城市群和整个区域板块形成和发展的动力机制。

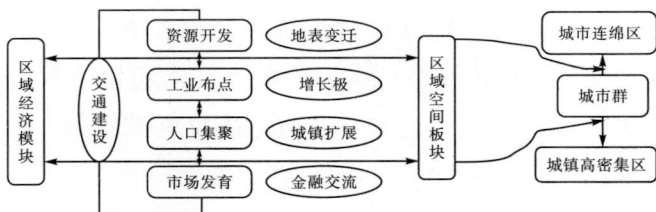

图 6.1　区域板块形成和发展的动力源示意图[②]

城市群是一个高度集聚的城市地域空间，它是巨大的人

---

① 方创琳，宋吉涛，蔺雪芹等. 中国城市群可持续发展理论与实践［M］. 北京：科学出版社，2010：223.

② 姚士谋. 区域与城市发展论［M］. 合肥：中国科学技术大学出版社，2004：20.

口、经济和基础设施网在空间上高度集中和相互叠加的反映，其中心城市与所在城市群腹地之间存在庞大、频繁又紧密的经济联系和互动。同时，城市群和中心城市之间也是相互促进的关系。前者作为巨大的人口聚落、庞大的制造业基地、商贸流通和金融服务、科技文化教育中心等，是一个国家的经济中枢，它体现区域的发展水平，其发展必然要求中心城市起引领作用。

集聚和扩散始终是"城市—都市区—都市圈—城市群（大都市圈）—大都市带（都市连绵区）"梯度演进和多层次发展演化的核心动力。在集聚和扩散的共同作用下，中心城市的规模得以扩大，与周围城镇的联系加强，中心城市向都市区过渡，宏观城市区域向都市圈和城市群过渡，在一定的时空条件下，区域中心（城市）以其集聚经济优势和比较利益，促使区域内的物质能量、人口、资金等生产要素集聚，并且通过乘数效应不断增强内聚力，而向外扩散的辐射力也随内聚力的增强而增强。[①]

城市群在形成发育的过程中其空间范围实现了四次扩展，见表6.2：

表6.2　城市群形成发育过程中空间范围的四次扩展

城市群形成发育的过程		第一次扩展	第二次扩展	第三次扩展	第四次扩展
发展阶段	城市群形成的雏形阶段（城市）	城市群形成的初级阶段（都市区）	城市群形成的中期阶段（都市圈）	城市群形成的成熟阶段（城市群）	城市群形成的高级阶段（大都市带）

---

① 方创琳，宋吉涛，蔺雪芹等. 中国城市群可持续发展理论与实践［M］. 北京：科学出版社，2010.

续表6.2

城市群形成发育的过程	第一次扩展	第二次扩展	第三次扩展	第四次扩展
影响范围	市内	市级	市际	大区及国家	国家及国际
产业联系	城市之间很低	较低	开始互补联系	互补性较强	最强
地域结构	点式扩张	点环扩张	点轴扩张	轴带辐射	串珠状网式辐射
中心功能	城市增长中心	城市增长中心	区域增长中心	国家增长中心	国际增长中心

资料来源：笔者根据《中国城市群可持续发展理论与实践》①相关内容整理。

城市群形成与发育的过程就是中心城市在城市群形成与发育过程中起作用的过程。城市功能可概括如下：集聚功能、扩散功能、创新功能、示范功能、生产物流与贸易中心、国际性人货通道与转口中心、国家软要素交流中心。前四种功能是理论概况，后三种功能是专业职能的划分，详见表6.3：

表6.3　城市群核心城市的中心性作用及其作用方式

基本功能	作用方式
集聚功能	凭借在区位条件、产业基础、交通设施、人口规模、信息交换等方面的优势，吸引区域内的各种生产要素向中心城市集中
扩散功能	通过生产要素的流动，促进中心城市产业转移与升级换代，提高周边城市承接中心城市产业和要素的转移，并促使其自我发展

①　方创琳，宋吉涛，蔺雪芹等. 中国城市群可持续发展理论与实践［M］. 北京：科学出版社，2010：15.

续表6.3

基本功能	作用方式
创新功能	各类要素的集聚本身就促使新技术、新工艺、新组织的推广并带来制度和机制的创新
示范功能	发挥辐射与扩散作用，对周边产生示范效应，协同发展；同时成为区域对外开放的形象展示窗口
生产物流与贸易中心	高端制造业的集聚地，配套产业链条，合理的分工体系，强化市场竞争力，成为生产流通和贸易中心
国际性人货通道与转口中心	具有先天区位优势和港口优势的城市，在参与国际产业分工协作的过程中，拓展人与货物的市场，成为通道和桥梁
国际软要素交流中心	现代服务业的集聚地，金融、商业、休闲娱乐、文创等产业发达，中心城市成为软实力汇聚之地

资料来源：笔者根据《中国城市群可持续发展理论与实践》[①] 相关内容整理。

因此，中心城市是兼具以上各种功能的，判断一个城市能否发展为中心，就是看以上各种功能是否齐备，发展阶段如何。也可从城市群角度看中心城市对城市群的影响，也就解释了为何把城市放在城市群里判断它在贸易方面的集聚效应和辐射效应。

三、潜力城市所在的城市群选取及介绍

城市群作为国家参与全球竞争与国际分工的全新地域单元，是世界经济中心转移的重要载体，是"一带一路"建设的主阵地。[②] 截至 2012 年，我国城市群总面积占全国的

---

① 方创琳，宋吉涛，蔺雪芹等. 中国城市群可持续发展理论与实践 [M]. 北京：科学出版社，2010：30−31.

② 方创琳. 城市群空间范围识别标准的研究进展与基本判断 [J]. 城市规划学刊，2009（7）.

20％，却集中了全国 60％的人口、80％的经济总量、70％的固定资产投资和 98％的外资。表 6.4、6.5 反映了我国重要城市群 2009 年和 2014 年的发展趋势。

表 6.4　2009 年中国各城市群的经济发展水平一览表

大城市群	GDP 占全国比重（％）	货物进出口总额占全国比重（％）
长三角城市群	17.61	34.8
珠三角城市群	9.44	26.49
京津唐城市群①	7.47	13.21
山东半岛城市群	5.52	4.9
辽中南城市群	3.86	2.57
成渝城市群	3.72	1.06
闽东南城市群②	2.73	3.46
中原城市群	2.48	0.38
哈大齐城市群	1.76	0.23
武汉城市群	1.62	0.58
长株潭城市群	1.62	0.3
关中城市群	1.34	0.36
长吉城市群	1.28	0.42

资料来源：方创琳，毛其智. 中国城市群——选择与培育的新探索 [M]. 北京：科学出版社，2015：55.

---

① 个别城市群名称在新的战略规划中有所改变，本研究采用最新的城市群名称。京津唐城市群就是京津冀城市群的主体部分。

② 个别城市群名称在新的战略规划中有所改变，本研究采用最新的城市群名称。闽东南城市群就是海峡西岸城市群的主体部分；2008 年 4 月，建设部（现已更名为住房和城乡建设部）正式批复《海峡西岸城市群协调发展规划》。

表 6.5　　　2014 年 GDP 总量排名前十的城市群

单位：万亿元

城市群	长三角	珠三角	京津冀	山东半岛	成渝	海峡西岸	中原	辽中南	武汉	关中
排名	1	2	3	4	5	6	7	8	9	10
GDP	15	6.8	6.6	5.9	4.3	4.2	3.5	2.9	2.7	1.8

资料来源：笔者根据 2014 中国城市群发展报告编制。

从两表反映的数据来看，全国城市群的经济规模和排序比较稳定。截止到 2014 年，我国规划和建设的城市群数量已有 30 余个，其中以长三角、珠三角、京津冀为首的国家级城市群和成渝、辽中南、山东半岛、海峡西岸等 7 个已具规模的城市群，逐步构建出以"两横三纵"为主轴的若干城市群，辅以其他城市组成重要的城镇化战略格局。到 2015年，我国 5 个国家级城市群正式形成，分别是长三角城市群、珠三角城市群、京津冀城市群、长江中游城市群（含武汉城市群）和成渝城市群，9 个区域性城市群（哈长城市群、山东半岛城市群、辽中南城市群、海峡西岸城市群、关中城市群、中原城市群、江淮城市群、北部湾城市群和天山北坡城市群），以及 6 个地区性城市群（呼包鄂榆城市群、晋中城市群、宁夏沿黄城市群、兰西城市群、滇中城市群和黔中城市群）。[1]

2015 年年底，中央城市工作会议提出要优化东部城市群，在中西部地区培育发展一批城市群、区域性中心城市，

---

[1]　方创琳，毛其智，倪鹏飞. 中国城市群科学选择与分级发展的争鸣及探索 [J]. 地理学报，2015（4）.

促进边疆中心城市、口岸城市联动发展，使得广大中西部地区的群众共享城镇化成果。[①]

在"一带一路"和"长江经济带"的建设部署下，由各城市群在区域及国家发展中的战略规划与定位，结合各城市群在经济增长和对外开放、国际贸易方面的数据表现，再根据上一章排名靠前的 20 个城市所在的城市群进行筛选，最终以 10 个城市群作为本章研究的区域。10 个城市群所包含的城市及详情见表 6.6、6.7：

表 6.6　中国城市群结构体系空间组织框架一览表（2012 年）

城市群名称	城市群中的城市名称	节点城市	核心城市	城镇数
京津冀城市群	北京、天津、石家庄、唐山、张家口、保定、秦皇岛、廊坊、沧州、承德	10 个	北京 天津	980+
长江三角洲城市群	上海、苏州、无锡、连云港、徐州、宿迁、淮安、盐城、扬州、滁州、合肥、马鞍山、芜湖、金华、衢州、丽水、温州、常州、南通、湖州、嘉兴、台州、舟山、南京、杭州、宁波	26 个	上海	322+
珠江三角洲城市群	广州、深圳、珠海、惠州、东莞、肇庆、佛山、中山、江门、香港、澳门	11 个	广州 深圳 香港	322+
成渝城市群	成都、绵阳、德阳、乐山、眉山、遂宁、内江、南充、资阳、自贡、广安、达州、重庆（主城九区）、万州、涪陵、合川、永川、江津、大足、垫江、璧山、铜梁	22 个	成都 重庆	1793+

---

① 宁越敏. 中国需要怎样的城市群？[J]. 新民周刊，2016（1）.

续表6.6

城市群 名称	城市群中的城市名称	节点城市	核心城市	城镇数
辽中南城 市群	沈阳、大连、鞍山、抚顺、本溪、丹东、辽阳、营口、盘锦	9个	沈阳 大连	516
山东半岛 城市群	济南、青岛、淄博、潍坊、东营、烟台、威海、日照	8个	济南 青岛	475+
武汉城市群①	黄石、鄂州、武汉、荆州、宜昌、黄冈、咸宁、恩施、孝感、仙桃、天门、潜江	12个	武汉	315+
海峡西岸 城市群	福州、厦门、泉州、莆田、漳州、三明、南平、宁德、龙岩、温州、丽水、衢州、上饶、鹰潭、抚州、赣州、汕头、潮州、揭阳、梅州	20个	厦门	931+
关中 城市群	西安、宝鸡、咸阳、渭南、铜川、商洛、杨凌农业示范区	7个	西安	378+
中原 城市群	郑州、洛阳、开封、新乡、焦作、许昌、漯河、平顶山、济源	9个	郑州	365+

资料来源：笔者根据《中国城市群可持续发展理论与实践》②相关内容整理。

---

① 2015年4月，国务院批复同意《长江中游城市群发展规划》，该规划涵盖武汉城市圈、长株潭城市群、环鄱阳湖经济圈、江淮城市群等中国中部经济发展地区，是《国家新型城镇化规划（2014—2020年）》出台后国家批复的第一个跨区域城市群规划。由于本书研究的区域范畴和考虑所能发挥的集聚效应和辐射效应，综合各城市群货物进出口和GDP数据，仍将研究设定在原武汉城市群，着重分析武汉市成为区域性国际贸易中心的潜力。对于长沙等市，结合前章的数据排名结果以及区位优势，本研究暂不考量。

② 方创琳，宋吉涛，蔺雪芹等. 中国城市群可持续发展理论与实践［M］. 北京：科学出版社，2010：41.

表 6.7　中国城市群在全国各大经济区中的核心地位与建设目标（2015 年）

城市群名称	所在经济区名称	在对外开放的定位
长江三角洲城市群	长江三角洲经济区	国家综合竞争力最强的世界级城市群
珠江三角洲城市群	珠江三角洲经济区	亚太地区最具竞争活力的世界级城市群
京津冀城市群	环渤海经济区	以首都北京为核心的世界级超大城市群
成渝城市群	长江上游经济区	国家城乡统筹综合配套改革试验区
武汉城市群	长江中游经济区	"两型"社会建设引领区、中西部新型城镇化先行区、内陆开放合作示范区
山东半岛城市群	环渤海经济区	国家及黄河流域快速成长的半岛城市群
辽中南城市群	东北经济区	国家振兴东北老工业基地的核心城市群
海峡西岸城市群	珠江三角洲经济区	国家服务祖国统一大业的海岸型城市群
关中城市群	黄河中游经济区	中国新亚欧大陆桥中段重要的节点城市群
中原城市群	黄河中游经济区	中国中部崛起的战略城市群

资料来源：笔者根据《中国城市群可持续发展理论与实践》①相关内容与国家最新战略规划内容综合整理。

---

① 方创琳，宋吉涛，蔺雪芹等. 中国城市群可持续发展理论与实践［M］. 北京：科学出版社，2010：46.

第二节　贸易集聚效应和辐射效应的
研究原理与方法

　　传统的计量方法主要是线性的变量之间相互关系的测量方法，适合于企业或产业部门时间序列层面的经验研究，没有考虑区域（或截面单元）之间的空间关联，局限性较明显。空间计量经济学是计量经济学的一个分支，研究在横截面数据和面板数据的回归模型中如何处理空间自相关和空间结构（非均匀性）。[①]

　　集聚效应与辐射效应作为一种非均衡的空间经济现象，近年来在经济学与地理学领域受到广泛关注。经济行为的空间集聚有利于经济增长，而经济增长可强化非均衡空间分布的极化过程，并使得增长极对非增长极区域产生辐射效应。经济行为的集聚与辐射成为当前空间经济研究的主要内容。[②]集聚效应是指各种产业和经济活动在空间上集中产生的经济效果以及吸引经济活动向一定地区靠近的向心力，是导致城市形成和不断扩大的基本因素。贸易集聚效应即为各地区之间的贸易量在空间上的经济效果，以中心地区开始集聚，即贸易量高的地方集聚在一起。贸易的辐射效应是经济辐射效应的一种以贸易表达出来的形式，一个地区贸易的发

---

　　① 空间计量文档准备 [EB/OL]. http://wenku.baidu.com/view/b072c66eaf1ffc4ffe47ac55.

　　② 姚海华. 长三角城市的贸易集聚效应与上海的贸易辐射效应研究 [J]. 华东经济管理，2012（11）.

展会带动周围地区贸易量的增加。①

探讨区域的空间集聚效应与辐射效应，其实质就是考察空间地理单元的某种经济属性值与邻近空间地理单元上的同类经济属性值是否相关②，即地区与地区之间是否具有空间自相关性。最常见的两种指标分别是全局莫兰指数和局部莫兰指数。前者用来探测整个研究区域的空间模式，使用单一值反映整个区域空间的自相关程度，后者则用来计算研究区域中每一个空间地理单元与其邻近的空间地理单元之间在某一个研究对象上的空间自相关程度。

一、集聚效应指标及计算方法

集聚效应指标采用全局莫兰指数进行描述。

1. 计算公式

莫兰在 1950 年提出了全局莫兰指数（Moran's I），这是探索性空间分析（ESDA）的指标。其最早应用于检验空间关联性问题（集聚问题），反映的是空间邻接（共享边界）或空间邻近（共享边界同样的顶点）的区域单元变量属性值的相似程度，测量在空间上邻近的区域单元是否具有相同属性，分析区域单元的集聚效应。③

从研究对外贸易空间相关性的角度来说，全局莫兰指数就是用于测量区域内各城市的对外贸易额这一变量值在空间或地理上的集聚是否存在相关性，是正相关还是负相关，即

---

① 杞如福. 对外贸易空间集聚的理论研究［J］. 延安技术学院学报，2014（8）.

② 魏浩. 中国 30 个省市对外贸易集聚效应和辐射效应研究［J］. 世界经济，2010（4）.

③ 张学良. 探索性空间数据分析模型研究［J］. 当代经济管理，2007（4）.

对外贸易发达的地区在空间上是否集聚，对外贸易落后的地区在空间上是否集聚。

全局莫兰指数计算公式如下：

$$I = \frac{n \sum\limits_{i=1}^{n} \sum\limits_{j=1}^{n} w_{ij}(x_i - \overline{x})}{\sum\limits_{i=1}^{n} \sum\limits_{j=1}^{n}} w_{ij} \sum\limits_{i=1}^{n} (x_i - \overline{x})^2$$

$$= \frac{\sum\limits_{i=1}^{n} \sum\limits_{j=1}^{n} w_{ij}(x_i - \overline{x})(x_j - \overline{x})}{S^2 \sum\limits_{i=1}^{n} \sum\limits_{j=1}^{n} w_{ij}} \tag{6.1}$$

其中，字母 I 代表莫兰指数，n 是研究区域内地域单元总数，x_i 和 x_j 表示区域 i 的属性观测值，在本书中是地域单元 i 的对外进出口贸易总额，S^2 是区域间经济变量的方差。

$$S^2 = \frac{1}{n} \sum\limits_{i=1}^{n} (x_i - \overline{x})^2 \quad \overline{x} = \frac{1}{n} \sum\limits_{i=1}^{n} x_i \tag{6.2}$$

2. 假设检验

显著性检验：显著性水平可以由标准化 Z 值的 P 值检验来确定：将显著性水平 α（一般取 0.05）与计算得出 Z 值的 P 值进行比较，决定拒绝还是接收零假设。[①] 如果 P 值小于给定的显著性水平，则拒绝零假设；否则接收零假设。

具体来说，对于全局莫兰指数，可以用标准化统计量 Z（I）来检验空间自相关的显著性水平。

$$Z = \frac{Moran's I - E(I)}{\sqrt{VAR(I)}} \tag{6.3}$$

---

① 袁冬梅，魏后凯，于斌. 中国地区经济差距与产业布局的空间关联性——基于 Moran 指数的解释 [J]. 中国软科学，2012（12）.

$$E(I) = -\frac{1}{n-1} \tag{6.4}$$

$$S^2 d = VAR(I) = \frac{n^2 w_1 + n w_2 + 3 w_0^2}{w_0^2(n^2-1)} - E^2(I)$$

$$\tag{6.5}$$

Z 值检验：设 x～ N （0.1,），如果 α 满足条件 P ｛ x＞ Zα ｝＝α，0＜α＜1，那么称点 Zα 为标准正态分布上的 α 分位点。基于此结论，如果莫兰指数的正态统计量的 Z 值均大于正态分布函数在 0.05 水平下的临界值 1.96，则表明区域内各个城市的进出口贸易额在空间分布上具有明显的正相关关系。[①]

在实际分析过程中，取显著性水平 α＝0.05。当 Z≥1.96 或≤－1.96 时，拒绝零假设，观测变量的空间自相关显著，即具有空间自相关性——邻近位置观测属性显著趋同（正相关）或趋异（负相关）；反之，则不拒绝零假设，观测变量在目标区域内整体上不存在显著的空间自相关，邻近位置观测属性不显著趋同或趋异。[②]

具体来说，根据 Z 值的大小可以判断：（1）当 P 值具有统计学上的显著性且 Z 值为正时，表明存在正的空间自相关，也就是说，相似的观测值趋于空间集聚，其值越大，空间相关性越明显。（2）当 P 值具有统计学上的显著性且 Z 值为负时，表明存在负的空间自相关，也就是说，相似的观测值趋于分散分布，其值越小，空间差异越大。（3）当 Z

[①] 蒋伏心，苏文锦. 长三角高技术产业同构对区域经济增长影响的研究——基于空间计量经济的实证分析 [J]. 江苏社会科学，2012（6）.

[②] 魏浩. 中国 30 个省市对外贸易集聚效应和辐射效应研究 [J]. 世界经济，2010（4）.

值为零时，观测值呈独立随机分布。

在对显著性进行检测后，就可以结合莫兰指数的值判断某区域某属性值的空间分布状态了。莫兰指数是空间自相关回归方程系数的估计值，取值范围只能在 ［－1.1］ 之间。大于 0 表示正相关，接近 1 时表明具有相似的属性集聚在一起；小于 0 表示负相关，接近－1 时表明具有相异的属性集聚在一起；接近 0 时，表示属性是随机分布的，基本不存在空间自相关性。

二、辐射效应指标及计算方法

辐射效应指标采用局部莫兰指数进行描述。

由于全局指标只是对区域整体是否呈现空间相关性作一个判定，无法知道个别区域对周边区域的空间相关性，且全局指标有时会掩盖局部状态的不稳定性，因此，我们需要采用局部指标来进一步探测空间自相关的程度[①]，才能较准确地判断哪些区域对周边区域产生了辐射效应。

安塞林（Anselin）于 1995 年提出一个空间相关性的局部指标（Local Indicators of Spatial Association，简称 LISA），用于描述整体区域中某具体单元周围显著的相似值区域单元之间的空间集聚程度。[②] 而局部莫兰指数是其中的一个重要指数，用来衡量某区域单元与周围地区的空间相关程度，并通过标准化值 Z 值的 P 值来确定相关性的显著性。

---

① 魏浩. 我国 29 个省市区利用外国直接投资的空间效应：1985—2007 年 ［J］. 国际贸易问题，2009（9）.

② 胡青峰等. 基于 GeoDa 095i 区域经济增长率的空间统计分析研究 ［J］. 测绘与空间地理信息，2007（4）.

$$I_i = \frac{(x_i - \bar{x})}{S^2} \sum_{j=1}^{n} w_{ij}(x_j - \bar{x}) \tag{6.6}$$

而局部莫兰指数检验的标准化统计量为

$$Z(I_i) = \frac{I_i - E(I_i)}{\sqrt{VAR(I_i)}} \tag{6.7}$$

显著性水平的判断同全局莫兰指数。在此基础上，局部莫兰指数取值为正值（$I_i > 0$）且越大，说明该区域和周边区域的空间正相关程度越高，是高—高型集聚（一个高值被其他高值包围）或者低—低型集聚（一个低值被其他低值所包围），最终，某地在高—高型集聚且局部莫兰指数较高的情况下，说明该地区对周边地区的辐射效应较高。局部莫兰指数取值为负值（$I_i < 0$）且越小，说明该区域和周边区域的空间负相关程度越高，是低—高型集聚（一个低值被其他高值所包围）或高—低型集聚（一个高值被其他低值所包围）。

三、集聚效应和辐射效应的图示原理和分析

在计算得出莫兰指数值的同时，为了揭示空间集聚的具体结构，可以制作莫兰散点图，横轴对应描述变量，纵轴对应空间滞后向量。具体地讲，X 和 Y 坐标分别为（Z_i，$\sum_j W_{ij}Z_j$），其中 Z_i 为各城市进出口总额的标准化值，W_{ij} 是空间权值矩阵，而 $\sum_j W_{ij}Z_j$ 为相邻区域进出口额的空间加权平均值，又称为空间滞后变量。W_{ij} 是空间权值矩阵的元素值（空间权值矩阵是一种与被解释变量的空间自回归过程相联系的矩阵，我们用以下二元对称空间权值矩阵 W 表示，而 W_{ij} 为区域 i 和 j 的空间邻近关系：

$$W = \begin{bmatrix} w_{11} & w_{12} & \cdots & w_{1n} \\ w_{21} & w_{22} & \cdots & w_{2n} \\ \vdots & \vdots & \vdots & \vdots \\ w_{m1} & w_{m2} & \cdots & w_{mn} \end{bmatrix}$$

横纵坐标值的四种搭配包括了空间自相关的四种集聚类型，用散点图表示，落在第一、二、三、四象限的散点分别代表不同的含义，图示如下：

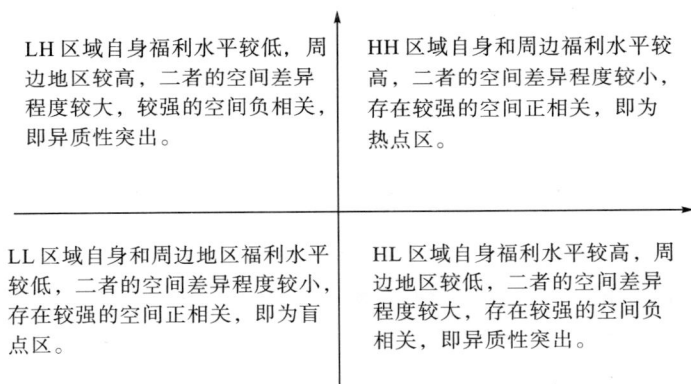

LH 区域自身福利水平较低，周边地区较高，二者的空间差异程度较大，较强的空间负相关，即异质性突出。	HH 区域自身和周边福利水平较高，二者的空间差异程度较小，存在较强的空间正相关，即为热点区。
LL 区域自身和周边地区福利水平较低，二者的空间差异程度较小，存在较强的空间正相关，即为盲点区。	HL 区域自身福利水平较高，周边地区较低，二者的空间差异程度较大，存在较强的空间负相关，即异质性突出。

图 6.2　莫兰散点图及含义

高—高型集聚（HH）：高观测值区域包围同是高观测值的区域的空间联系形式，由第一象限代表，也就是一个高水平区域与周围其他区域之间有较小的空间差异。

低—高型集聚（LH）：高观测值区域包围低观测值区域的空间联系形式，由第二象限代表，也就是一个低水平区域与周围其他区域之间有较大的空间差异。

低—低型集聚（LL）：低观测值区域包围同是低观测值区域的空间联系形式，由第三象限代表，也就是一个低水平区域与周围其他区域之间有较小的空间差异。

高—低型集聚（HL）：低观测值区域包围高观测值区域的空间联系形式，由第四象限代表，也就是一个高水平区域与周围其他区域之间有较大的空间差异。

结合莫兰散点图示和含有横纵坐标值的表格，我们就能较为清楚地判断具体区域的空间自相关属于何种类型。

将莫兰散点图与 LISA 显著性水平相结合，能够得到莫兰散点图和 LISA 显著性水平图，并分别标识出对应于莫兰散点图中不同象限的相应区域。

第三节　我国潜力城市在城市群中的贸易集聚与辐射效应研究

本书的研究利用了地理遥感系统 ArcGIS 10.0 软件生成研究所需要的 10 大城市群各城市群内所有城市 shp. 格式的底图，联结好相应的贸易数据后，载入由 Anselin 开发的空间计量 GeoDa 9.5 软件，进行全局莫兰指数和局部莫兰指数的计算，并生成莫兰散点图和 LISA 图。

一、变量的选取

在本书的研究中，因为是研究贸易的集聚效应和辐射效应，因此变量的选取应定位于描述城市贸易水平的变量上。通过前面章节对指标的分析，以及各城市在对外贸易中的实际表现，结合已有的数据和常用的统计口径综合考虑，选用进出口贸易额（在已有的统计数据中，进出口贸易额指的就是货物进出口额）这一变量来计算莫兰指数。这是基于以下原因的综合选择：

（1）国家层面有服务贸易和贸易进出口总额的统计数据，在我国具体到城市层面的统计年鉴或统计公报中，服务贸易进出口额因为统计口径较为复杂，难以汇总归类，并没有翔实的数据。

（2）从世界范围看，货物贸易依然占据进出口额的绝大部分，服务贸易虽然近年来的比重一直上升，但所占比例仍较小。2006—2012年，中国服务贸易额占贸易总额（货物和服务进出口总额之和）的比重一直在10%左右，2012年这一比重为10.54%，同期世界服务贸易占贸易总额之比在20%左右。[①] 2013年，服务贸易占贸易总额的比重，中国为11.5%，世界平均水平约为20%。因此用货物贸易描述贸易的集聚是相当具有代表性的（见表6.8、6.9）。

表6.8　2007年世界主要国家（地区）服务贸易与货物贸易占比情况

单位：十亿美元

国家/地区	对外贸易总额	服务贸易		货物贸易	
		金额	占比（%）	金额	占比（%）
美国	3970	790	19.9	3180	80.1
德国	2828	442	15.6	2386	84.4
日本	1627	293	18.0	1334	82.0
英国	1509	456	30.2	1053	69.8
法国	1415	250	17.7	1165	82.3
意大利	1222	226	18.5	996	81.5

---

① 李庭辉. 自贸区对上海国际贸易中心建设的影响研究［J］. 国际金融，2015（2）.

续表6.8

国家/地区	对外贸易总额	服务贸易		货物贸易	
		金额	占比（%）	金额	占比（%）
中国	2425	251	10.3	2174	89.7
西班牙	840	224	26.7	616	73.3
荷兰	1221	180	14.7	1041	85.3
印度	526	164	31.2	362	68.8
欧盟	13732	2849	20.7	10883	79.3
世界	34425	6316	18.3	28109	81.7

资料来源：国际贸易统计数据库（International trade statistics base），WTO，2008.

表 6.9　2012 年世界服务贸易和货物贸易占比

单位：亿美元

服务贸易						货物贸易					
进出口		出口		进口		进出口		出口		进口	
金额	占比（%）	金额	占比（%）	金额	占比（%）	金额	占比（%）	金额	占比（%）	金额	占比（%）
85022	18.7	43499	19.1	41523	18.2	370020	81.3	184010	80.9	186010	81.8

资料来源：国际贸易统计数据库（International trade statistics base），WTO，2013.

从上面两表的数据可知，因为服务贸易在全世界来看比重仍然不高，即使是新加坡、香港等贸易发达地区，其贸易从业人数高，服务业发达，但如前文所论述，服务贸易占比依然不高。

（3）在后文对典型城市进行分析时，会用服务贸易相关领域数据来描述城市发展的特征，从而从定量和定性的角度全面考量。

（4）在选取数据时间段时，为了剔除时间变量的影响，建立在长期变化的基础上探索其空间关系，本研究选取2009年到2013年的进出口量数据进行算术平均，作为基本变量代入软件计算。

二、空间权值矩阵的设定

在进行空间探索性分析之前，首先要做的是量化样本数据的区位因素，一般用空间权值矩阵（Weights Matrix）来表达空间相互作用。

确定空间权值矩阵 W 的方法有多种，根据空间统计原理，一般可将现实的地理空间关联或者经济社会联系考虑到模型中来，以达到正确设定权值矩阵的目的。[①]

1. 基于地理联系的空间权值矩阵

其中，衡量地理联系的方法有两种：相邻指标和距离指标。

其中，根据相邻标准：

$$w_{ij} = \begin{cases} 1 & \text{当前区域 } i \text{ 和区域 } j \text{ 相邻} \\ 0 & \text{当前区域 } i \text{ 和区域 } j \text{ 不相邻} \end{cases}$$

$$i = 1.2.3\cdots n \quad j = 1.2.3\cdots n$$

根据距离标准：

$$w_{ij}(d) = \begin{cases} 1 & \text{当前区域 } i \text{ 和区域 } j \text{ 在距离之内（即区域 } i \text{ 和区域 } j \text{ 相邻）} \\ 0 & \text{当前区域 } i \text{ 和区域 } j \text{ 在距离之外（即区域 } i \text{ 和区域 } j \text{ 不相邻）} \end{cases}$$

---

① 空间计量经济学分析课件［EB/OL］. http://wenku. baidu. com,20120－08－03.

在这种情况下，不同的权值指标随距离 d_{ij} 的定义而变化，其取值取决于选定的函数形式（如距离的倒数或倒数的平方，以及欧氏距离等），还需要定义一个门槛距离。[①]

2. 基于经济和社会因素的空间权值矩阵

此外，随着研究技术和手段的深入，还可以用更加复杂的权值矩阵设定方法。比如考虑如下经济因素和社会因素：GDP总额、人口迁移、区域间的交通运输流、劳动力流、资本流动、通信量、贸易流动，以此来确定空间权值，计算各个地区任何两个变量之间的距离。但是，在实际应用中，社会经济距离的实际统计数据难以获得，这种方法实行起来比较困难。

比如本研究中如能取得两个城市之间贸易的流量数据是最理想的，但苦于这样的统计口径非常复杂，全国若干城市两两之间的贸易数据实难获得，因此本书最终采用各自的进出口额替代GDP规模，在传统的距离权值矩阵的基础上，代入两个城市之间的公路距离进行替换，结合进出口额生成新的综合权值矩阵，具体原理和方法如下。

3. 本研究空间权值矩阵的选用

丁伯根（Tinbergen，1962）在牛顿万有引力定律的基础上结合国际贸易学理论概念建立了贸易引力模型，模型中地理距离（Geographical Distance）被视作阻碍双边贸易流动的重要因素，距离便成为双边贸易流量研究中的基础变量，用来衡量国家间双边贸易的运输成本。

---

① 空间计量经济学分析课件［EB/OL］. http://wenku. baidu. com, 2012-08-03.

用双边引力模型研究贸易流量，采用国家与国家之间的距离，据此可以引申为城市与城市之间的距离。两国（城市）之间的距离越近，其进行贸易的运输成本就小，双方的贸易量就大。

关于地理距离的计算，本书用两个城市之间的公路（运输）距离代入。公路里程数据主要指不同等级公路的实际里程。笔者搜集到的公路里程数据来自《中国高速公路及城乡公路网地图集》（2012），由天域北斗数码测绘有限公司编制。每个省（直辖市）都有主要城市间的里程表。

$$万有引力公式 \ F = G\frac{M_1M_2}{D^2} \tag{6.8}$$

G 为万有引力常数。

将该模型应用到城市群内各城市之间存在的相互关联程度，得到：$F_{ij} = aQ_iQ_j/d_{ij}^2$。F 表示区域内城市 i 与城市 j 的吸引力，$d_{ij}$ 是两个城市之间的距离。Q_i 和 Q_j 表示两个城市的规模，本书用两个城市各自的进出口总额代入。其中 a 通常取值为 1，因此，上面的公式可以简化为：

$$F_{ij} = Q_iQ_j/d_{ij}^2 \tag{6.9}$$

参考芬格尔顿（Fingleton，2001）的研究，根据此思路，得到新的空间权值：

$$W_{jk} = Q_{jo}^2d_{jk}^{-2} \tag{6.10}$$

计算其中一个城市 i 对另一个城市 j 的权值 W_{ij} 时，将 Q_iQ_j 转换为 Q_i^2，也就是把两个城市之间的吸引力大小转换为城市 i 对城市 j 的吸引力大小，这是结合了经济因素与地理因素的新的综合空间权值。

为了增加结果的稳健性，进行 99 次蒙特卡罗模拟，最终各城市的原始数据和计算结果见附录 8。

三、集聚效应与辐射效应检验与结果

（一）长江三角洲城市群贸易集聚效应和辐射效应检验与结果

长江三角洲城市群以上海为中心，以南京和杭州为两翼，包括上海市、江苏南部、浙江北部和安徽南部，面积 35.40 万平方千米，人口 22776.79 万，是我国城市化程度最高、城镇分布最密集、经济发展水平最高的地区。长江三角洲城市群已成为国际公认的 6 大世界级城市群之一。

长江三角洲城市群全局莫兰指数的标准化统计量 Z 值为 2.6893，大于 0.05 显著性水平下的取值 1.96，且 P 值为 0.04，小于 0.05，说明通过了显著检验。拒绝零假设，观测变量的空间自相关显著，邻近位置观测属性显著趋同。莫兰指数为 0.253，说明该区域具有显著的空间正相关，整个地区对外贸易程度较高的城市集聚在一起，从而该区域呈现出较明显的集聚效应。图 6.3 为长江三角洲城市群全局莫兰散点图。

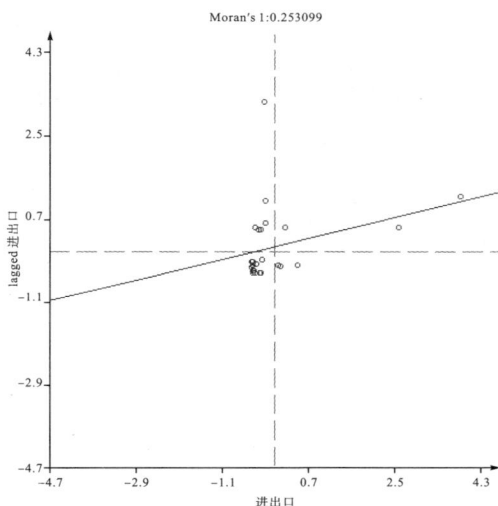

图 6.3　长江三角洲城市群全局莫兰散点图

图片来源：将贸易数据和空间权值矩阵代入 GeoDa 软件，导入城市群 shp. 文件计算得出。本章各城市群散点图和相关性分析均采用 GeoDa 软件计算，并经笔者整理制作而成。

在四种集聚类型中，各城市分别呈现如下特征（图 6.4、表 6.10）：

表 6.10　长江三角洲城市群贸易集聚类型

高—高	高—低
上海、苏州、无锡	南京、杭州、宁波
低—高	低—低
常州、南通、湖州、嘉兴、台州、舟山	连云港、徐州、宿迁、淮安、盐城、扬州、滁州、合肥、马鞍山、芜湖、金华、衢州、丽水、温州

MORAN_STD	MORAN_LAG	xiangxi	leixing	LISA_P	sign	LISA_(	LISA_I	FID	进出口	地级市	POINT_X	POINT_Y
-0.19923	0.615085	2	low-high	0.21		0	-0.12254	0	290.2763	常州市	20779.62	3521.617
-0.47537	-0.23456	3	low-low	0.36		0	0.111504	1	15.3247	滁州市	20622.75	3677.803
0.128736	-0.3327	4	high-low	0.48		0	-0.04283	2	616.8324	杭州市	20805.22	3350.258
-0.31358	-0.45792	3	low-low	0.03	s	2	0.143595	3	176.4175	合肥市	20526.1	3526.909
-0.40302	0.505361	2	low-high	0.09	s	0	-0.20367	4	87.3662	湖州市	20796.42	3420.173
-0.4482	-0.42809	3	low-low	0.09	s	0	0.191872	5	42.37574	淮安市	20687.16	3719.877
-0.20208	1.088172	2	low-high	0.13		0	-0.2199	6	287.4358	嘉兴市	20859.37	3411.276
-0.26239	-0.16982	3	low-low	0.45		0	0.044558	7	227.3891	金华市	20757.93	3223.834
-0.46837	-0.33611	3	low-low	0.28		0	0.157424	8	22.2935	丽水市	20785.34	3151.686
-0.4104	-0.46271	3	low-low	0.11	s	0	0.189896	9	80.01576	连云港市	20699.09	3832.928
-0.45408	-0.29232	3	low-low	0.3		0	0.132738	10	36.5213	马鞍山市	20640.46	3512.397
0.063973	-0.29026	4	high-low	0.23		0	-0.01857	11	552.3473	南京市	20667.01	3549.103
-0.22662	3.23456	3	low-low	0.01	s	3	-0.73348	12	263.0089	南通市	20864.25	3549.568
0.479137	-0.31009	4	high-low	0.48		0	-0.14858	13	965.7269	宁波市	20939.06	3314.029
-0.46045	-0.46837	3	low-low	0.08	s	0	0.21566	14	30.18188	衢州市	20682.01	3205.976
3.893962	1.176373	1	high-high	0.03	s	1	4.58075	15	4365.87	上海市	20925	3465.131
2.57936	0.51384	1	high-high	0.05	s	1	1.325378	16	3056.92	苏州市	20844.5	3471.358
-0.46271	-0.42191	3	low-low	0.09	s	0	0.195222	17	27.92845	宿迁市	20619.83	3759.845
-0.28365	0.479137	2	low-high	0.12		0	-0.18855	18	206.2194	台州市	20934.86	3181.134
-0.2855	-0.46837	3	low-low	0.09	s	0	0.133719	19	204.3792	温州市	20859.35	3105.913
0.220021	0.510272	1	high-high	0.13		0	0.112271	20	707.726	无锡市	20813.05	3499.459
-0.44432	-0.23456	3	low-low	0.37		0	0.10422	21	46.2439	芜湖市	20629.62	3468.966
-0.40713	-0.46271	3	low-low	0.16		0	0.188384	22	83.26824	徐州市	20517.22	3793.637
-0.43297	-0.4184	3	low-low	0.16		0	0.181155	23	57.53639	盐城市	20791.57	3699.908
-0.38859	-0.2724	3	low-low	0.38		0	0.105853	24	101.7271	扬州市	20729.28	3687.907
-0.33654	0.479137	2	low-high	0.16		1	-0.16125	25	153.5605	舟山市	20992.37	3332.832

图 6.4　GeoDa 软件计算结果

结合图 6.3 可以看到，上海、苏州处于第一象限，比同处第一象限的无锡优势更明显，而其他城市大多聚集在第二、三、四象限靠近原点的集中位置，说明整个长江三角洲地区城市的对外贸易水平均较高且差异并不十分明显。

进一步考察区域内各城市的局部莫兰指数，可以看到合肥、淮安、宿迁、南通、上海、苏州、衢州和温州等城市的局部莫兰指数通过了 0.1 显著性水平下的检验，上海、苏州、合肥、南通等通过了 0.05 显著性水平的检验。上海和苏州的局部莫兰指数分别为 4.581 和 1.325，尤其是上海，局部莫兰指数大大高于区域内其他城市，呈现明显的高—高型集聚形态的同时，和周边地区贸易水平的相似程度很高，具有明显的辐射效应。苏州和上海有类似的表现，但程度相较于上海还是有一定的差距，因此苏州可以成为上海良好的腹地依托。另外几个城市呈现明显的低—低型集聚，说明整个长江三角洲地区在贸易规模方面仍然存在两极分化，沿海和非沿海城市之间的差异性突出。

　　其他城市没有通过显著性检验，因此可以理解为这些城市所呈现的集聚形态并不显著。其中，无锡的高—高型集聚是因为毗邻上海和苏州，自身也具有一定的贸易规模，但整体实力远不如上海和苏州。而南京、杭州和宁波三个城市本身具有较高的贸易规模，但由于毗邻的周边城市如湖州、常州、嘉兴等贸易规模不高，难以享受到上海和苏州贸易辐射带来的优势。如果要使上海作为中心的集聚效应和辐射效应更加稳固，就应该继续提高周边城市的外贸水平，整体联动，建立良好的腹地依托。

　　总之，整个区域的对外贸易在规模上呈现出集聚效应，且上海作为增长极，体现出十分明显的极化效应和辐射效应，区域对外贸易整体水平较高，其他周边城市对上海具有良好的腹地依托基础，上海具有成为长江三角洲城市乃至全国对外贸易中心城市的良好基础。

　　综上，整个长江三角洲城市群各个城市对外贸易规模的集聚效应和典型城市的辐射效应如图 6.5 所示：

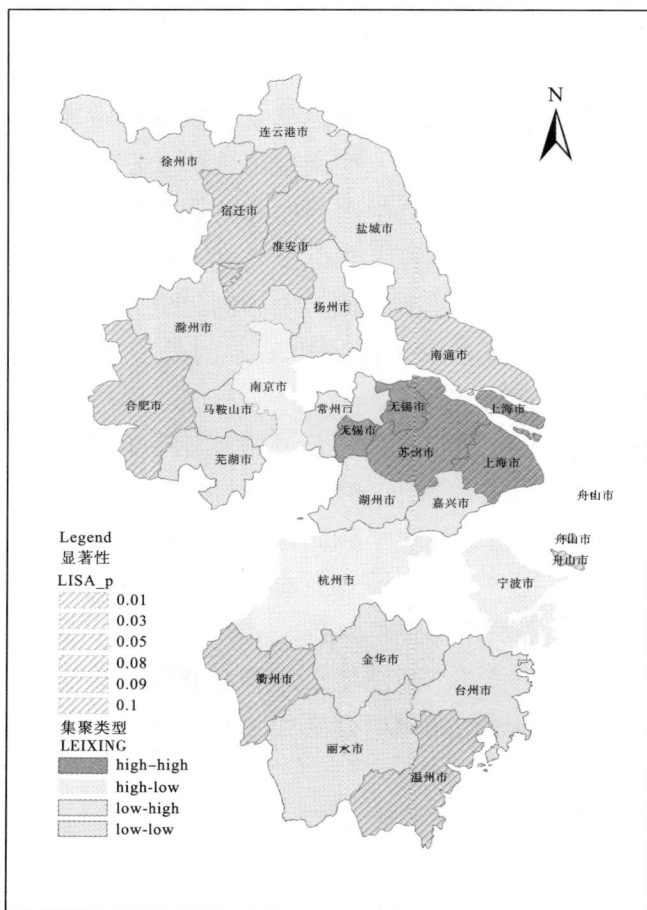

图 6.5　长江三角洲城市群对外贸易规模的集聚效应和辐射效应示意图

图片来源：根据 GeoDa 软件计算整理的结果，带入 ArcGIS 软件，输入城市群 shp. 地理文件编辑制作而成。本章后文各城市群地图均采用此法完成。

（二）珠江三角洲城市群贸易集聚效应和辐射效应检验与结果

珠江三角洲城市群有"小珠江三角洲"和"大珠江三角洲"之分，国内理论界通常研究的是小珠江三角洲区域。本书的研究对象是中国内地城市对外贸易提升和中心城市的效应分析，因此笔者将珠江三角流城市群界定为包括广州、深圳、珠海、佛山、惠州、肇庆、江门、东莞和中山 9 个城市。珠江三角洲具有长江三角洲和京津冀的共同优势，经济外向性很强。

珠江三角洲城市群全局莫兰指数的标准化统计量 Z 值在 0.05 显著性水平下，未通过显著检验。接受零假设，观测变量的空间自相关不显著，邻近位置观测属性不显著分布。

整个地区的全局莫兰指数为 -0.106，说明并没有明显的高—高型集聚出现，且该区域具有不显著的空间负相关，比较分散，随机分布，伴有一定程度的相邻异质性（如图6.6 所示）。

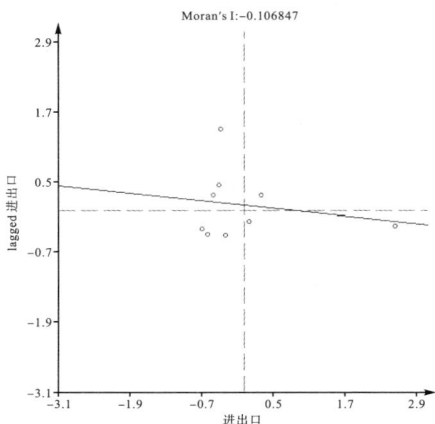

图 6.6　珠江三角洲城市群全局莫兰散点图

在四种集聚类型中,各城市分别呈现如下特征(图6.7、表6.11):

LISA_P	LISA	LISA_I_1	MORAN_LA	MORAN_ST	XIA	LEIXING	POL	ID_1	POINT_X_1	POINT_Y_1	CITY_1	amount
.13	0	-.162603	.451798	-.359903	2	LOW-HIGH	1	71	20296.19116	3366.7196	鄂州市	4.2423
.01	3	-.16881	.469933	-.359222	2	LOW-HIGH	1	121	20312.23041	3452.75677	黄冈市	4.2873
.19	0	-.043092	.389482	-.110638	2	LOW-HIGH	3	124	20314.74571	3345.27807	黄石市	20.712
.300000	0	-.146023	.394721	-.36994	2	LOW-HIGH	4	212	20105.18859	3374.004368	潜江市	3.5790
.270000	0	-.169042	.406259	-.416093	2	LOW-HIGH	5	265	20132.16085	3399.201194	天门市	.52950
.01	4	-.754187	-.283931	2.656233	4	HIGH-LOW	6	292	20238.47041	3388.190742	武汉市	203.53
.290000	0	-.138942	.391060	-.355296	2	LOW-HIGH	7	299	20158.86624	3366.722422	仙桃市	4.5467
.040000	3	-.173513	.457599	-.379181	2	LOW-HIGH	8	300	20236.3581	3311.378522	咸宁市	2.9684
.38	0	-.116643	.381236	-.305961	2	LOW-HIGH	9	305	20204.57373	3426.943751	孝感市	7.8065

图 6.7　GeoDa 软件计算结果

表 6.11　珠江三角洲城市群贸易集聚类型

高—高	高—低
东莞	广州、深圳
低—高	低—低
中山、珠海、惠州	佛山、江门、肇庆

需要说明的是,深圳的贸易量排名最靠前,但周边地区相对贸易量差距较大;东莞虽然本身贸易量排在深圳后面,但由于处在广州和深圳的中间位置,考虑到贸易对地理交通资源禀赋的要求较高,因此东莞比深圳更好地体现了高—高型集聚的特点。

结合散点图可以看出,各个城市还是比较集中地散布在原点周围,说明整个珠江三角洲城市群的贸易水平还是比较相似的,虽然没有呈现高—高型集聚的态势,但也没有出现某个城市发展水平特别落后的情况。因此,可以说贸易中心城市的发展有一定的腹地基础。

进一步考察区域内各城市的局部莫兰指数,可以看到东莞、惠州、佛山、江门等城市通过了显著性水平为 0.1 的检验,东莞的局部莫兰指数为 0.073,说明对周边城市广州、惠州及深圳起到了一定的辐射效应，这也印证了虽然东莞和广州、深圳有着相似的贸易发展水平，但从地理空间看，东莞后续发展的优势较强，因为周边被高水平地区包围，具有良好的腹地依托优势。而广州和深圳的局部莫兰指数均为并不显著的负值，体现出微弱的极化效应。从空间上看，如果要往周边辐射，就需要惠州、佛山和肇庆、中山、珠海保持甚至加快发展，形成较好的腹地依托，从而以广—莞—深形成轴线，向东西联动发展。考虑到深圳目前的贸易总水平高于东莞，且有更好的临海位置，因此深圳以北各个城市均可以为深圳提供较好的腹地依托。

综上，东莞呈现高—高型集聚的趋势比较突出，而且对周边地区开始体现出辐射效应。这与东莞优越的地理位置密切相关。但广州的港口优势和深圳的贸易规模优势更为突出，广州、东莞、深圳联动发展，更需要加强对腹地的辐射，当整个珠江三角洲地区贸易水平呈现显著的高—高型集聚基础时，珠江三角洲区域贸易中心就能够形成。

珠江三角洲城市群各个城市对外贸易规模的集聚效应和典型城市的辐射效应如图 6.8 所示：

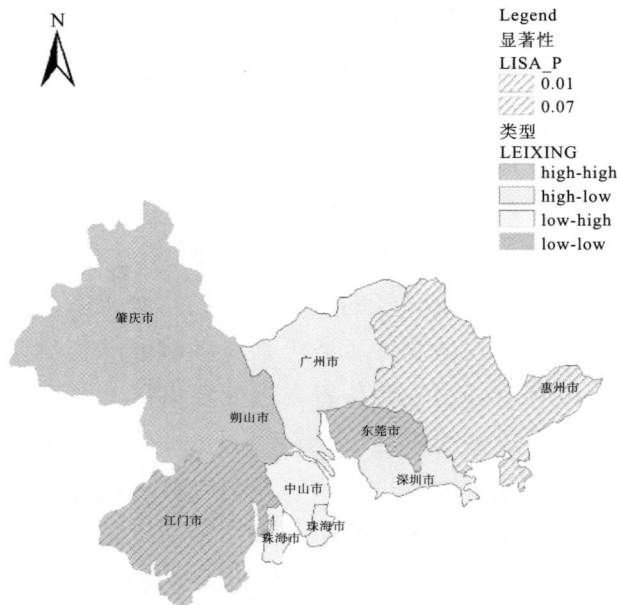

图 6.8 珠江三角洲城市群对外贸易规模的集聚效应和辐射效应示意图

（三）京津冀城市群贸易集聚效应和辐射效应检验与结果

京津冀城市群包括北京、天津以及河北省的秦皇岛、唐山、廊坊、保定、石家庄、沧州、张家口、承德，是我国政治、交通、经济、文化的核心区域，在人才和科教、政治、经济、文化等方面优势十分突出，区域面积 18.34 万平方千米，人口 8500 万。

京津冀城市群是我国经济发展程度综合实力较高的地区，在空间形态上，是我国最典型的双核型区域。

京津冀城市群全局莫兰指数的标准化统计量 Z 值在 0.05 显著性水平下取值为 1.2765，小于临界值 1.96，未通过显著检验。接受零假设，观测变量的空间自相关不显著，邻近位置观测属性不显著分布。全局莫兰指数为－0.29，说明整个区域发展呈现不显著的负相关，也就是异质性大于相似性，没有形成向特定城市集聚的效应（如图6.9所示）。

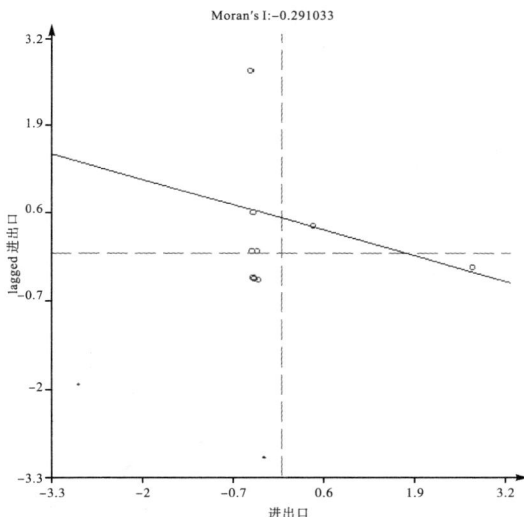

图 6.9　京津冀城市群全局莫兰散点图

在四种集聚类型中，各城市分别呈现如下特征（图6.10、表6.12）：

LISA_P	LISA_CL	LISA_I	MORAN_LAG	MORAN_STD	POLY_ID	地级市	POINT_X	POINT_Y	进出口
0.4800	0	0.1457	-0.3706	-0.3931	1	保定市	20369.917021	4303.597300	60.914050
0.4600	0	-0.5602	-0.2046	2.7387	2	北京市	20445.918211	4422.151464	4081.073540
0.3700	0	-0.0124	0.0294	-0.4224	3	沧州市	20487.868453	4241.852711	23.335130
0.0100	3	-1.2034	2.7387	-0.4394	4	承德市	20577.372404	4537.226274	1.524150
0.1600	0	-0.2392	0.5958	-0.4014	5	廊坊市	20473.466405	4376.211472	50.274240
0.3800	0	0.1458	-0.3589	-0.4062	6	秦皇岛市	20721.843813	4424.566756	44.119590
0.4100	0	0.1336	-0.3931	-0.3397	7	石家庄市	20279.488444	4215.266113	129.493140
0.3000	0	-0.0097	0.0270	-0.3589	8	唐山市	20602.324517	4388.132706	104.824650
0.2400	0	0.1790	0.3890	0.4601	9	天津市	20516.179442	4333.772727	1156.228000
0.0100	3	-1.1984	2.7387	-0.4376	10	张家口市	20321.509483	4519.587275	3.836300

图 6.10　GeoDa 软件计算结果

表 6.12　京津冀城市群贸易集聚类型

高—高	高—低
天津	北京
低—高	低—低
沧州、承德、廊坊、张家口、唐山	保定、秦皇岛、石家庄

结合散点图可以看出，天津处于第一象限，北京处于第四象限，虽然北京的进出口贸易总额高于天津，但天津地理位置的优势更加明显，在靠近出海的地方，周围城市相对贸易水平较高，因此天津可以形成高—高型集聚，而北京是高—低型集聚，其他城市贸易水平相对较低，对天津和北京的腹地支撑远远不够。

进一步考察区域内各城市的局部莫兰指数，可以看到承德和张家口的局部莫兰指数通过了显著性检验，和相邻的北京呈现低—高型集聚，北京被承德和张家口两个城市包围，局部莫兰指数为－0.56，说明对北京以北地区的发展没有形成辐射效应，反而有一定的极化效应；而天津处在北京和唐山之间，属于高—高型集聚，局部莫兰指数为 0.17，但并不显著，说明对周边地区（北京、唐山）有不太显著的辐射效应。

除了北京和天津两个城市以外，整个京津冀城市群其他城市的进出口都没有明显的集聚效应和辐射效应。同时，虽然北京和天津的进出口额在全国排名靠前，但由于整个京津冀城市群没有显著的高—高型集聚效应，故没有良好的腹地依托，即使有一定辐射效应的天津也没有体现出中心的地位和作用。

　　因此，整个京津冀城市群的发展还是要依托北京和天津共同发挥作用，形成区域的增长极，带动和辐射周边地区，北京属于中心—腹地型的消费型城市，交通辐射到全国各地，并以水、陆交通路线为脉络展开对外联系网络，因此北京的贸易总量较大，进而以北京为枢纽，以沿海、运河两条运输线路为脉络的物资转运、流通体系正式形成。① 天津凭借优越的地理区位和交通运输条件增强了作为物资运输流转中枢的城市空间地位。口岸是北京域外经济贸易活动和国内外交往的重要通道，京津的城市联动可以实现两个城市的口岸一体化。北京的对外联系依托天津空港作为备降空港，依托天津铁路枢纽和京津唐高速公路发挥全国交通转运职能，产业结构具有互补性，主导产业能够耦合，因此区域经济可以较好整合，在一定地域范围内实现社会劳动分工和协作空间一体化。这种最紧密的经济联系在空间上将成为经济一体化区域的极核和向外扩散的中心。② 双城联动模式可以打通廊坊的交通枢纽功能，增加两地之间的贸易流量，深入发展唐山、廊坊、保定的贸易水平，增强周边腹地的依托。

　　综上，整个京津冀城市群各个城市对外贸易规模的集聚效应和典型城市的辐射效应如图 6.11 所示：

---

　　① 陆军. 京津城市经济区空间双核心的形成条件 [J]. 首都经济贸易大学学报，2001（6）.

　　② 陆军. 城市外部空间运动与区域经济 [M]. 北京：中国城市出版社，2001：213.

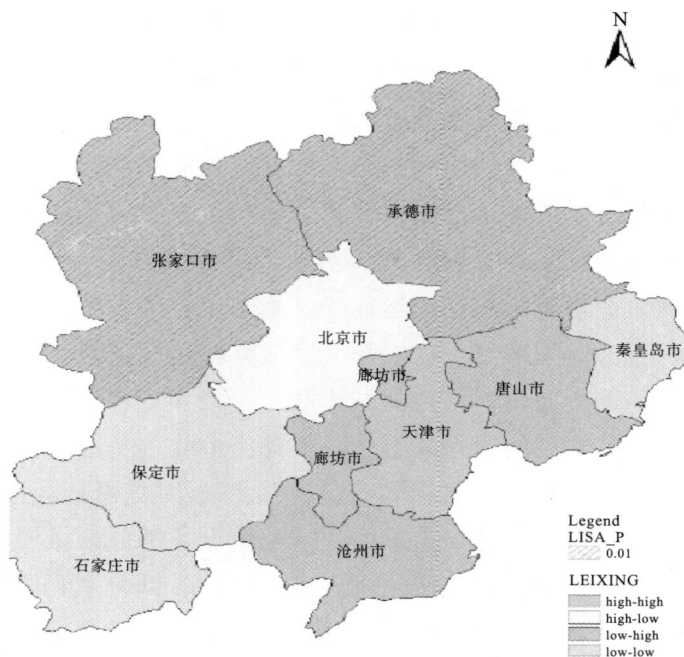

Legend
LISA_P
0.01
LEIXING
high-high
high-low
low-high
low-low

图 6.11　京津冀城市群对外贸易规模的集聚效应和辐射效应示意图

（四）辽中南城市群贸易集聚效应和辐射效应检验与结果

辽中南城市群以沈阳、大连为中心，包括鞍山、抚顺、本溪、丹东、辽阳、营口、盘锦等城市。该城市群城市高度密集，大城市所占比例最高，城市群产业体系完善，互补性较高，是全国最大的综合性重工业基地。

辽中南城市群全局莫兰指数的标准化统计量 Z 值在 0.05 显著性水平下取值为 1.19，小于 1.96，未通过显著检验。接受零假设，观测变量的空间自相关不显著，邻近位置观测属性不显著分布。全局莫兰指数为 −0.008，说明该区域具有不显著的空间负相关，整个地区对外贸易水平程度相似的城市没有出现明显的集聚效应（如图 6.12 所示）。

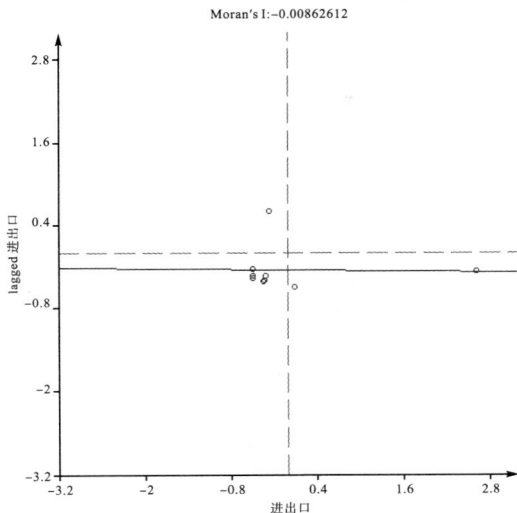

图 6.12　辽中南城市群全局莫兰散点图

在四种集聚类型中，各城市分别呈现如下特征（图 6.13、表 6.13）：

LISA_P	SIGN	LISA_LISA_I	MORAN_STD	MORAN_LAG	XIANGGLEIXING	FID	POINT_X	POINT_Y	地级市	进出口
0.19	0	0.1389012	-0.3352355	-0.4143391	3 low-low	0	21005.2	4578.677	鞍山	41.09359
0.35	0	0.1340857	-0.3466655	-0.4006557	3 low-low	1	21066.67	4594.964	本溪	41.20918
0.22	0	-0.7006316	2.6234909	-0.2670608	4 high-low	2	20898.16	4318.833	大连	641.1342
0.34	0	0.1041402	-0.311177	-0.3346655	3 low-low	3	21129.5	4470.847	丹东	45.97273
0.43	0	0.1640311	-0.4901344	-0.3346655	3 low-low	4	21063.9	4656.922	抚顺	9.67951
0.36	0	0.1195358	-0.4928847	-0.2425228	3 low-low	5	21016.92	4588.533	辽阳	9.12175
0.21	0	0.1763503	-0.4830717	-0.3650603	3 low-low	6	20925.85	4566.45	盘锦	11.11185
0.01	S	4	-0.0447238	0.0907388	-0.4928847	4 high-low	7	21033.71	4648.133	沈阳	127.4828
0.22	0	-0.1606979	-0.2670608	0.6017270	2 low-high	8	20942.06	4516.994	营口	54.91967

图 6.13　GeoDa 软件计算结果

表 6.13　辽中南城市群贸易集聚类型

高—高	高—低
无	大连、沈阳

续表6.13

低—高	低—低
营口	鞍山、本溪、丹东、抚顺、辽阳、盘锦

进一步考察城市群内各城市的局部莫兰指数，可以看到沈阳的局部莫兰指数通过了 0.01 显著性水平下的检验，和周围城市盘锦、辽阳、抚顺呈现出显著的高—低型集聚分布，局部莫兰指数为 -0.045，说明有较轻微的极化效应。大连局部莫兰指数为 -0.7，但未能通过 0.1 显著性水平下的检验，因此只能说和周围的城市营口、鞍山、丹东呈现一定的高—低型集聚分布。其他城市均没有通过显著性检验，也就没有显著的空间正相关或负相关。就本书研究的重点而言，辽中南城市群内的城市都没有出现显著的高—高型集聚。大连、沈阳两个城市的对外贸易水平虽然较高，但对周围城市没有形成正相关的辐射效应。两个城市周围也没有良好的腹地可以进行正向相关支撑。

总之，整个城市群的对外贸易在规模上没有呈现出集聚效应，区域对外贸易整体水平不高，大连和沈阳作为区域中心城市的优势都不突出，相反，都呈现出不太显著的极化效应，其他周边城市的腹地依托基础也比较薄弱，下一步的发展重点是减小周边城市和大连、沈阳的差距，整体提升该区域的对外贸易水平。

综上，辽中南城市群各个城市对外贸易规模的空间相关性如图 6.14 所示：

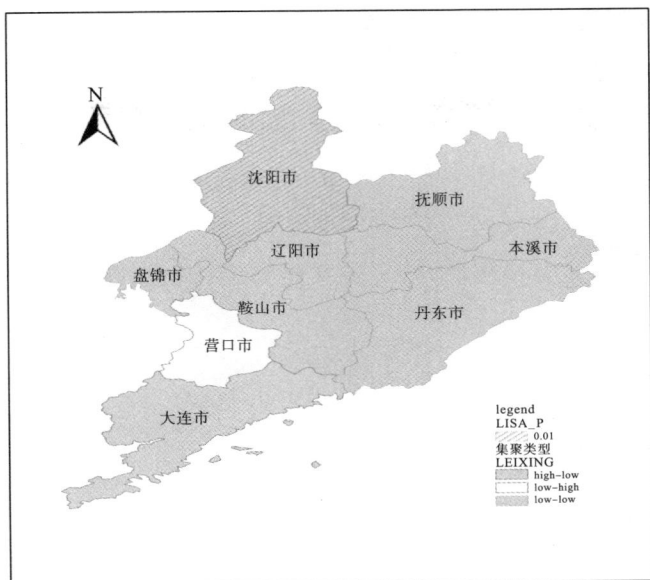

图 6.14 辽中南城市群对外贸易规模的集聚效应和辐射效应示意图

（五）山东半岛城市群贸易集聚效应和辐射效应检验与结果

山东半岛城市群地处我国环渤海区域，是北方重要的城市密集区之一，包括济南、青岛、淄博、威海、烟台、潍坊、日照和东营 8 个城市。面积 7.35 万平方千米，拥有 3100 千米的海岸线，11 个开放港口，济南、青岛、烟台三大空港共有 300 多条国内外航线，具备明显的基础设施与地理区位优势。

山东半岛城市群全局莫兰指数的标准化统计量 Z 值在 0.05 显著性水平下取值为 2.0995，大于 1.96，说明通过了显著检验。观测变量的空间自相关显著，拒绝零假设，邻近位置观测属性显著趋同。全局莫兰指数为 0.2637，说明该区域具有显著的空间正相关，整个地区对外贸易程度较高的城市集聚在一起，从而该区域呈现出较明显的集聚效应（如图 6.15 所示）。

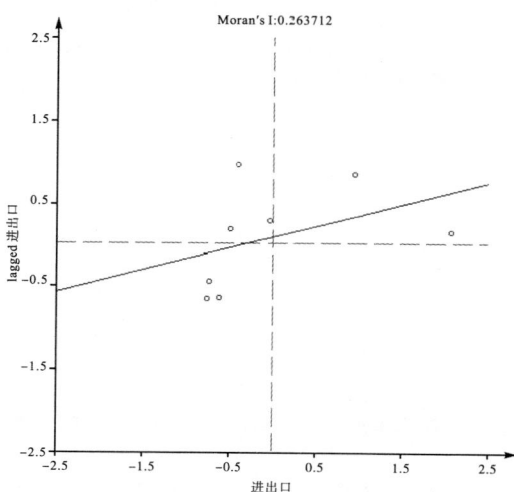

图 6.15　山东半岛城市群全局莫兰散点图

在四种集聚类型中，各城市分别呈现如下特征（图 6.16、表 6.14）：

LISA_P	LISA_CL	LISA_I	MORAN_STI	MORAN_LAG	xiangxiar	leixing	signifi	FID	ID	POINT_X	POINT_Y	地级市_	进出口
0.01	2	0.398137	-0.60755	-0.65532	3	low-low	s	0	69	20632.23	4148.639	东营	123.0087
0.01	2	0.498866	-0.7466	-0.66818	3	low-low	s	1	129	20500.07	4057.733	济南	91.266
0.12	0	0.287599	2.060377	0.139586	1	high-higl	s	2	218	20801.45	3999.501	青岛	732.0217
0.39	0	-0.01076	-0.03838	0.280342	2	low-high		3	227	20731.3	3921.242	日照	252.9334
0.23	0	-0.37544	-0.39617	0.947679	2	low-high		4	277	20951.79	4164.432	威海	171.2604
0.48	0	-0.08408	-0.49054	0.171409	2	low-high		5	278	20688.18	4065.636	潍坊	149.7185
0.19	0	0.788567	0.947679	0.832104	1	high-high		6	316	20887.1	4164.848	烟台	478.0236
0.09	0	0.343101	-0.72881	-0.47077	3	low-low	s	7	359	20594.41	4074.004	淄博	95.3277

图 6.16　GeoDa 软件计算结果

表 6.14　山东半岛城市群贸易集聚类型

高—高	高—低
青岛、烟台	淄博
低—高	低—低
日照、威海、潍坊	东营、济南

结合散点图可以看出，青岛、烟台同处第一象限，均出现高—高型集聚的情况，其中青岛的优势更为突出，其他城市在第二、三象限并不是十分聚集。但由于山东半岛城市群的整体外贸规模比较高，在样本数量较小的情况下，即使济南、淄博相对较低，整个城市群仍然呈现较为显著的集聚效应。

进一步考察区域内各城市的局部莫兰指数，可以看到东营、济南、青岛和淄博都通过了 0.1 的显著性检验，同时青岛的局部莫兰指数为 0.28，说明青岛的高—高型集聚是显著的，烟台的局部莫兰指数为 0.78，但没有通过显著性检验，说明烟台对周边城市也有不显著的辐射效应。总体来讲，这两地在贸易规模上具有相似性且对周边形成了良好的辐射效应。潍坊、日照和威海属于低—高型集聚，本身发展水平不如青岛和烟台，但也处于较有利的口岸位置，可以成为良好的外围依托。因此，青岛、烟台、日照、威海、潍坊5 个城市的良好的现有贸易规模和彼此接壤的地理位置为青岛进一步强化集聚效应和辐射效应提供了条件。而东营、济南和淄博等内陆城市呈现出显著的低—低型集聚，说明整个山东半岛城市群出现较为明显的分化。内陆非港口城市对沿海港口城市的腹地支撑力度不够。下一步的发展建议为继续巩固青岛的贸易优势，烟台和日照可以作为青岛发展成区域性贸易中心的良好的腹地依托，进而辐射威海、潍坊和其他城市，带动整个山东半岛城市群的发展。

综上，整个山东半岛城市群各个城市对外贸易规模的集聚效应和典型城市的辐射效应如图 6.17 所示：

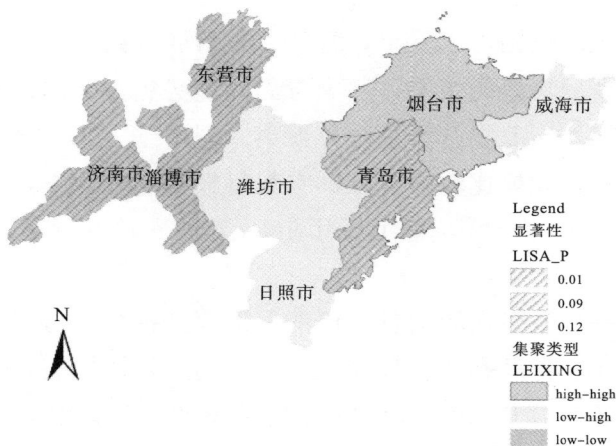

图 6.17 山东半岛城市群对外贸易规模的集聚效应和辐射效应示意图

（六）海峡西岸城市群贸易集聚效应和辐射效应检验与结果

海峡西岸城市群是海峡经济区的核心地区，以福州、厦门、泉州为中心，包括福建省的漳州、宁德、莆田、龙岩、南平、三明，江西省的上饶、抚州、鹰潭、赣州，广东省的汕头、潮州、梅州、揭阳以及浙江省的温州、衢州、丽水。① 海峡西岸城市群在推进和我国台湾地区的交流，促进

---

① http://baike.sogou.com/v90332.htm;jsessionid=FAB04853A27409CB454CC 5F03B4538B8.

祖国和平统一大业的进程中承担着重要的职能，同时可在对台交流进程中获得城市的发展和经济的提升，是我国沿海经济带的重要组成部分。

海峡西岸城市群全局莫兰指数的标准化统计量 Z 值在 0.05 显著性水平未通过检验。接受零假设，观测变量的空间自相关不显著，邻近位置观测属性不显著分布。全局莫兰指数为 0.0977，说明该区域具有不显著的空间正相关，整个地区对外贸易水平程度相似的城市只表现出很低程度的集聚，整体依然以随机独立分布为主（如图 6.18 所示）。

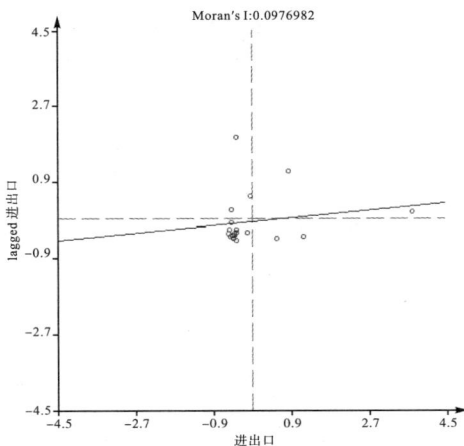

图 6.18　海峡西岸城市群全局莫兰散点图

在四种集聚类型中，各城市分别呈现如下特征（图 6.19、表 6.15）：

LISA_P	SIGN	LISA	LISA_I	MORAN_ST	MORAN_LAG	XIANG LEIXING	ID	POINT_X	POINT_Y	地级市_	进出口
0.32	0	0.096261	-0.36934	-0.26063	3 LOW-LOW		1	20462.88	2618.593	潮州市	42.3109
0.41	0	-0.49371	1.188163	-0.41552	4 HIGH-LOW		2	20731.89	2883.005	福州市	310.5087
0.39	0	0.201293	-0.55379	-0.36349	3 LOW-LOW		3	20436.13	3096.981	抚州市	10.549
0.41	0	0.174569	-0.42385	-0.41187	3 LOW-LOW		4	20292.65	2861.574	赣州市	32.9238
0.38	0	0.122375	-0.36677	-0.33365	3 LOW-LOW		5	20433.55	2604.883	揭阳市	42.75217
0.49	0	0.055146	-0.48558	-0.11357	3 LOW-LOW		6	20785.34	3151.686	丽水市	22.2935
0.24	0	0.146799	-0.41187	-0.35642	3 LOW-LOW		7	20502.88	2777.604	龙岩市	34.987
0.2	0	0.136793	-0.52776	-0.2592	3 LOW-LOW		8	20409.65	2690.614	梅州市	15.03063
0.25	0	0.212656	-0.50385	-0.42207	3 LOW-LOW		9	20616.36	2948.574	南平市	19.1484
0.28	0	-0.09108	-0.47277	0.192644	2 LOW-HIGH		10	20750.58	2952.622	宁德市	24.5004
0.01 S	3	-0.68565	-0.35828	1.913724	2 LOW-HIGH		11	20702.27	2815.711	莆田市	44.2147
0.17	0	0.207472	-0.43977	-0.47177	3 LOW-LOW		12	20682.01	3205.976	衢州市	30.1818
0.05 S	1	0.928478	0.841838	1.102917	1 HIGH-HIGH		13	20660.57	2757.043	泉州市	250.8724
0.2	0	0.196854	-0.42995	-0.45786	3 LOW-LOW		14	20560.21	2901.413	三明市	31.8738
0.37	0	0.033964	-0.10387	-0.327	3 LOW-LOW		15	20467.52	2584.941	汕头市	88.02422
0.46	0	0.183931	-0.45796	-0.40163	3 LOW-LOW		16	20594.45	3148.824	上饶市	27.0495
0.11	0	-0.27401	0.57184	-0.47917	4 HIGH-LOW		17	20859.35	3105.913	温州市	204.3792
0.11	0	0.543585	3.711172	0.146473	1 HIGH-HIGH		18	20610.06	2705.668	厦门市	744.9656
0.02 S	2	0.183633	-0.36349	-0.5052	3 LOW-LOW		19	20503.14	3125.22	鹰潭市	43.318
0.09 S	0	-0.0231	-0.04414	0.523364	2 LOW-HIGH		20	20566.12	2712.187	漳州市	98.3086

图 6.19　GeoDa 软件计算结果

表 6.15　海峡西岸城市群贸易集聚类型

高—高	高—低		
厦门、泉州	福州、温州		
低—高	低—低		
宁德、莆田、漳州	潮州、抚州、赣州、揭阳、丽水、龙岩、梅州、衢州、三明、汕头、上饶、南平、鹰潭		

进一步考察区域内各城市的局部莫兰指数，可以看出泉州、莆田、鹰潭、漳州等市通过了 0.1 显著性水平下的检验，其中泉州的局部莫兰指数为 0.928，和周围地区形成显著的高—高型集聚，有一定程度的辐射效应。漳州和莆田因为靠近厦门和泉州，所以呈现出较明显的低—高型集聚。莆田更是因为在泉州和福州的中间地带，被两个贸易额较高的城市包围，呈现出较为落后的极化效应。厦门通过了显著性水平 0.11 的检验，可以看作和周围地区呈现较明显的高—高型集聚，并且局部莫兰指数达到了 0.544，结合在该地区的贸易额首位的排名，说明有一定的辐射效应。福州和温州

两地虽然贸易额也靠前，但由于地理位置并不优良，被低值地区包裹，没有良好的腹地依托；而海峡西岸城市群的其他城市贸易水平相对偏低，整个地区的对外贸易发展因此更加需要沿海城市厦门、泉州等的带动。

总之，该城市群整体对外贸易水平不高，贸易水平排名靠前的厦门、泉州只是在沿海的局部范围内形成较显著的高—高型集聚，整个地区的贸易水平没有在较高规模上实现集聚，说明腹地依托基础不足。厦门虽有一定的辐射效应，作为沿岸城市的贸易中心有一定基础，但就其在整个城市群的作用来看，目前发挥的集聚和辐射效应并不突出。下一步的发展重点是继续夯实厦门、泉州、福州等城市的对外贸易水平，并通过辐射带动周边更多的地区提高贸易规模，让整个区域的对外贸易水平得到提升，在此基础上打造区域性的国际贸易中心。

综上，海峡西岸城市群各个城市对外贸易规模的集聚效应和典型城市的辐射效应如图 6.20 所示：

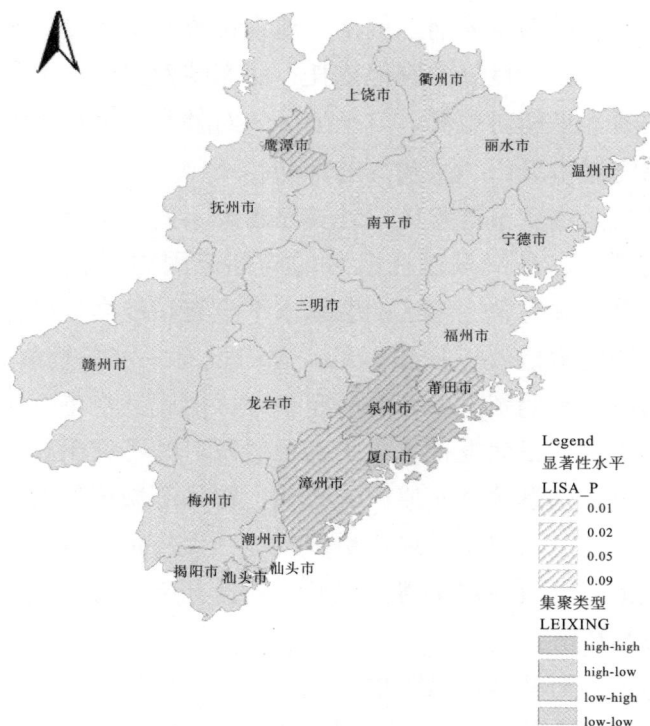

图 6.20　海峡西岸城市群对外贸易规模的集聚效应和辐射效应示意图

（七）武汉城市群贸易集聚效应和辐射效应检验与结果

武汉城市群是长江中游城市群的重要组成部分，以武汉为圆心，以黄石、鄂州、黄冈和仙桃、潜江、天门为两翼，是长江经济带三大跨区域城市群支撑之一，在我国区域发展格局中占有重要地位。

武汉城市群全局莫兰指数的标准化统计量 Z 值在 0.05 显著性水平下未通过显著性检验。接受零假设，观测变量的空间自相关不显著，邻近位置观测属性不显著分布。莫兰指数为－0.23，说明该区域具有不显著的空间负相关，整个地区对外贸易水平程度相似的城市没有出现明显集聚（如图6.21所示）。

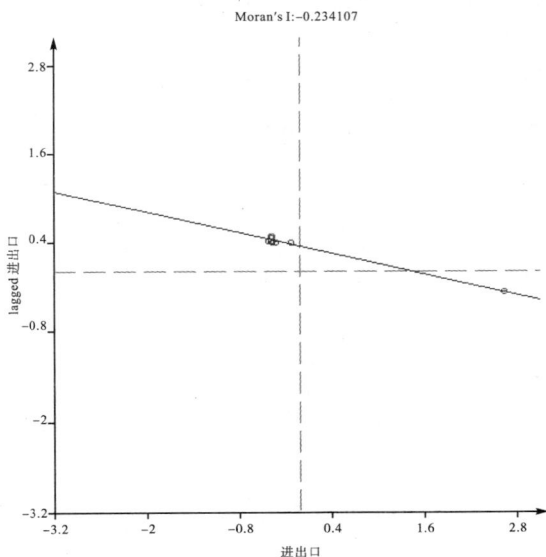

图 6.21　武汉城市群全局莫兰散点图

在四种集聚类型中，各城市分别呈现如下特征（图6.22、表6.16）：

LISA_P	LISA	LISA_I_1	MORAN_LA	MORAN_ST_	XIA	LEIXING	POL	ID_1	POINT_X_1	POINT_Y_1	CITY_1	amount
.13	0	-.162603	.451798	-.359903	2	LOW-HIGH	1	71	20296.19116	3366.7196	鄂州市	4.2423
.01	3	-.16881	.469933	-.359222	2	LOW-HIGH	2	121	20312.23041	3452.75677	黄冈市	4.2873
.19	0	-.043092	.389482	-.110638	2	LOW-HIGH	3	124	20314.74571	3345.27807	黄石市	20.712
.300000	0	-.146023	.394721	-.36994	2	LOW-HIGH	4	212	20105.18859	3374.004368	潜江市	3.5790
.270000	0	-.169042	.406259	-.416093	2	LOW-HIGH	5	265	20132.16085	3399.201194	天门市	.52950
.01	4	-.754187	-.283931	2.656233	4	HIGH-LOW	6	292	20238.47041	3388.190742	武汉市	203.53
.290000	0	-.138942	.391060	-.355296	2	LOW-HIGH	7	299	20158.86624	3366.722422	仙桃市	4.5467
.040000	3	-.173513	.457599	-.379181	2	LOW-HIGH	8	300	20236.3581	3311.378522	咸宁市	2.9684
.38	0	-.116643	.381236	-.305961	2	LOW-HIGH	9	305	20204.57373	3426.943751	孝感市	7.8065

图 6.22　GeoDa 软件计算结果

表 6.16　武汉城市群贸易集聚类型

高—高	高—低
无	武汉
低—高	低—低
鄂州、黄冈、黄石、潜江、天门、仙桃、孝感	无

　　进一步考察区域内各城市的局部莫兰指数，可以看出整个城市群的城市都没有表现出显著的属性，各城市的对外贸易规模呈分散型布局，武汉作为贸易量最大的区域经济中心城市，和周边城市的发展十分不同步，虽然体量较大也处于城市群的中心地理位置，但和其他邻近的城市呈现较为显著的高—低型集聚，局部莫兰指数在 0.01 显著性水平下为 -0.75，说明有较明显的极化效应，没有对周边形成良好的辐射，且周边地区外贸水平较低，也无法对武汉起到良好的腹地依托作用。

　　总之，整个武汉城市群没有体现出明显的集聚效应和辐射效应，武汉作为贸易规模最大的城市没有发挥出中心的作用，各长江沿岸城市的贸易规模和其在中部地区良好的地理口岸还不太对应，不过也表明有较大的发展潜力，下一步的发展重点是依托长江经济带加强相互之间的联动效应，提升整个区域的外贸水平。

　　综上，武汉城市群各个城市对外贸易规模的空间相关性如图 6.23 所示：

图 6.23 武汉城市群对外贸易规模的集聚效应和辐射效应示意图

（八）中原城市群贸易集聚效应和辐射效应检验与结果

中原城市群以郑州为中心，以洛阳为副中心，以开封为新兴副中心，包括新乡、焦作、许昌、平顶山、济源、漯河等城市，是中部崛起、辐射带动中西部地区发展的重要增长极，是承接东部地区产业转移、向西部资源输出的枢纽和核心区域之一。

中原城市群全局莫兰指数的标准化统计量 Z 值未通过0.05 显著性水平下的检验。接受零假设，观测变量的空间自相关不显著，邻近位置观测属性不显著分布。全局莫兰指数为－0.098，说明该区域具有不显著的空间负相关，整个地区对外贸易水平程度相似的城市没有表现出明显的集聚效应（如图 6.24 所示）。

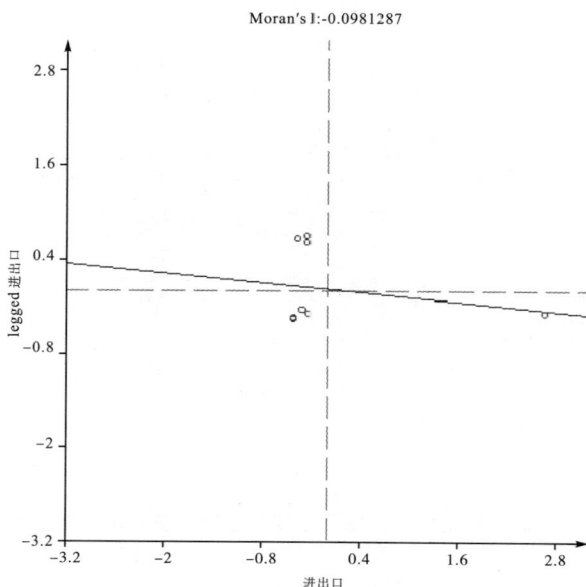

图 6.24　中原城市群全局莫兰散点图

在四种集聚类型中，各城市分别呈现如下特征（图 6.25、表 6.17）：

CITY	LISA_P	SIGELISLISA_I	MORAN_STD	MORAN_LA	CXIAN	LEIXING	POLYID		AMOUNT	POINT_X	POINT_Y
济源	0.07	S 0 0.067492	-0.2392346	-0.28212	3	LOW-LOW	1	131	23.94741	20097.01	3893.838
焦作	0.01	S 3 -0.17495	-0.2541163	0.68845	2	LOW-HIGH	2	136	22.22983	20156.07	3909.052
开封	0.41	0 0.146452	-0.4118517	-0.35553	3	LOW-LOW	3	149	4.02478	20256.76	3854.062
洛阳	0.01	S 2 0.074191	-0.3101176	-0.23923	3	LOW-LOW	4	182	15.76644	20076.56	3847.225
漯河	0.36	0 0.139383	-0.4109989	-0.33913	3	LOW-LOW	5	183	4.12321	20225.1	3720.33
平顶山	0.36	0 0.139445	-0.4114582	-0.3383	3	LOW-LOW	6	204	4.07019	20157.07	3741.863
新乡	0.01	S 3 -0.23638	-0.355593	0.664737	2	LOW-HIGH	7	307	10.51788	20215.09	3913.531
许昌	0.01	S 3 -0.16344	-0.2668076	0.612574	2	LOW-HIGH	8	313	20.76507	20206.11	3771.759
郑州	0.17	0 -0.77723	2.6601779	-0.29217	4	HIGH-LOW	9	349	358.5835	20192.37	3852.947

图 6.25　GeoDa 软件计算结果

表 6.17　中原城市群贸易集聚类型

高—高	高—低
无	郑州
低—高	低—低
焦作、新乡、许昌	济源、开封、洛阳、漯河、平顶山

进一步考察区域内各城市的局部莫兰指数，可以看出郑州作为贸易规模最大的区域中心城市，又处在整个城市群的中心区位，局部莫兰指数未通过 0.01 显著性水平下的检验，局部莫兰指数为 −0.778，和周边地区呈现出不显著的极化效应。而济源、焦作、洛阳、新乡、许昌等城市都通过了 0.01 显著性水平的检验，由于相互邻近且分别都和郑州接壤，所以呈现出低—低型集聚或低—高型集聚的态势。这也说明郑州的经济发展没有对周边城市带来良好的辐射效应。同时也可看出豫北的城市整体贸易基础相对豫南地区要好。

总之，整个区域的对外贸易在规模上没有呈现出集聚效应，区域对外贸易整体水平不高，郑州作为区域中心城市的优势不突出，相反呈现出不太显著的极化效应，其他周边城市的腹地依托基础也比较薄弱，下一步的发展重点是扩大郑州对周边城市的辐射能力，整体提升该区域对外贸易水平。

综上，中原城市群各个城市对外贸易规模的空间相关性如图 6.25 所示：

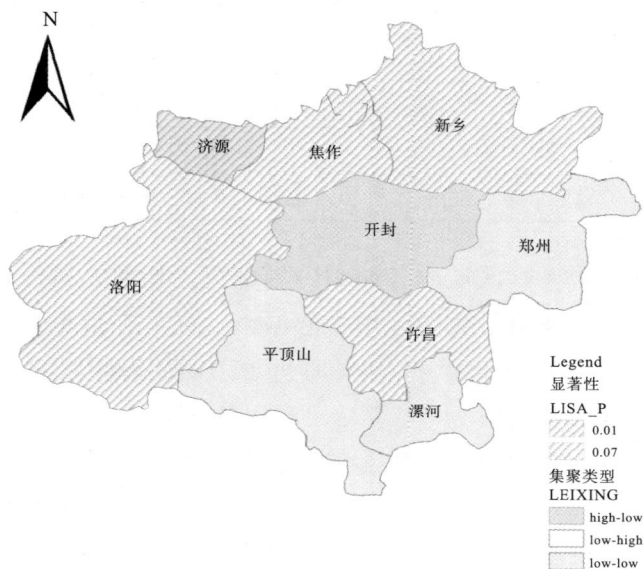

图 6.25　中原城市群对外贸易规模的集聚效应和辐射效应示意图

（九）成渝城市群贸易集聚效应和辐射效应检验与结果

成渝城市群横跨四川省和重庆市，以成渝经济区为依托，以成都和重庆两市为双核和极点，主要范围包括四川省内的成都、绵阳、德阳、眉山、乐山、遂宁、南充、广安、内江、达州、资阳、自贡以及大重庆等，是我国西部人口密度最高，城市分布最稠密的地区，是开发历史最悠久、物产最丰饶的内陆城市群，是西部大开发的前沿门户，更是横贯东西的长江经济带的重要组成部分。成都、泸州、宜宾、重庆均在黄金水道的重要沿线位置，也是丝绸之路经济带的重要组成部分。

　　成渝城市群全局莫兰指数的标准化统计量 Z 值在 0.05 显著性水平下未通过显著性检验。接受零假设，观测变量的空间自相关不显著，邻近位置观测属性不显著分布。全局莫兰指数为 -0.08，说明该区域具有不显著的空间负相关，整个地区对外贸易水平程度相似的城市没有出现集聚，没有产生集聚效应，同时区域内各城市有较小程度的相邻异质性（如图 6.26 所示）。

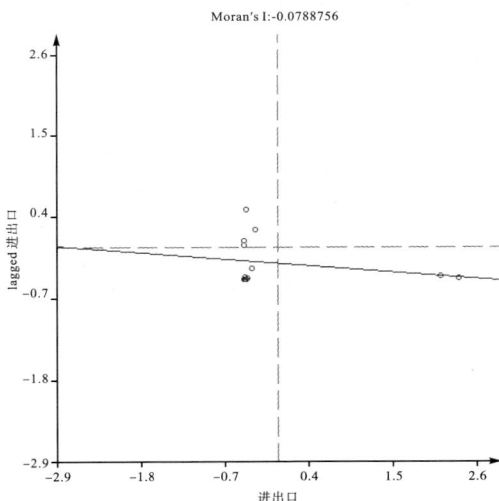

图 6.26　成渝城市群全局莫兰散点图

　　在四种集聚类型中，各城市分别呈现如下特征（图 6.27、表 6.18）：

LISA_P	LISA_CL	LISA_I	MORAN_LAG	MORAN_STD	FID_1	city	POINT_X	POINT_Y	amount
0.4800000	0	-0.8340962	-0.3919513	2.1280607	C	成都市	19256.304747	3464.530683	475.42120000000
0.3000000	0	0.1940502	-0.4341786	-0.4469364	1	达州市	19592.894923	3495.399745	1.83230000000
0.3900000	0	-0.0664840	0.2298508	-0.2892484	2	德阳市	19292.873190	3515.072057	30.83400000000
0.2500000	0	-0.2082539	0.5007126	-0.4159150	3	广安市	19501.649125	3416.743136	7.53770000000
0.3100000	0	0.1735323	-0.4279470	-0.4054995	4	乐山市	19210.295674	3347.004882	9.45330000000
0.3000000	0	-0.0386375	0.0865693	-0.4463193	5	眉山市	19226.475057	3402.435707	1.94580000000
0.1600000	0	0.0973509	-0.2892484	-0.3366651	6	绵阳市	19331.546636	3547.731183	22.13160000000
0.0700000	0	0.1900154	-0.4319966	-0.4398539	7	内江市	19338.178498	3334.039269	3.13490000000
0.1000000	0	0.1873709	-0.4315526	-0.4341786	8	南充市	19451.908703	3460.266716	4.17870000000
0.1100000	0	0.1744050	-0.4038964	-0.4318063	9	遂宁市	19399.202593	3432.228854	4.61500000000
0.4400000	0	-0.9849379	-0.4159150	2.3681229	10	重庆市	19474.395067	3321.748517	519.57300000000
0.3600000	0	-0.0081642	0.0185430	-0.4402862	11	资阳市	19305.236892	3399.021624	3.05540000000
0.0500000	2	0.1773417	-0.4329897	-0.4095747	12	自贡市	19308.428690	3313.318424	8.70380000000

图 6.27　GeoDa 软件计算结果

表 6.18　成渝城市群贸易集聚类型

高—高	高—低
无	成都、重庆
低—高	低—低
德阳、眉山、资阳、广安	乐山、绵阳、内江、南充、遂宁、自贡、达州

　　结合散点图可以看出，成都和重庆均处于第四象限，和大多数处于二、三象限的城市相比，优势比较突出。

　　该区域几乎各城市的局部莫兰指数均没有通过显著性检验，说明无论是辐射效应还是极化效应都不明显，结合成都和重庆本身的对外贸易规模，发现成都和重庆对周边虽然辐射不显著，但没有极化效应的存在，且该两个城市的空间相关性各项指标非常接近，这说明整个区域还是在一定程度上实现了以成都和重庆为中心的双核发展模式。

　　绵阳、乐山、内江、自贡、南充、遂宁、达州的局部莫兰指数为正值，虽不显著，但一定程度上说明和周边城市在进出口方面有一定的相似性。内江、南充、遂宁、自贡四个城市呈现显著的低—低型集聚，进一步说明这些城市的贸易水平在较低程度集聚，并没有受到区域内成都和重庆的拉动。

　　总之，成都和重庆要进一步发展为区域的中心城市，必须依赖于区域较高的集聚水平。目前腹地依托的基础还比较薄弱，单点作战，缺乏支撑。集聚能力和辐射水平都还需要加强，才有可能带动整个区域贸易水平的发展，逐渐增强腹地的依托能力，从而形成中心。对外的通路仅仅停留在该两市还不行，要加快打通成渝两地与整个川渝地区的交通运输系统。两地本身吸引外资能力强，但还没有很好地辐射到周边地区，要进一步打破行政壁垒，夯实交通物流优势，充分促进两地的要素流动。从图 6.28 可以明显看出，整个天府新区的设立，包括德阳、资阳等卫星城市，要迅速找准自己的特色发展对外贸易，承接成都，让整个成都及周边地区逐渐联动，通过遂宁、德阳的交通枢纽功能，让成都和重庆共同成为整个城市群的中心。

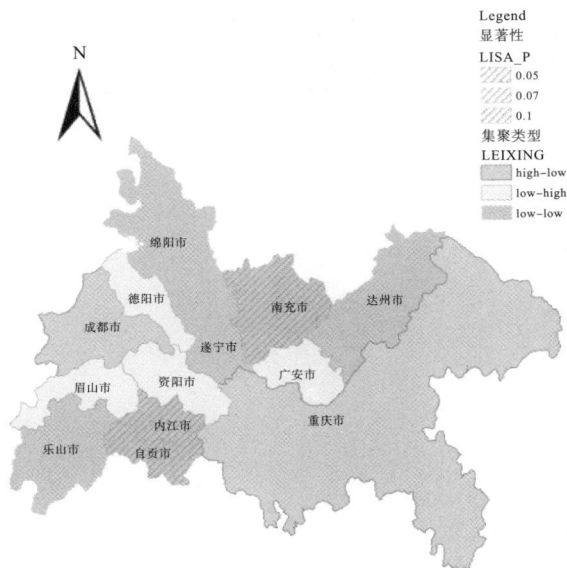

图 6.28　成渝城市群对外贸易规模的集聚效应和辐射效应示意图

（十）关中城市群贸易集聚效应和辐射效应检验与结果

关中城市群位于陕西省中部，第二亚欧大陆桥陇海—兰新线中段。关中城市群以西安为中心，以渭南、宝鸡、铜川、咸阳、杨凌为次中心，以高新技术和先进技术为主要支撑产业体系，面积 5.36 万平方千米，是西北乃至西部地区的比较优势区域。高等院校、科研院所、国有大中型企业相对密集，既是高新技术产业开发带和星火科技产业带，也是能够辐射西北经济发展的产业密集区，还是丝绸之路经济带中欧亚大陆桥的重要沿线依托地区。

关中城市群地区全局莫兰指数的标准化统计量 Z 值在 0.05 显著性水平下未通过显著性检验。接受零假设，观测变量的空间自相关不显著，邻近位置观测属性不显著分布。全局莫兰指数为 -0.2965，说明该区域具有不显著的空间负相关，整个地区对外贸易水平程度相似的城市没有出现集聚，同时区域内各城市有一定程度的相邻异质性（如图 6.29 所示）。

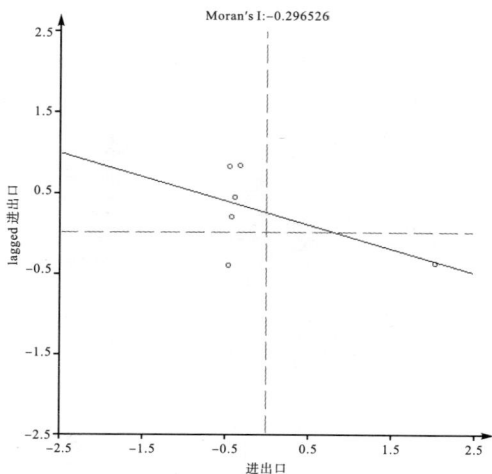

图 6.29　关中城市群全局莫兰散点图

在四种集聚类型中，各城市分别呈现如下特征（图 6.30、表 6.19）：

LISA_P	SIGLISA_C	LISA_I	FID	MORAN_STD	MORAN_LAG	XIANG)LEIXING	POLY_CITY	ID1	AMOUNT	
0.01 S	3	-0.2667545	0	-0.3220895	0.0644179	2 LOW-HIGH	1 宝鸡	22	7.4527	
0.19	0	-0.3645426	1	-0.4506155	0.0901231	2 LOW-HIGH	2 商洛	234	0.77283	
0.47	0	0.1947774	2	-0.4630965	0.0926193	2 LOW-HIGH	3 铜川	270	0.12416	
0.01 S	3	-0.0780932	3	-0.420598	0.0841196	2 LOW-HIGH	4 渭南	279	2.33293	
0.01 S	4	-0.8029322	4	2.0385743	-0.4077149	4 HIGH-LOW	5 西安	294	130.14326	
0.01 S	3	-0.1650851	5	-0.3821749	0.076435	2 LOW-HIGH	6 咸阳	301	4.32989	

图 6.30 GeoDa 软件计算结果

表 6.19 关中城市群贸易集聚类型

高—高	高—低
无	西安
低—高	低—低
宝鸡、商洛、铜川、渭南、咸阳	无

结合散点图可以看出，西安处于第四象限，和大多数处于二、三象限的城市相比，优势比较突出。

进一步考察区域内各城市的局部莫兰指数，可以看到西安的局部莫兰指数通过了 0.01 显著性水平下的检验，其值为－0.803，和周围的接壤城市宝鸡、渭南及咸阳呈现出显著的高—低型集聚分布，而铜川和商洛因为部分地域和西安不接壤，因此除了高—低型集聚外，还有不显著的低—低型集聚。就本书研究的重点而言，本城市群内各城市的贸易发展都没有出现显著的高—高型集聚。西安在该区域城市中对外贸易额最大，但周边城市贸易额都较小，由于局部莫兰值为负数，说明西安的发展已出现一定的极化效应。

总之，整个区域的对外贸易在规模上没有呈现出集聚效应，区域对外贸易整体水平不高，西安作为区域中心城市有

　　较明显的优势，但体现出的极化效应远大于辐射效应，其他
周边城市的腹地依托基础也比较薄弱，下一步的发展重点是
缩小周边城市和西安的差距，整体提升该区域的对外贸易
水平。

　　综上，关中城市群各个城市对外贸易规模的空间相关性
如图 6.31 所示：

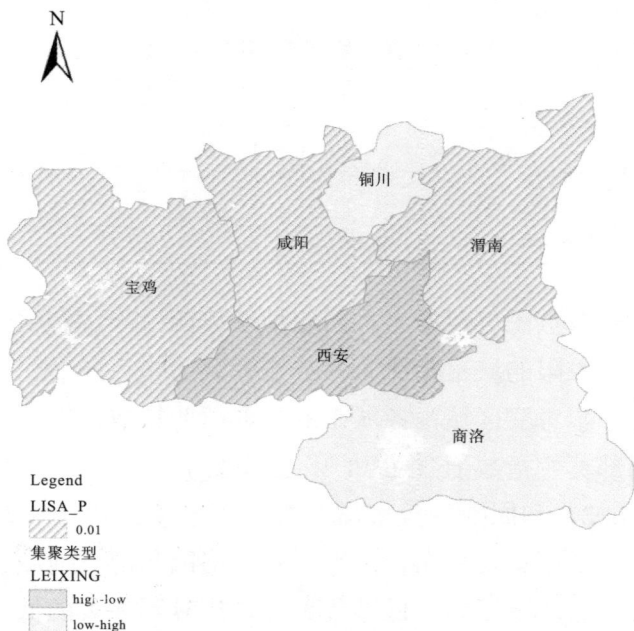

图 6.31　关中城市群对外贸易规模的集聚效应和辐射效应示意图

本章小结

　　本章采用了空间计量方法，使用全局莫兰指数和局部莫兰指数，代入近 5 年来的进出口数据，将 20 个潜力城市分别放入 10 个城市群，寻找它们在城市群这一区域中的集聚效应和辐射效应，以检验周围地区是否有良好的贸易基础，作为潜力城市是否对周边地区产生了一定的辐射效应，从而判断这些城市是否已经成为贸易中心城市。

　　从空间检验的结果看，长江三角洲地区具有明显的贸易规模集聚效应，上海对周边地区具有明显的辐射效应，已经成为有重要影响的贸易中心城市，苏州和无锡能够成为上海较好的腹地依托；南京、杭州、宁波自身水平较高但周边腹地基础较弱，辐射效应也较低，需扩大贸易影响力；东莞和广州、深圳有着相似的贸易发展水平，从腹地依托优势看，可以考虑先以东莞为中心进行集聚，东莞地处广州和深圳之间，可形成广州—东莞—深圳联动的发展格局，提高整个区域的水平，再逐渐向深圳靠拢；天津和北京的规模较大，虽然天津有一定的贸易集聚效应，但对周边地区的辐射并不明显，需要和北京互补发展，实现口岸一体化；大连、沈阳作为中心的优势都不突出，且周边基础薄弱，尚需提升整体贸易水平；青岛、烟台贸易规模相似，青岛对周边地区形成了较为明显的辐射效应，烟台和日照可以作为青岛发展成区域性中心的良好腹地依托；厦门、泉州所在区域没有实现较高程度的集聚，表明腹地基础较薄弱，厦门对周边有一定的辐射效应，区域整体贸易水平需要提高；成都、重庆无论是辐射效应还是极化效应都不明显，说明整个区域贸易水平差别不大，两个城市各项指标都很接近，可实现大成渝双核联动发展，提高整个区域的贸易水平，实现腹地依托；武汉、西安、郑州均有较为明显的极化效应，周边基础比较薄弱，欠缺腹地依托。

　　本章站在区域的角度，从宏观上对潜力城市能否成为中心城市发挥集聚效应和辐射效应进行了判断，也对各个区域的发展提出了建议，以为政府理性决策提供思考。

第七章　我国区域性国际贸易中心建设思路与政策建议

前文通过对我国各样本城市成为区域性国际贸易中心的潜力评估以及在区域内的贸易集聚效应和辐射效应进行实证分析，明确了各城市成为区域性国际贸易中心的基础和差距，为进一步发展提供了决策依据。

以国际经济政治发展大环境为背景，以国家重要对外开放和区域发展战略为机遇，以规划为蓝图，以措施为保障，结合各潜力城市的综合实力与优势，基于城市群的发展，选择适合本城市的建设路径，是区域性国际贸易中心建设的整体思路。

第一节　国家战略层面统筹布局与区域协同发展

区域性国际贸易中心是全国各地参与经济全球化分工合作、资源分享与配置的战略高地，是融入"一带一路""长江经济带"建设的节点枢纽，是自由贸易区建设的支撑平台和推广承接地，需要国家从战略层面加强顶层设计，要求各区域主动在国家战略和政策的引导下融入新一轮对外开放，加强区域合作与交流，实现协同发展。

一、与"一带一路"倡议建设紧密结合

"一带一路"包括丝绸之路经济带和海上丝绸之路两大重要战略构想，覆盖世界 40 多个国家超过 40 亿人口，海陆相望、东西相通、南北相连、经纬相织。中国各区域的发展与沿线所覆盖国家无缝对接，互利共赢，打造"利益共同体"和提升全球开放合作新境界的"命运共同体"。丝绸之路经济带重点贯通中国经中亚、俄罗斯至欧洲（波罗的海）；中国经中亚、西亚至波斯湾、地中海；中国至东南亚、南亚、印度洋。21 世纪海上丝绸之路的重点方向是从中国沿海港口过南海到印度洋，延伸至欧洲；从中国沿海港口过南海到南太平洋。[①]

"一带一路"的构想是一种区域经济合作的创新模式，在承载区域安全与繁荣的同时，让欧亚共同体和南南国家走向深度融合。区域性国际贸易中心面向的正是新的广阔的地缘政治格局。

"一带一路"规划文件重点圈定了 18 个省市，包括新疆、陕西、甘肃、宁夏、青海、内蒙古西北 6 省，黑龙江、吉林、辽宁东北 3 省，广西、云南、西藏西南 3 省，上海、福建、广东、浙江、海南 5 省市，内陆地区则是重庆。以上是核心和重点省份（含直辖市），此外还圈定了 7 个节点城

---

① 国家发展改革委、外交部、商务部. 推动共建丝绸之路经济带和 21 世纪海上丝绸之路的愿景与行动［Z］. 2015（3）.

市（未提及省份），分别是西宁、成都、武汉、长沙、郑州、合肥、南昌，而且围绕这些节点城市，规划以建设各城市群的方式推动区域互动合作和产业集聚发展。规划文件提及了包括上海、天津、广州在内的 18 个港口城市，重点提及西安要打造内陆型改革开放新高地，重庆打造西部开发开放重要支撑，成都、郑州、武汉、长沙、南昌、合肥打造内陆开放型经济高地，支持郑州、西安建设航空港、国际陆港，加强内陆口岸与沿海、沿边口岸通关合作，开展跨境贸易电子商务服务试点，深化城市、港口、口岸、产业全区的合作，形成政府主导、企业参与、民间促进的立体格局，形成区域中心城市和发展高地。

通过以上规划和特点分析，区域性国际贸易中心在"一带一路"倡议中发挥着节点城市、开放高地和改革试点的作用。区域性国际贸易中心的建设能尽快推动相关城市最大限度、以最开放的姿态融入"一带一路"建设。丝绸之路经济带国家是我国中西部内陆地区出口市场、物流通道和产业转移的对象。海运便宜，耗时较长；空运较快，但成本高，对货物种类要求高；铁运居中，兼有两者长处，优势明显。用铁路与其对接是最优选择。海上丝绸之路覆盖的地区多是世界级的资源丰富地区，拥有世界一半的人口，拥有中国、印度、南非三个金砖国家，东盟发展迅速且有良好的示范作用，有成熟的市场和潜在市场，主体区域内较少存在强权，是典型的冲突较少的软腹部，为沿海港口城市的发展提供了更大的空间。

"一带一路"也给予各城市更多的发展启示，推动我国地方政府采用新的合作思维。在和他国（企业）合作时，要和对方的发展目标对接，通过双边合作，发挥城市联盟的作用，最终形成多边和网络化的合作体制。要整体统筹思考他国利益、各区域和经济一体化组织的利益以及国内其他省份和城市的利益。各地政府和国外各地政府之间、领事馆间要加强沟通，互访学习，共同制定区域规划发展措施，为各项合作项目提供便利化服务和政策支持。

在交往应该遵循的原则上，一个城市或者地区能否在贸易上对他国企业和人民产生吸引力，从根本上取决于"和而不同"，这应该成为我们和他国人民相处的准则——对人的尊重，才会受到欢迎；对文化兼容，而不是去渗透别人的意识形态。兼容并包、尊重宽容的文化自觉，最终会带来知识、秩序和贸易、经济的增量。

在合作领域方面，设施联通不仅包括交通设施建设，还包括基础设施建设，主要是电力、通信、能源等基础设施和网络设施建设。从建设贸易中心的角度讲，还包括各丝绸之路国家的信息畅通，以跨境光缆等网络通信干线的铺设来确保商务交流和电子商务活动。

贸易畅通就要在互相信任的基础上，简化各项通关手续，减轻和消除贸易壁垒，加快边境口岸"单一窗口"建设，挖掘贸易新增长点，寻找更多的合作与投资机会，加快贸易便利化和投资便利化进程，拓展相互投资的领域，推动包括贸易、产业、投资、能源资源、金融和生态环保等新兴产业和领域的合作。这些都为区域性国际贸易中心的建设提供了方向性的引导，在带来广阔市场机遇的同时，也推动国内的企业跨出国门，寻找商机，加快贸易要素的流动。

二、与长江经济带开放开发战略紧密结合

长江经济带开放开发战略是国家层面的战略，覆盖上海、重庆两个直辖市和江苏、浙江、安徽、江西、湖北、湖南、四川、云南、贵州等9个省[①]，人口和GDP超过全国的40％。长江是货运量位居全球内河第一的黄金水道，是长江经济带发展最大的依托，沿长江建设综合立体交通走廊，有利于形成上中下游优势互补、建设陆海双向对外开放新走廊，从而缩小东中西部地区的发展差距，创新区域协调发展体制机制，培育全方位对外开放新优势，打造中国经济新的支撑带，培育国际经济合作竞争新优势。

长江经济带在交通建设方面最大的特点就是海陆统筹、双向开放。沿着这条具有全球影响力的内河经济带，利用良好的区位资源，在促进沿海沿江全面开放的同时，培育内陆开放高地，加强与"一带一路"沿线国家和地区的衔接互动，从而使长江经济带成为横贯东中西，贯穿南北的开放合作走廊，促进覆盖地区各城市群国际竞争力的提升。

长江经济带的建设措施与区域性国际贸易中心的形成要素密不可分，尤其体现在长江综合立体交通走廊的规划建设方面，为建设区域性国际贸易中心奠定了良好的交通运输优势；而区域性国际贸易中心的贸易规模和能级，进一步考验和提升着长江经济带的综合运输能力。

长江经济带的建设措施有：提升长江黄金水道功能，加

---

① 长江经济带规划上报国务院，成渝城市群将是"三巨头"之一［EB/OL］. http://blog.sina.com/.

快整治重大航道，推进内河船型标准化以增强干线航运能力；提高支流航道等级，促进与干线的有机衔接；加快高等级航道建设和航运资源开发以改善支流通航条件；优化港口布局，推进发展现代航运服务业和航运中心建设，提升沿海城市的沿江港口功能和加强内陆沿江城市港口建设；加快铁路、高等级公路与重要港区连接线建设，加快解决"最后一公里"的集疏运服务能力；完善长江航运智能信息平台，实现运输信息系统互联互通。

长江经济带综合交通规划发展目标包括：建设综合立体交通走廊，建成快速大能力铁路通道带动高铁建设，建设高等级、广覆盖公路网，能够联通重点区域和中心城市、主要港口和重要边境口岸的高速公路网；推进航空网络建设，加快国际航空枢纽、区域航空枢纽、干线机场和支线机场的建设；鼓励发展空铁、铁水、公水等多式联运，提高集装箱和大宗散货铁水联运比重，形成海陆空一体化格局和若干区域性物流中心（见表 7.1）。[①]

表 7.1　长江经济带综合交通网发展目标

指标	单位	2013 年	2020 年
一、内河航道里程	万千米	8.9	8.9
高等级航道里程	万千米	0.67	1.2
二、铁路营业里程	万千米	2.96	4
高速铁路里程	万千米	0.4	0.9
复线率	%	49.8	60.7

---

① 肖伟光. 依托黄金水道推动长江经济带发展 ［N］. 人民日报，2014（9）.

续表7.1

指标	单位	2013 年	2020 年
电化率	％	69.7	88.5
三、公路通车里程	万千米	188.8	200
国家高速公路里程	万千米	3.2	4.2
乡镇通沥青（水泥）路率	％	97.9	100
建制村通沥青（水泥）路率	％	84.7	100
四、输油（气）管道里程	万千米	4.4	7.0
五、城市轨道交通营业里程	千米	1089	3600
六、民用运输机场数	个	74	100
七、长江干线过江桥梁（含隧道）数	座	89	180

资料来源：国务院《长江经济带综合立体交通走廊规划》（2014—2020）。

　　长江经济带的发展规划多次提及上海的国际性航运、物流中心建设和国际航空枢纽定位、重庆在上游的航运中心建设，武汉在中游的航运中心建设，南京的区域性航运物流中心建设，成都、重庆、南京、上海、武汉等 14 市全国性综合交通枢纽建设等，为以上城市建设区域性国际贸易中心创造良好的交通运输优势和贸易要素的集聚和辐射能力。而沿海沿江港口的建设、干道和支线航运能力的提升、过江通道的搭建等为相关城市所处的腹地保障了良好的物流集散能力，综合立体交通网络让贸易要素能最大限度地集散到腹地，从而提升整个区域的对外贸易水平。

表 7.2　长江经济带交通运输量预测

指标	单位	2013 年	2020 年	年均增长（%）
客运量	亿人	181	310	8.0
旅客周转量	亿人千米	15867	26320	7.5
货运量	亿吨	179	270	6.0
货物周转量	亿吨千米	68203	103910	6.2

资料来源：国务院《长江经济带综合立体交通走廊规划》（2014—2020）。

完善长江三角洲城市群城际交通网络、扩大长江中游城市群城际交通网络、构建成渝城市群城际交通网络等措施的提出，已经细化了下一阶段交道运输的发展目标和各区域城市之间的联动协作发展方式，为区域性国际贸易中心的建设创造了良好的政策与市场机遇，航运中心、物流中心和交通枢纽的建设，为贸易中心建设提供了优质的物流运输的要素保障，与贸易中心的建设同步推进，相辅相成。

创新驱动促进产业转型升级，完善上海、南京、武汉、重庆、成都等骨干节点的网间互联互通和互联网示范城市建设，利用互联网、物联网改造提升传统产业，推动沿江电子商务示范城市建设。创新服务业发展模式和业态，放宽外资准入限制，把重点放在产业结构的调整上，引导区域中心城市加快发展现代生产性和消费性服务业，把长江沿线培育为国际黄金旅游带，为区域性国际贸易中心建设奠定良好的制造业、服务业基础。

培育全方位对外开放新优势，尤其要和区域性国际贸易中心的潜力城市结合，发挥上海对沿江开放的引领带动作用，增强云南向西南开放的桥头堡功能，发挥重庆西部中心的枢纽作用和成都的战略支点作用，把四川培育为丝绸之路经济带的重要纽带，提升江苏、浙江对海上丝绸之路的支撑能力。增强沿江沿边开放口岸和特殊区域功能，逐步将各类海关特殊监管区整合为综合保税区，构建长江大通关机制，全面推进长江经济带内陆城市口岸与沿海沿边口岸协作，实现边境检查、海关通关、区域通关和检验检疫一体化。

创新区域协调发展体制机制，在推进市场一体化建设的同时要推动区域互动合作机制的开展，打破区域之间的各种行政壁垒和隐形壁垒，加大金融合作创新力度，建立健全地方政府协商机制。

长江经济带开放开发国家战略是全方位综合性的区域协调发展战略，重点在打造长江黄金通道建设的平台上，为城市群建设、产业转型升级、新型城镇化的推进以及全方位对外开放等提供了更多措施层面的规划，描绘了区域协调发展的新型国际竞争合作机制，为区域性贸易中心的建设提供了交通运输优化、商贸提升、产业转移、信息节点等要素保障，为贸易中心在城市群的发展提供了分工协作的思路和制度环境。

三、与自贸区建设结合

自贸区是自由贸易区的简称，是指在主权国家或地区的关境以外，划出特定的区域，在贸易和投资等方面享有比世界贸易组织有关规定更加优惠的贸易安排，其本质就是采取自由港政策的关税隔离区，比如准许外国商品豁免关税自由进出。上海自贸区的核心功能就是通过政府管理方式改革创新，降低市场门槛，吸引要素集聚，通过负面清单的管理模式吸引外资和各类市场交易主体，推进贸易和投资便利化，营造法治化、市场化、国际化的营商环境，探索构建融入全球贸易、投资新规则的制度体系、监管模式和开放路径。

结合上海自贸区的改革经验，进一步压缩负面清单，在全国范围内进一步复制和推广贸易、投资、金融等便利化、事中事后监管措施；在天津、广东、福建等自贸区复制、推广和探索更新的模式路径。各自贸区之间相互学习、交流，但各自错位发展。上海面向亚洲和全世界，天津服务东北亚，广东对准珠港澳，福建促进台海经济繁荣共赢。内陆城市积极争创内陆自由贸易区，学习自贸区经验，打造新的政务和营商环境。总之，国家要加快建立与国际惯例接轨的内陆开放机制，制定配套的政策和加强顶层设计，支持内陆自由贸易区的发展。政府要提高行政透明度，简化环节和手续，变事前审批为事中、事后监管。建立多部门共享信息监督平台，保障政策的便利，简政放权、服务优化和流程再造。

自贸区建设和贸易中心城市建设的不同之处体现在：（1）自贸区更多的是一种改革试点，是多项政策的孵化基地，通过自贸区建设增强国际规则制定的中国话语权。而国际贸易中心是一个大的城市区域范畴，是外向型的区域中心城市发展的必然阶段，为自贸区的申请和建设提供平台支撑，是城市成为国际大都市的重要方式和途径。（2）自贸区的效应体现在综合示范、改革创新。将好的经验和政策进行复制和推广到国内其他区域，是国际贸易新规则制定和融入全球贸易新规制的前沿阵地。区域性国际贸易中心的效应体现在成为区域对外开放的中心和前沿阵地，辐射周边城市，实现更大范围的贸易要素集聚，推动整个区域对外贸易的发展。

但自贸区建设和区域性国际贸易中心建设又是相辅相成的。一方面，城市有一定的贸易规模和能级，外向型经济较发达，能够吸引要素集聚，才能有申请成为自贸区，进行改革和创新的可能性；另一方面，建设自贸区，就有先行先试的可能性，在新路径和模式的探索中，改善商贸环境、活跃市场，为各类贸易主体提供经营便利，从而促进各类要素市场发育得更加完善。自贸区建设将会促使政府管理、贸易、金融、税收、口岸环境等一系列改革措施的出台，为国际贸易中心的形成提供交易便利和法制保障。两者都是以对外开放的主动赢得经济发展的主动，以周边环境为基础形成更大范围的贸易网络体系。因此，紧密和国家自贸区试验相结合，有利于城市建成区域性国际贸易中心。

第二节 各区域性国际贸易中心发展路径选择

在国家战略部署和新的对外开放形势下，各城市根据所处区位的不同，既有优势和基础的不同，呈现出不同的发展潜力。上海已经探索多年、实践多年并努力发展成为全球性贸易中心，宁波、青岛正处在区域性国际贸易中心的建设实践中并取得了不错的成绩，有的城市具有一定的潜力，但没有相应的规划；有的提出了类似的口号但还不具备相应的实力，尚待培育。

一、评价指标模型和效应检验结论决定路径的不同

前面的章节对区域性国际贸易中心的潜力进行了指标模型评估，得出了各主成分得分和综合得分，由此可见各城市单项和综合实力的概况；从空间效应的角度对排名靠前的潜力城市分析了中心作用的发挥情况，横向比较了各城市的发展态势，一目了然。

（一）评价指标得分结果决定建设路径的不同

从主成分 F1 到 F6 以及综合实力的排名，可以看出每个城市成为区域性国际贸易中心的潜力有高有低，现有优势和发展特色也各不相同。上海在各主成分得分和综合得分中均具有绝对优势，而且已经在国际贸易中心的建设实践中取得了长足发展，加上建设自贸区的机遇、海上丝绸之路与长江经济带的战略，充分占有区位优势、市场基础、政策红利，理应在国际贸易中心的建设中发挥战略示范作用，并且有条件发展得更好。北京的优势在于市场容量和消费实力以及作为世界城市的平台支撑，但过于依赖进口也反映出北京的工业后劲不足，外贸结构需要优化提升，应该加快服务贸易和总部经济发展。天津的优势在于有天然的港口优势，工业基础较好，而且有北京做良好的腹地支撑，经由天津港口转口到北京的贸易需求较强烈。广州、深圳作为传统的贸易强市，有着良好的贸易基础和经济开放度，但需要进一步加强港口和铁路基础设施建设以提升运输优势。重庆作为内陆对外开放的高地，充分享有直辖市和跨境电子商务政策支持以及内陆地区的区位优势，在良好的工业基础上发展潜力巨大。苏州作为传统贸易强市，具有良好的区位优势和港口基

础，但更可能的是扮演上海的经济腹地角色，可在这一过程中加速发展，提升国际化程度。成都作为西南地区开放开发的前沿阵地，经济基础、国际化程度和劳动力基础较为不错，但区位优势欠缺制约了货物贸易的发展，交通基础设施还需缩小和东部城市的差距，可考虑侧重发展服务贸易，承接东部加工贸易的转移，进而优化贸易结构，提升贸易规模和质量。杭州、南京在整个区域中的各项优势均不显著，但综合实力较强，也为整个长江三角洲的贸易优势奠定了坚实的基础。武汉作为长江经济带中区位优势、贸易规模和经济发展相对占优的城市，也具有发展为区域性国际贸易中心的潜力，但整体实力不高。宁波近年来在政府的重视下开始区域性国际贸易中心的研究和实践，港口吞吐量较高，外贸水平得到大幅提升，但宁波的国际化程度、市场容量、消费水平不高，交通枢纽节点作用不明显，与上海和苏州相比还有一定的差距。青岛、大连作为传统的港口城市，港口环境不如苏州、宁波。辽宁和山东的工业基础与江苏、浙江相比也有一定的差距，因此青岛、大连整体后劲不足。西安具有"一带一路"政策的支持，国际化程度尚可，但经济实力、市场容量和贸易规模都较为欠缺，相对在软件产业、信息产业和人力资源储备方面具有优势，可考虑在服务外包和旅游服务方面有所突破，东莞作为传统加工贸易的强市，在产业结构调整和外贸增速减缓的时代背景下，因为国际化程度不高、市场容量较低，发展后劲不足。无锡有港口优势，但区位优势、市场容量、经济基础、交通枢纽和政策优势都不明显。厦门市场容量、经济基础均一般，但有较好的区位优势，又是海上丝绸之路的核心城市，还是自贸区的试点城市，发展潜力较高。沈阳、郑州都需要加强国际化和开放度，进一步提升经济实力。

（二）效应检验结果决定发展定位的不同

对以上城市进行效应分析，所在城市群所表现出来的贸易规模集聚效应和单个城市的辐射效应描绘了它们目前在区域中的中心作用是否得到了充分的展现。效应分析的结果表明，整个长江三角洲城市群的贸易规模具有显著的集聚效应，上海具有显著的辐射效应，苏州次之，南京、杭州、宁波、无锡对周边的辐射作用还不明显，这也与前面的得分相吻合。上海在国际贸易中心建设中的战略定位应该是全球性国际贸易中心，而苏州应该成为上海的良好支撑，或者是副中心。宁波要建设成为区域性国际贸易中心，就要和苏州以及其他城市错位发展。珠江三角洲城市群中，广州和深圳的优势都很明显，但广州作为国际化大都市经济发展更为全面，深圳靠海优势更为明显，两城之间的东莞市发挥着重要的经济腹地支持和交通桥梁作用，三市可联动发展、互为补充。京津冀城市群中的北京和天津是典型的双核结构，天津对周边地区具有较不显著的辐射作用，北京的极化作用较明显，区域性国际贸易中心应该具备较大的贸易规模和较强的贸易竞争力，因此天津比北京更有潜力，但天津的发展要注重港口建设和管理以及与整个京津冀地区的协同发展。大连和沈阳作为区域中心城市的优势都不突出，其他周边城市的腹地依托基础也比较薄弱，下一步的发展重点是整体提升该区域对外贸易水平。青岛所在的山东半岛城市群东部沿海港口具有较好的贸易基础和腹地依托，为青岛建设区域性国际贸易中心奠定了基础，但青岛需要加强港口建设，和周边港口城市共享发展成果。厦门所在的海峡西岸城市群的整体贸易水平没有在较高规模上实现集聚，说明腹地依托基础不足。厦门虽有一定的辐射效应，作为沿岸城市的贸易中心有一定基础，但仍需提升整个区域的贸易水平，发挥泉州的支撑作用，加强对周边地区的辐射。重庆、成都所在的成渝城市群整体贸易水平较弱，未能对两市发展为区域中心起到良好的腹地依托作用，但两个城市本身均具有潜力，可考虑优势互补、错位联动发展。武汉具有较好的潜力但周边基础比较薄弱，欠缺腹地依托，可考虑充分利用长江经济带战略机遇提升整个城市群的经济水平和贸易规模，全面提升集聚效应和辐射效应。西安、郑州均有较为明显的极化效应，不具有明显的发展潜力，还是应从提升城市群整体经济实力入手。

二、区域性国际贸易中心建设的差异化发展战略

结合以上对各城市的详细分析，建议我国区域性国际贸易中心建设实行差异化发展战略。

（1）首先分清哪些城市值得建设，哪些城市暂时缺乏基础。对于缺乏基础的城市就要慎重规划，理性决策，不以城市为重点，而是优先提升整个区域的经济水平和对外开放程度，比如西安、郑州应放在"一带一路"和中原崛起的大背景下去思考战略定位。在有潜力的城市里面，按其特色明确重点建设方向和阶段定位。比如上海，目标应该定位在建立全球性国际贸易中心，缩短和纽约、东京等的差距。比如沿海港口城市要考虑港口基础设施的优化和管理提升、港城联动发展，有条件的港口城市还可以考虑航运中心的建设。内

陆城市比如重庆、成都、武汉主要考虑加工贸易的承接和贸易结构转型升级，规避区位劣势，发展交通枢纽作用，发展电子商务和服务贸易，设立阶段性和局部性目标，步步推进。

（2）区域性国际贸易中心的建设是一个长远发展的动态过程，现在不具有潜力，不代表未来没有实力。这样的城市在制定规划时，可以考虑相应的功能和定位设计，以利于在发展成熟的时候能够抓住机遇。在国家顶层设计中，既要兼顾东中西各区域统筹全局，也要考虑可持续发展和前瞻性，从而有的放矢，通过开放开发战略、自贸区试验以及各种航运中心、物流中心、金融中心、各类商品市场、各类示范基地的申请与实践，建成区域性国际贸易中心。

第三节　沿海港口城市建设区域性国际贸易中心的政策建议——以天津、广州为例

本书从港口城市的发展背景、发展特色和发展前景综合考虑，选取天津和广州两个城市对区域性国际贸易中心的发展提出政策建议，主要基于以下几点原因：（1）两者都具有较高的区域性国际贸易中心潜力，都是开放度较高的外向型城市和传统的对外贸易强市；（2）两市都在区域中扮演着贸易中心的作用，对周边地区有一定的贸易辐射，但都不显著，分别面临和北京以及深圳等地的竞争协作；（3）两市发展都面临着重大战略机遇，天津是"京津冀协同发展"战略的核心城市，广州是"海上丝绸之路"的战略节点城市；

（4）天津和广州都是获准发展的第二批自贸区，在学习上海经验的同时承担着倒逼和深化改革开放的重任；（5）两市的发展都不同程度地面临困难：天津港口的爆炸事故折射出安全隐患，广州港口的发展如何突破与珠江三角洲及香港的重重模糊界限。基于以上原因，本节以天津、广州为例，结合新加坡和伦敦的先进经验，针对港口本身的功能提升和向内陆地区的辐射能力提出建议。

一、港口建设与管理创新

天津港是我国北方的传统贸易港口，具备世界级水准，是世界等级最高的人工深水航道，近年来在港口吞吐量排名中一直稳居国内港口第三名，仅次于宁波—舟山港和上海港，集装箱码头的装卸能力和吞吐能力都是世界水平。但和天津港口吞吐能力不匹配的是港口的对外交通、港外铁路运力不足和公路运输不畅。因此，除了天津港口自身基础设施的建设外，还要加快港口集疏运通道建设，以提高天津港的整体功能。

（一）提升港口服务于内地集疏运体系建设的能力

（1）提高铁路运输和公路运输比重，加快集疏运体系建设，建立内陆运输连接通道，形成连接港口和区域市场的大动脉，成为内陆货物中转集散的优良港，促使港口集聚更多数量的货物，取得规模经济效益，降低海运成本。

（2）推进铁水联运无缝连接，铁道部和交通部联合开展"铁水联运示范项目"，但缺乏相应的政策支持，示范作用并不明显。我国铁水联运处在低水平阶段，只占港口吞吐量的1.5％和铁路货运量的2％，远低于欧美港口铁路集输量的

20％比重，主要原因在于没有完善的铁路集装箱运输网，同时由于产业结构不合理引发货源紧张。市场在铁路运力中的配置作用尚不明显，集装箱运价高出整车运输的20％左右，西部内陆地区采用集装箱运输远高于散运成本，因此要推进铁水联运无缝连接还需加强宏观调控和大型企业集团的整合领导。

（3）提升无水港和内陆港功能。无水港是在内陆地区建设的综合性物流通道与平台，具有口岸和海关的双重功能。通过大陆桥、海铁联运等具有物流配送、口岸监督（海关、检疫）等功能，能加速货物周转，减少物流环节，从而降低成本。天津目前已在国内建立多个无水港，部分具有海铁联运业务能力。未来天津港需要继续和有货源基础的内陆节点城市进行无水港项目开发，加大和政府的合作，把海关和口岸功能逐步引入政府主导兴建的无水港平台。

（二）港口管理创新与港城互动发展

天津因港而立，港兴城兴，港口对天津的发展举足轻重。但对于港口依托型的城市，必须要处理新时期的"港—城"关系，才能解决好用地问题、生态宜居问题、城市生活和临港工业的和谐互动发展问题，从而实现跨越式发展。

近年来，国际大港在转型过程中不约而同地经历了空间冲突和港城分离的过程，在国际港口城市实现"港—城"关系良性发展的探究中，新加坡模式值得亚洲尤其是中国借鉴，因为新加坡在产业演进历程中，从进口替代转向出口导向，亚洲尤其是中国港口是全球制造业的主要承接地，无论是政治框架还是区域文化认同都有相似之处，更因为新加坡的一系列举措不但成功规避了上述问题，还通过创新实现了信息技术和自主研发主导的深层次融合发展，完成了从劳动密集型向技术和资本密集型转移，进而向知识密集型转变的发展。

新加坡从三个方面解决工业发展和环保的矛盾：一是在规划阶段，将石化工业安置在封闭、独立、安全的人工岛；二是采用高端技术实现一体化生产和后勤服务；三是通过"化工簇群"降低资源成本，减少废污排放，制定土地空间营利性和环保型的准入标准，达到综合平衡混合开发。

ICT（Information and Communication Technology）技术大力推动新加坡成为全球集装箱枢纽和跨国供应链管理中心，新加坡港务局将信息技术嵌入集装箱技术，降低了海运时间成本；并通过本土的 IT、设计、咨询等行业服务，提供船舶融资、海上保险、法律援助、海事金融优惠、供应链解决方案等高端增值服务。

在温特尔主义[①]新竞争规则的指引下，大力发展"微笑曲线"的研发端和服务端，新加坡港口产业如航运、物流的发展与城市服务产业基于信息技术深度化、网络化密切互动，从而进入全球城市网络的节点城市行列。图 7.1 是新加坡"港—城"职能关系的概念框架图，可资参考。

---

① 温特尔主义：是 Windows＋Intel 的组合，指一种全新的生产经营方式，围绕着产品标准在全球有效配置资源，形成标准控制下的产品模块生产与组合，标准制定者在完成产品价值链的全过程中，在与模块生产者的分工中，最终完成以双赢为基础的控制。

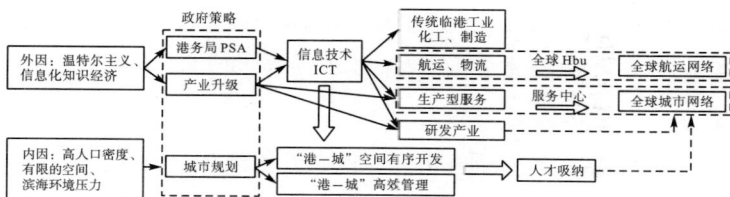

图 7.1　新加坡"港—城"职能关系的概念框架图

资料来源：刘冉，董玛力，宋涛. 新加坡"港—城"关系转型的经验借鉴［J］. 世界地理研究，2008（12）.

　　天津滨海新区面临海运产业和服务向港区集聚，城区扩大但"港—城"关系并未有效互动的困境，其"港—城"关系存在以下问题：资源环境约束与人口增长压力，临港重工业与宜居生活环境存在冲突，仍处于"港—城"初级互动阶段。

　　天津下一步的发展要以信息技术为平台，实现现代服务业与航运、物流等产业的交互式发展，依托临港工业、信息产业、新能源和新材料等，吸引专业技术和管理人才，鼓励自主研发和集群配套企业的发展，严格规划土地生产和环保标准。

二、航运中心建设推动贸易中心发展

　　航运中心是以国际贸易、经济和金融中心为依托的拥有发达的航运市场、密集的航线、丰沛的物流能力的国际航运枢纽。

（一）航运中心建设与贸易中心建设相互融合

　　从城市的发展实践和实证研究的结果来看，航运中心和贸易中心的建设是相辅相成的。航运中心是否发达，意味着是否具备功能齐全、设施完备、吞吐量大的海港体系，而这正是衡量城市能否成为国际贸易中心的重要标准之一。

航运中心建设的目的是确保港口在资源整合中处于领先优势，在以海洋经济为主的 21 世纪，向海洋发展，开发海洋资源和建立海洋战略型产业基地。"海上丝绸之路"战略为航运中心的建设提供了可贵的契机。拥有丰富近海资源、优良港口和坚实外贸基础的港口城市应当把建设航运中心放在重要的战略定位，在建设进程中实现航运和物流协同发展，推动贸易成本降低和通关便利化，从而促进区域性国际贸易中心的形成。

航运中心和贸易中心一样，依据功能不同，类型也有所不同。配置生产要素（货物中转、寻求货源）的航运中心以港口基础设施为重要平台，以发挥港口作用为主；配置服务要素（比如航运融资、航运保险）的航运中心强调港口软环境的建设，旨在形成较完善的航运服务功能结构。配置知识要素的航运中心是航运知识集散、决策和创新之地，是高端航运服务业的载体。

航运中心的发展要素包括多功能的现代化港区、综合型集装箱干线枢纽港、一流的信息平台、先进的自由港制度、优良的服务软环境等。各城市在航运中心的建设中，一定要根据自己的优劣势选择合适的发展目标。1996 年，上海市启动海运中心建设，目的在于支持上海建设国际贸易中心；2009 年，《关于推进上海加快发展现代服务业和先进制造业建设国际金融中心和国际航运中心的意见》进一步明确上海在 2020 年建设成具有全球航运资源配置能力的国际航运中心。此后，大连、天津、厦门也获得国家层面的战略支持，分别建设服务于东北、北方和东南的航运中心。近年来，青岛和广州也分别提出相应的措施建设国际航运中心，努力提升城市的中心地位。

（二）广州航运中心的建设措施对区域性国际贸易中心建设的支持

本节以广州国际航运中心的建设为例，说明如何与区域性国际贸易中心的建设配套发展。

1. 与香港错位发展

香港是著名的国际航运中心，广州是华南地区的对外开放门户，南沙保税港区地理位置优越，处在珠江三角洲几何中心，联通广州、深圳和东莞；以南沙新区为基础建设航运中心和粤港澳全面合作示范区，使广州港实现了向海港和集装箱干线港的转变，并拥有了发展出口加工、国际转口贸易等服务功能的环境依托。

但广州航运中心必须和香港错位发展才能形成自己的竞争力。广州港存在集疏运系统发展滞后和港口服务有待提升的问题，应该定位于聚合航运相关要素和资源，打造服务内地、连接港澳的港口产业配套服务合作区。不同于香港是面向全球的中转港口，广州港是主要面向华南地区、面向大陆腹地的综合型运输枢纽港。

2. 与珠江三角洲港口群协同发展

珠江三角洲港口群货源竞争较为激烈，整合较为困难，功能界定都比较模糊。（1）要以广州航运中心整体利益为出发点，统一制定集港口规划、港口建设、港口经营于一体的管理政策和办法，建立港口群协同发展机制，促进信息共享，统筹各中小港口建设，避免重复建设和港口资源浪费。

（2）港务局和航运交易市场各司其职、分工合作，加强航运市场的交易与监管，在发挥港口特点的条件下，实现各港口优势互补。多个部门的事权需要有相应的更高级别的组织机构统筹规划、组织与管理、实施，必要时建立省级跨区域协调平台，将港口群建设和面向内陆经济腹地的建设结合起来。（3）港口之间主动加强联系合作：进行整合时，可以根据实际需求进行二次分配货源，开辟规划航线，统一港口分工，避免各个港口进行价格战等恶性循环，形成并拓展业务网络，协调收费标准，加强统一议价能力，把各港口群放在整条物流链条上来发挥作用。图7.2是港口群协调机制图。

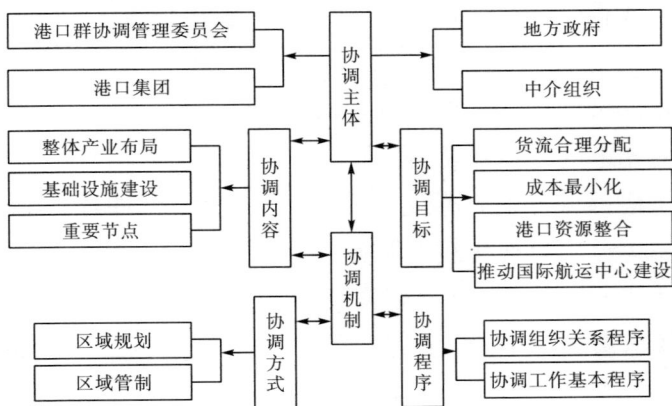

图7.2 港口群协调机制图

资料来源：刘爱民. 大连国际航运中心与区域经济互动发展研究［D］. 大连：大连海事大学，2013.

组合港是未来港口建设的发展方向，国内宁波—舟山港一体化建设近年来成效显著，2012—2014年连续三年以年均80.9亿吨的吞吐量稳居全国港口首位。此外，美国的纽约—新泽西港与弗吉尼亚港、比利时的安特卫普和泽布勒郝港也实现了联盟，珠江三角洲港口群协同发展可为建设组合港奠定基础。

3. 加快建设物流型航运中心

珠江三角洲地区有广阔的向内陆纵深的腹地，并有较为优良的港口条件。区域性国际贸易中心需要良好的区位优势，要求物流能够深入腹地联通海外，形成海陆空一体化格局以实现集疏运，在此基础上包括海铁联运、江海联运、水陆联运等方式。建设航运中心有助于实现珠江三角洲地区信息化、智能化、标准化、供应链化的物流体系流程再造和功能升级，打破体制性障碍，建立新联运方式下交通运输的新体制，从而提高港口对整个珠江三角洲区域的物流辐射能力。

4. 提升航运中心的口岸服务能级

向先进的航运中心学习，大力发展航运结算、航运金融、航运保险、游艇服务、邮轮经济、海事仲裁、航运教育、航运经纪等现代航运服务业，建设航运交易、航运办公等多功能商务区①，促进要素集聚，深化口岸信息功能，优化口岸服务环境，加强大通关、电子口岸建设，提高通关效率。

以伦敦港的服务创新为例，根据伦敦国际金融服务的航运服务报告，整个伦敦国际航运集群就业人数和分布比例如图 7.3 所示：

---

① 董岗. 伦敦发展国际航运服务的关键举措及经验借鉴 [J]. 大连海事大学学报（社会科学版），2010（4）.

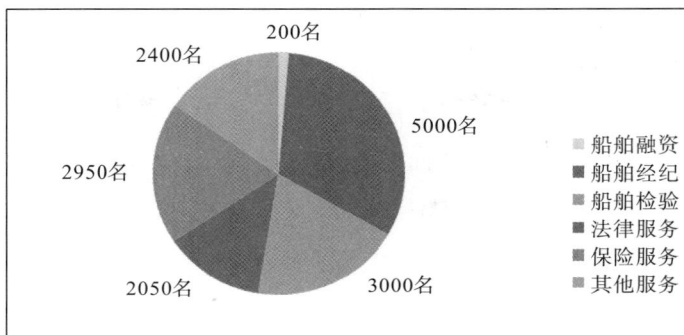

图 7.3　伦敦航运集群就业人数和分布比例

资料来源：根据伦敦航运报告相关数据绘制。

总之，国际航运中心建设有助于港口物流体系的优化、货物资源的快捷运输和大宗物资交易市场的建设，在促进生产要素自由流通的同时加速了贸易要素的集聚，为区域性国际贸易中心的建设奠定了基础，在推进港口服务的高端化与专业化进程中，衍生出更多的与航运相关联的新兴产业，促进了贸易产业集群的发展。航运中心建设和贸易中心建设相互融合，共同将城市的对外开放度和中心作用提升到新的台阶。

第四节　内陆城市建设区域性国际贸易中心的政策建议——以重庆、成都为例

重庆和成都同属成渝城市群核心城市，重庆是西部内陆地区唯一的直辖市，是"一带一路"倡议构想重点圈中的18个省市之一；成都是四川省的省会，全国副省级城市，

是四川省唯一进入"一带一路"规划的全国重要节点城市。两个城市都是长江经济带这条黄金内河水带的核心节点，重庆在水路口岸上具有较大优势，是西部重要的交通枢纽；成都有广阔的川西平原腹地给予经济支撑，在国内连接西南、西北省份，在国外衔接中亚、西亚、南亚和欧洲，是国家内陆开放的战略支点和向西开放的前沿高地。成都市政府于2013 年公布《成都市建设区域性国际贸易中心城市行动方案（2013—2017 年）》，要将传统商贸中心发展为区域性国际贸易中心，并于 2016 年在此基础上提出"区域性国际化中心城市"的建设目标。两市目前都在积极申请第三批内陆自由贸易区的试点。

结合区域性国际贸易中心的定义，重庆和成都在经济发展具有相似特征且空间相邻的区域内——成渝城市群内居于核心地位，能够代表区域面向海外市场——尤其是中亚、西亚和欧洲市场，发挥主导作用，能在区域推行战略性经济政策时发挥先导作用，是区域的经济中心城市。

从两个城市区域性国际贸易中心潜力综合评估的单项及综合排序来看，都排在综合得分的前十位，说明都在一定程度上集聚了国际贸易和相关生产要素，有较高的经济发展水平、较大的人口（劳动力）数量，较完善的产业配套和支撑，有较大的商品流、人流、信息流和资金流聚集，并以此为枢纽向国外流通，有相对便捷的交易平台和相对高效的交通通信网络。

因此，客观评估发展潜力，成渝两地是有基础建设为区域性国际贸易中心的，尤其是重庆，在交通区位、国家优惠政策方面具有较大的优势；而成都的国际化水平、第三产业水平和承接产业转移的能力也较高。

但从城市群的贸易规模集聚效应的空间检验结果中可以看出：（1）两个城市呈现出双核发展模式（地理相邻、经济实力相似、城市规模足够大、有共同的腹地）；（2）在外向型经济发展中尚未能起到示范带头作用，也没有明显地对周边地区产生辐射。此外，两市分属不同的行政区域，由于历史渊源和不同的区域利益，在多年的发展中竞争合作不断。

因此，如何加强两地的协同合作，在维护双方利益的前提下共同发展，并带动整个成渝城市群的协调发展，是值得思考的问题。要进一步提升贸易要素的集聚力和向区域内外流通的能力，提高贸易规模，优化外贸结构，逐步实现各自在对外开放、"一带一路"和"长江经济带"中的战略定位，有步骤、分阶段地建设区域性国际贸易中心，同时要注意"区域性国际贸易中心"这个概念不是一蹴而就的，可以细化为若干的小目标，比如区域物流中心、区域商贸中心等，在完成阶段性的目标后，建设区域性国际贸易中心的自然、市场和制度条件会发展得更成熟，那时是否还需要提出这样的规划，本身就并不重要了。因此，如何构建发展基础，促进形成机制不断优化，是本研究最终的落脚点。

一、合理定位、错位发展

双核城市在市场规模和经济发展能级水平上都很相似，对外资的吸引力、贸易要素的吸引力也就比较相似；拥有共同的腹地交叉意味着经济资源相似，经济活动都在相邻甚至同样的范围开展，自然会加速城市之间的竞争。面对竞争，要摒弃零和博弈的思维，在竞争基础上合作，共谋发展、求同存异，要求城市首先要合理定位、错位发展。

从潜力评估的排序来看，重庆和成都具有的优势等级不同，重庆在各项主成分排名和综合排名中都高于成都，说明重庆比成都更具有发展成区域性国际贸易中心的综合潜力。成都虽然落后于重庆，但和国内其他城市比较，除了不具有区位（港口）优势外，综合水平仍然是比较高的。

但是两个城市单纯进行比较没有意义，要考虑借助于对方的优势发展自身。成都可以进一步打通联系重庆的交通走廊，拓宽货物通道和扩大国际影响力；重庆则需依靠成都、川西平原的经济基础、市场消费以及四川的旅游资源和劳动力资源，加快贸易要素集聚，提升商贸规模。两个城市行政隶属不同，所应发挥的作用不同。重庆是直辖市，应该承担提供更多商业机会和就业机会的重任，应立足国家中心城市的建设，除了辐射西南地区外，还应该做好中部向西部，从武汉到重庆的沟通衔接，确保长江经济带上中游地区的整体发展。成都是四川省会，是政治经济文化中心，应立足成为区域性对外开放的中心，对外宣传四川，争取有利资源促进省内各地的发展，同时面向西部、面向更广阔的丝绸之路经济带沿线国家。此外，立足不同的产业优势实现错位发展，有助于双城在竞争中合作，实现共赢。

二、畅通沟通协调机制

成渝地区要从政府层面加强两省市合作，加强规划引导和政策互动，共建成渝城市群。加强公共服务互助、产业发展合作。共同从双方的基本利益出发向国家争取在重大项目方面的规划和政策与资金支持，加强公路、铁路、航空、水路、电信、通信、光纤等基础设施网络对接；推动共建共享跨区域要素市场，鼓励金融机构互设分支机构，进一步打破行政壁垒和隐形门槛，简政放权，减轻税费，推进区域统一的大市场建设。政府和行业协会共同主办经贸合作会谈，引进带动项目签约并促进更具体和细节性的合作交流。

在对外交流中，两市政府均要加强领事馆的建设，和派驻国互派工作人员，并常态化经贸人员的访问，提供一体化服务，增加市场透明度，为企业的进出口奠定平台。和领事馆之间积极互动，诸如澳大利亚在成都建立总领事馆，积极合作，建立澳大利亚—四川贸易投资合作圆桌会议等长效合作机制。

友城之间探索和创造更广阔的合作前景，从科技、教育、政务方面加强访问交流和学习，在此基础上，研究机构和企业的深入对接。

三、加强交通基础设施建设

生产要素（特别是实物要素）的流动需要有强大的物流网络和立体化的运输网络做支撑，重庆和成都拥有共同的经济腹地，地域相邻和交通便利促使要素能够更加快速地流动，从而扩大腹地范围。

（一）加快长江沿岸港口建设

重点发展长江内河运输优势。四川的三个港口泸州港、宜宾港、乐山港等水路通达，如何最大化地发挥各自的功能，使得港口的运载能力发挥到最佳，四川的货物如何选择港口实现效益最大，需要物流体系整体统筹并分层分级建设，共同打造合理布局、科学管理的黄金水道运输模式。

（二）打造高铁枢纽

1. 节点城市趋利避害、联动发展

借助于高铁平台，能够放大各种生产要素、资源配置的空间，促进高铁经济圈内城市的同城化，加大信息技术人才的交流，将获得巨量的优质要素资源。高铁会带来城市节点效应，甚至会引起沿线城市和辐射区域的巨大变化。区域内的客运专线有正负效应之分，对大城市可加强信息、技术和人力流动，但会带走小城市的人口资源，因此要制定好相应的政策，趋利避害，发挥正效应，避免负效应。城市之间要加强联动，在产业布局和规划上统筹考虑，差异发展，科学规划产业链。

2. 跨境班列找准市场，学习经验

在跨境铁路货运方面，大力发展向欧洲和南亚的跨境货运班列。总结"渝新欧"和"蓉欧快铁"的运营模式，向上海学习运营"苏满欧"班列的经验。第一，运费优势：中俄铁路部门都下调运费，班列运价略高于海运，但远低于国内其他跨境班列；第二，时间优势：运输时间半个月左右，远低于海运所需时长；第三，安全优势：途经俄罗斯，政局稳定，查验次数少，货物损毁风险小；第四，货源优势：运送的都是体积小重量轻的高科技产品和高附加值产品，来自苏州，运往欧洲；第五，通关优势：沿线铁路网发达，满洲里口岸（满洲里是我国对俄罗斯最大的陆路口岸）具有突出的换装优势和较高的综合过货能力。

（三）提升航空运力

成都是国家重要的航空枢纽和西部门户枢纽。据 2014年民航机场吞吐量数据（见表 7.3），成都机场旅客、货邮吞

表7.3　2014年民航机场吞吐量排名表

机场	旅客吞吐量（人）				货邮吞吐量（吨）				起降架次（次）			
	名次	本期完成	上年同期	比上年增减%	名次	本期完成	上年同期	比上年增减%	名次	本期完成	上年同期	比上年增减%
合计		831533051	754308682	10.2		13560841	12585175.1	7.8		7933110	7315440	8.4
北京/首都	1	86128313	83712355	2.9	2	1848251.5	1843681.1	0.2	1	581952	567757	2.5
广州/白云	2	54780346	52450262	4.4	3	1454043.8	1309746	11.0	2	412210	394403.0	4.5
上海/浦东	3	51687894	47189849	9.5	1	3181654.1	2928527	8.6	3	402105	371190.0	8.3
上海/虹桥	4	37971135	35599643	6.7	6	432176.4	435116	-0.7	7	253325	243916.0	3.9
成都/双流	5	37675232	33444618	12.6	5	545011.2	501391	8.7	6	270054	250532.0	7.8
深圳/宝安	6	36272701	32268457	12.4	4	963871.2	913472	5.5	4	286346	257446.0	11.2
昆明/长水	7	32230883	29688297	8.6	9	316672.4	293628	7.8	5	270529	255546.0	5.9
重庆/江北	8	29264363	25272039	15.8	12	302335.8	280150	7.9	9	238085	214574.0	11.0
西安/咸阳	9	29260755	26044673	12.3	15	186412.6	178858	4.2	8	245971	226041.0	8.8
杭州/萧山	10	25525862	22114103	15.4	7	398557.6	368095	8.3	11	213268	190639.0	11.9

资料来源：《2014年全国机场生产统计公报》民航吞吐量统计。

吐量和航班起降架次都排全国第五，且增速排名靠前，有较大的发展空间；重庆机场相较成都排名靠后，但增速较大。

目前成都市已经启动新机场天府机场的建设，新旧机场之间一定要做好合理定位，功能互补，共享空间资源。不仅是成都的两个机场，还要和重庆机场进行资源整合，通过空铁联运等方式，共同增强极核功能，打造亚欧航空物流通道，加快建设西部航空枢纽，构建丝绸之路在空中的核心转运枢纽。

（四）推动口岸一体化建设

整合水、公、铁、航空，加强口岸一体化建设。以口岸物流为基础，向物流节点城市发展，加快电子口岸建设，促进快递配送网、电子商务网和企业物流网三位一体协同发展。在内陆港口、航空港、公路、铁路枢纽的商贸集散地形成密集、发达与链接一体化的物流联运体系。

四、优化加工贸易结构，提升产品科技含量

城市在世界城市等级体系中的排序以及在全球产业分工中的地位，往往与对外贸易的参与度，尤其是贸易的产品结构密不可分。成都和重庆两市均是我国加工贸易梯度转移的重要承接地，主要依靠海关特殊监管区、工业园区、经济开发区等重要平台和载体来推动加工贸易转型升级和承接产业转移。

为融入国际产业链条，提升成渝城市群的贸易规模和质量，有必要创新加工贸易模式，要利用成都、德阳、绵阳和重庆的工业基础，对现有优势制造业进行梳理。成都的主导产业为电子信息、机械制造，重庆的主导产业为汽配工业和

装备制造。两市在保持传统加工产业承接劳动力和生产转移的同时，要注重研发，提升科技实力，产学研结合，建设自主知识产权和打造企业品牌，开展和吸引生物医药、集成电路、芯片软件等高新科技企业来投资生产，延长和优化原有的生产链条。

对于重型加工贸易产品和轻型加工贸易产品要简化各自的通关流程，完善物流体系，围绕原料、零部件或半成品的生产、加工、组装等进行产业布局，优化交通设施，在降低企业生产运输成本的过程中强化加工制造产业链。

成渝城市群共有海关特殊监管区 4 个，分别是重庆两路寸滩保税港区、重庆西永综合保税区、成都高新综合保税区以及绵阳出口加工区。要推动加工贸易向海关特殊监管区集中，尤其要促进加工贸易保税区的建设，大力给予转移到成渝城市群的高新技术类、生态环保类企业特殊的税费优惠。保税港区和综合保税区对属地省市的辐射是最重要的建设目的，属地省市的企业可以通过保税港区实现出口，或者进入保税港区实现加工和包装处理等，这是由保税港区的集疏运体系、交通基础设施和物流网络决定的；属地省市也可实现对保税港区的产业支撑，这是通过产业发展规划、重点产业承接和扶持来决定的。

加工贸易产品的进出口主要依靠水路运输，交通、基础设施、政策引导和劳动力培养等要形成合力。成渝城市群是人口规模最大的城市群之一，区域内劳动力整体水平较低，受教育程度低，需要加强职业技能培训和继续教育、技能型教育的力度。

五、发展服务贸易，突出地区优势

迈克尔·波特认为在影响国家竞争优势的诸多因素中，生产要素的内涵最为丰富。在国家发展的初级阶段，自然资源和初级劳动是主要因素；在国家发展的中高级阶段，现代化信息技术和优质的人力资源开始发挥更重要的作用。

成渝城市群在积极弥补区位劣势和交通基础设施短板的基础上，更重要的是发挥地区优势和特色，扬长避短。服务贸易相较货物贸易虽然份额较小，但近年来发展迅速，是先进的国际贸易中心城市发展的趋势，更是各经济发达城市抢占未来贸易分工制高点的重要手段。

服务贸易包括金融服务、运输服务、保险、旅游、通信、邮电、建筑安装和工程承包、计算机和信息服务、教育医疗保健、专有权利使用费和特许费、咨询、广告宣传、电影音像和其他商业服务等。

成都应重点培育的优势产业应该包括旅游、计算机和信息服务、建筑安装和工程承包、文化创意等。

四川是旅游资源大省，但综观成都市近年来的旅游外汇收入，在全国各城市排序中只在第十名前后，低于上海、北京和沿海很多城市，说明到成都旅游或者经由成都到四川盆地旅游的外国游客人数与四川的旅游资源大省身份不匹配。除了西部城市的物价水平相较东部城市低之外，原因之一是成都对外交通相比东部沿海发达城市有一定差距；二是外国游客对四川自然的山水资源还缺乏全面的了解；三是离境购物等便利措施还不健全，旅游产业国际化程度不高。因此，要继续加强交通基础设施的建设，开发国际航线，在 72 小时过境免签的基础上，为外国游客提供更多便利的服务；加强各大景区的宣传力度以提高国际知名度，培养表达沟通能力强的双语导游，将丰富的历史文化内涵用形象生动的方式展现，提高旅游从业人员的管理水平和国际交流合作经验。

在建筑安装和工程承包方面，要提高承接工程项目的管理经验和技术水平，争取在关键环节和核心技术层面进行经验交流和劳务输出。同时要为外出务工人员创造良好的就业通道，提升大使馆和领事馆等的政务服务能力，为其顺利通关、安检、检验检疫等创造绿色通道，确保人身财物安全。

两个城市作为首批服务外包示范城市，政府应该完善相关支持政策，培育服务外包产业集群，优先发展附加值高、技术含量高、产业拉动力强、就业拉动力强的产业，推动服务外包基地园区建设。[①] 完善相关政策，支持服务外包健康有序发展，加强国际市场营销，推动川渝两地企业的服务外包"走出去"，打造在国际市场上具有影响力的中国服务外包品牌。

在人力资源生产要素的培育方面，要多和国外团队展开技术交流、管理水平和服务理念交流，输出我们的软实力，要加强对服务业从业人员的培训，营造良好的服务软环境。

六、扩大对外投资，鼓励企业"走出去"

在对外交流合作方面，要鼓励企业多与各国政府在两市的领事馆和贸易实务相关的各种代表处保持沟通，更要开展

---

① 来有为. 中国生产性服务业发展的新特征和新机遇［J］. 中国服务贸易发展报告，2010（12）.

政府的主动服务和对接工作，将最新的投资政策、贸易条款和市场需求介绍到企业。

在丝绸之路经济带沿线国家建立重点示范产业园，展示优质外贸出口企业和产品形象，定向针对当地市场特色和生产优势，带动形成外贸出口新优势。这也需要城市的政府、协会、企业共同推进完成，为搭建平台出力。同时筛选并重点培育外向型产业园区，夯实外向型产业发展基础，甚至是更高级别的由政府牵头的境外经贸合作区，从而加强国外友城和国内城市之间的双向互动，提升双边贸易。

在和"一带一路"国家的贸易往来数据方面，作为城市与国家之间的数据不便查找，所以本书以四川省为考察对象，据四川省商务厅数据，2014 年四川省和丝绸之路经济带国家贸易往来情况见表 7.4：

表 7.4　四川省 2014 年和"一带一路"国家贸易往来简表

进口	进口贸易方式	海关特殊监管区物流货物、加工贸易
	进口产品类别	集成电路和微电子组件、有机化学品、机器和零件、矿产品、印刷电路、家用型摄录一体机、半导体器件、电机、电器设备和零件、计量检测分析自控仪器和器具、光盘驱动器、生皮及皮革制品
	进口企业数量	639 家
出口	出口贸易方式	一般贸易、加工贸易
	出口产品类别	集成电路和微电子组件、计算机、钢材、服装、鞋类、机器零件、纺织品、钻探或凿井机械及零件、电机、电器设备及零件、灯具及照明装置、其他化学工业品
	出口企业数量	2028 家

资料来源：笔者根据四川省商务厅网站信息整理。

在和"一带一路"国家进行贸易合作方面，首先要分析市场，抓准商机，确定重点合作领域，推动重点行业的企业"走出去"来带动外贸出口，消化过剩产能。

表7.5　2014年与四川省进行贸易往来排名前10位的"一带一路"沿线国家

单位：亿美元

国家	马来西亚	越南	印度	印度尼西亚	阿联酋	俄罗斯	新加坡	伊朗	泰国	菲律宾
贸易总额	61.1	44	15	13	13	11.9	11.1	9	7.3	7.3

资料来源：笔者根据四川省商务厅网站信息整理。

表7.5列出的是和四川联系紧密的国家，企业应该针对相关国家的市场特色，开展产品出口，挖掘市场商机。此外，无论对发达国家，还是发展中国家，都要尊重其风俗，比如埃及的政治氛围、孟加拉国的环境保护条例以及哈萨克斯坦的劳工保护意识等。

在中国高铁走向海外，参与丝绸之路各国运输项目建设的过程中，企业的运输设备有广阔的市场前景。四川要把握高铁走出去的历史机遇，从大学到设计院到施工企业，争取成为全国铁路技术的前沿。

从进出口产品类别看，产业结构具有互补性，四川省制造业门类多、层次丰富、品种多样，在"一带一路"国家尤其是中亚、东南亚、中东和东欧等相对单一的国家都有市场，会助推产品的升级换代。

在"走出去"的过程中，要持有核心技术，提升管理经验，善于运作国际市场，熟悉国际经济法规和品牌运营管理，建立自主品牌，培育大型跨国企业和全球化集团。

表 7.6 2014 年四川省向"一带一路"国家出口企业排名

单位：亿美元

企业	英特尔	戴尔	东电股份	富锦	宏华	成达	新立新	东电国际	中铁二局	海斯特	资阳南车	成钢
贸易额	17.2	8.5	6.2	5.6	6.1	3.1	2.6	1.8	1.4	1.3	1.3	1.2

资料来源：笔者根据四川省商务厅网站信息自行整理。

建立并完善"走出去"综合配套服务，包括提供专业的会计、法律咨询服务，严格的环保、劳工标准认证服务，建立对外投资台账制度，组建国际经济合作专家咨询团队等，强化金融保障，加大金融创新服务，推动银行、金融资产管理公司、租赁、信托、基金等各类金融机构共同"走出去"，为在外的企业提供综合金融服务。制定具体的财税鼓励措施，切实减轻外向型企业的负担，从技术、管理、文化、环境、资金、市场等各环节共同提高抗风险能力。

本章小结

基于全书的理论分析和实证分析，区域性国际贸易中心作为代表区域参与对外交流，并对世界经济的局部产生重要贸易影响的平台，在我国处于什么样的发展定位，是否需要制定相关战略，本章试图给出决策依据。在"一带一路"和长江经济带战略指引下，在自贸区建设同步发展的背景下，各级政府可以理性地进行战略部署和决策。综合潜力较高的沿海城市、综合潜力次之但有重大战略机遇的内陆城市，只要合理定位，都可以选择适合自己发展特色的路径，提升城市的贸易规模、贸易要素集聚能力和对外开放水平。区域性国际贸易中心的建设只是一种途径，一个城市外向型经济的发展，可以基于这种途径，也可根据自身的已有条件选择其他发展目标。

区域性国际贸易中心的形成，表明城市的对外贸易交流和国际化程度得到提升，最终目的是提升城市所在的整个区域的对外开放水平，在区域内部及区域之间协调发展的同时，扩大我国在国际贸易活动中的话语权和影响力，尤其是树立在区域经济一体化组织、"一带一路"国家和亚太地区中的贸易大国和强国形象。这就是区域性国际贸易中心研究的要义所在。

研究结论与展望

一、研究结论

（一）"区域性国际贸易中心"新内涵的界定

本书丰富了"区域性国际贸易中心"的内涵，从"时间和空间相结合""代表国内小区域"和"面向国际大区域"相结合的角度进行了解释。

从时间上来看，它指的是一种发展阶段，贸易集聚和辐射能力相较于全球性国际贸易中心还有所欠缺，但它是全球性国际贸易中心的初级阶段和准备阶段；不一定所有的区域性国际贸易中心都能成为全球性国际贸易中心，但后者一定经由前者发展而来。

从空间上看，它指的是一种地域关系的布局，能带动和引导的范围较小，主要影响区域经济发展。国家内部可以有几个区域性国际贸易中心共同存在，且在各自区域内发挥贸易集聚和辐射作用。从面向的海外市场而言，只能辐射部分海外市场，尤其是集聚相邻各国。各区域性国际贸易中心在区域的对外开放和贸易投资活动中充分发挥资源配置整合作用，共同促进我国沿海沿边对外开放政策的深入发展。

本书同时还阐释了区域性国际贸易中心具有的世界城市特征、区域节点城市特征和增长极特征，完善了它的外向性、内外联通性和内部首位性三大属性。

（二）区域性国际贸易中心综合潜力评价

本书构建了区域性国际贸易中心综合潜力评价指标体系，从经济外贸水平、区位优势角度筛选了我国 50 个有代表性的城市进行评估，最终结果如下：

从综合得分结果看，区域性国际贸易中心的建设潜力排名由高到低的 20 个城市分别是上海、北京、广州、深圳、重庆、天津、苏州、成都、杭州、宁波、南京、武汉、青岛、大连、西安、东莞、无锡、厦门、沈阳、郑州。从 6 个单项主成分得分结果可以看出：上海几乎在所有主成分上都有明显优势，单项和综合实力稳定地高于其他城市，广州、深圳次之，而其他各个城市则有不同的优势和劣势。

城市的商贸规模、居民的消费实力、第三产业水平、城市的国际化程度、经济发展质量、外贸规模和质量都对区域性国际贸易中心的综合潜力起着决定性作用，这也和先进的贸易中心城市的历史演进特点相吻合。城市所处区位、港口设施、区域交通枢纽节点、优惠政策支持、经济开放度等也是非常重要的指标。高等学校数量、专利申请数量、互联网用户数、旅游外汇收入、城市展览业指数、总部经济指数等指标目前权重不高，但在所有主成分中都有出现，说明这些指标不可忽视，它们代表着国际贸易未来发展的方向，就是以知识经济、信息经济、网络经济为载体的服务贸易和电子商务；在以货物贸易为主的同时，向世界各国展示我们的旅游、文化资源和输出知识、技术密集型产品，各城市可结合自己的资源和特色有侧重地发展。

综合得分从宏观层面展示了城市所处的格局；单项得分的横向、纵向比较提供了更多的思考；同一主成分项下不同城市的排序，同一城市不同主成分的排序，为城市的合理定位、理性发展提供了借鉴思路。

（三）潜力城市在城市群的空间效应评价

本书采用了空间计量方法，使用全局自相关和局部自相关分析，检验 20 个潜力城市在 10 个城市群的集聚效应和辐射效应，以检验周围地区是否有良好的贸易基础，作为潜力城市是否对周边产生了一定的辐射效应，从而判断这些城市是否已经成为贸易中心城市。从空间检验的结果看，长江三角洲地区具有明显的贸易规模集聚效应，上海对周边地区具有明显的辐射效应，已经成为有重要影响的贸易中心城市，苏州和无锡能够成为上海较好的腹地依托。南京、杭州、宁波自身水平较高但周边腹地基础较弱，辐射效应也较低，需扩大贸易影响力。东莞和广州、深圳有着相似的贸易发展水平，广州—东莞—深圳联动发展格局有助于提高整个区域的水平。天津和北京的规模较大，虽然天津有一定的贸易集聚效应，但对周边的辐射并不明显，需要和北京互补发展，实现口岸一体化。大连、沈阳作为中心的优势都不突出，且周边基础薄弱，尚需提升整体贸易水平。青岛、烟台贸易规模相似，青岛对周边城市形成了较为明显的辐射效应，烟台和日照可以作为青岛发展为区域性贸易中心的良好腹地依托。厦门、泉州所在区域没有实现较高程度的集聚，表明腹地基础较薄弱，厦门对周边城市有一定的辐射效应，区域整体贸易水平需要提高。成都、重庆无论是辐射效应还是极化效应都不明显，两个城市的各项指标都很接近，可实现双核联动发展，提高整个区域的贸易水平，实现腹地依托。武汉、西安、郑州均有较为明显的极化效应，周边基础比较薄弱，欠缺腹地依托。本书站在区域的角度，从宏观上对潜力城市能否成为中心城市发挥集聚效应和辐射效应进行了判断，以为政府理性决策提供思考。

（四）区域性国际贸易中心建设的选择

区域性国际贸易中心的形成既是市场经济规律所致，也是战略规划的结果。由地理区位、资源禀赋、人口数量与质量以及基础设施带来的禀赋生长力促使某些城市具有了先发优势成长为贸易中心。规模经济和集聚经济是城市经济的本质，在企业不断向中心市场靠近的过程中，分工越加细化，产业集群开始出现，城市整体规模经济更加明显。综合枢纽功能的加强、运输成本的降低能进一步促进关联配套产业的集中，整个城市越发成为产业的中心，这就是市场驱动力。战略规划、贸易便利化程度、市场经济制度的完善程度、法制水平和法制程度、区域间宏观调控水平构成了制度保障力。在实现产业集聚和城市集聚的基础上，由于规模经济、循环因果机制的存在和产业转移的需要，中心城市通过产业集聚的外溢效应、对外传输机制和产业分工等方式将各种经济要素向区域扩散，并通过竞争与协调实现区域发展的内生动力，通过枢纽功能产生区域发展的外生动力。

在"一带一路"和长江经济带战略指引下，在自贸区建设同步发展的背景下，政府必须理性地进行战略部署和决策。综合潜力较高的沿海城市、综合潜力次之但有重大战略机遇的内陆城市，定位必须合理，选择适合自己特点的路径，提升城市的贸易规模、贸易要素集聚能力和对外开放水平。区域性国际贸易中心的建设只是一种途径，一个城市外向型经济的发展，可以基于这种途径，也可根据自身的已有条件选择其他发展目标。

二、研究展望

（一）对评价指标体系的验证和完善

本书在对区域性国际贸易中心的内涵逐层进行理论解构的基础上，分析了纽约、东京、伦敦、香港、新加坡的发展历史和特征，对形成机制进行了多维度的梳理，和指标内涵进行对应，推导出多维度综合潜力评价指标体系，从理论上、逻辑上尽可能确保指标体系的科学性、合理性和严密性。本书搭建该指标体系的目的并非用于发布得分排行，既非政府行为也非商业行为，得分结果并不是本书进行学术研究的最终目的，而仅仅是作为方法手段筛选出具有区域性国际贸易中心发展潜力的城市，以便进行后续研究。从得分结果可以看出，得分比较突出的这些城市与它们的经济发展特征是基本吻合的，也是和笔者研究的相关城市群基本一致，因此构建评价指标体系在本书的作用已经实现。

但是，一个科学全面的评价指标体系应该经得起实证检验，因此在指标体系构建完成后，应该用现有国际贸易中心的数据对其进行验证。（1）该指标体系属于推导演化类型，由于"区域性国际贸易中心"的概念内涵是新的，因此用哪个城市作为本书界定的"区域性国际贸易中心"来进行验证，这是一个尚待实践解决的问题。（2）从"区域性国际贸易中心"的发展阶段看，其高级阶段是全球性国际贸易中心，因此可以采用纽约、东京、伦敦的数据进行验证来辅助说明。笔者经多渠道尝试，试图获得以上城市过去多年的一手数据，却因各国（地区）统计口径不一和某些数据库没有对外公开的原因，凭一己之力很难全面获得所有相关数据来验证指标体系的正确性和完整性，这也是本书完成后笔者仍感到遗憾的地方和今后需要着重努力的方向。

在今后的研究中，随着实践经验的完善和各项数据采集的完整，应该对指标体系进行检验和修正，增加没有考察到的重要指标，对采集确实较为困难的指标进行替换或者剔除，对各项指标的权重进行修正和界定，不断通过实证检验该评价体系，以增强该评价指标体系的科学性，以期最终能在实践中丰富完善，并指导新的实践。

（二）保持关注区域性国际贸易中心对区域经济增长的效应

限于目前的经济发展背景和研究目的，本书的研究暂时停留在判断我国城市的潜力上，检验目前是否已经成为中心并给出发展建议。但更多的关于区域性国际贸易中心这一命题的研究，应该是随着它的发展壮大，对其经济效应进行检验，对未来趋势进行预测。

根据本书第七章的研究结论，长江三角洲地区目前已经呈现出明显的贸易集聚效应，上海对周边地区起到了良好的辐射效应，已经展现了区域性国际贸易中心城市的特征，而且因为政府战略规划的重视和实践的发展，上海成为我国第一个全球性的国际贸易中心是必然趋势。而诸如宁波、青岛、天津、广州这样的经济贸易发达城市目前虽然有一定的集聚优势，但在城市群内部的辐射效应并不十分明显，内陆城市重庆、成都等则需要加强自身优势，提升贸易集聚力，进而发挥辐射效应。因此，未来政策如何引导，贸易如何发展，有待跟踪检验。对城市综合潜力的评价和空间效应的分析应该保持长期的关注。

在更多的城市呈现出区域性国际贸易中心特征的时候，就需要研究区域性国际贸易中心对区域经济发展究竟起到什么作用。有必要收集区域经济发展的相关数据和代表贸易中心发展的相关数据，定义因变量与自变量，检验是否有知识和技术外溢效应以及还出现了其他哪些效应，完成对区域性国际贸易中心"有什么作用"的讨论，最终完善整个概念"区域性国际贸易中心是什么—如何形成—如何判断现有的城市是不是—已经是的城市发挥了什么作用"的逻辑体系。同时，知识和技术外溢效应的出现，也能说明规模经济对贸易集聚的自我强化机制，从而用实证检验进一步验证形成机制的正确性。

（三）继续研究具体城市建设区域性国际贸易中心的举措

本书给出的建议更多的是在宏观层面提出一种建设战略和思路，为的是提供实证分析的客观结果以供政府决策和学界研究使用。对于具体城市的措施，仅仅是选取了两个沿海城市和两个内陆城市，说明了根据各自特色进行发展的思路，限于篇幅和作者水平，并不是十分详尽。

未来的研究方向应该是在某个城市具体的建设中，像上海、宁波那样深入行业中观层面和企业微观层面，对城市的各个潜力指标展开调研分析，获得更多的一手数据，通过更细致的数据处理，建立相应的计量模型进行变量关系研究，研究从加工企业生产、分工、专业化，到产品结构优化，如何形成产业集聚和集群，从而提升行业和城市的贸易竞争力，增强城市的规模经济；如何在供给侧改革中调整产业结构，结合地方特色，以贸易促进高端服务业和现代制造业的发展，真正让区域性国际贸易中心成为区域经济协调发展和对外开放的重要支撑。

参考文献

一、学术著作

［1］K. J 巴顿. 城市经济学：理论与政策 ［M］. 上海社会科学院部门经济研究所城市经济研究室，译. 北京：商务印书馆，1984.

［2］阿尔弗雷德·韦伯（Alfred Weber）. 工业区位论 ［M］. 李刚剑，等，译. 北京：商务印书馆，1997.

［3］艾德加·M. 胡佛，弗兰克·杰莱塔尼. 区域经济学导论（中译本）［M］. 王翼龙，译. 上海：上海远东出版社，1992.

［4］贝蒂尔·奥林. 地区间贸易和国际贸易 ［M］. 王继祖，译. 北京：首都经济贸易大学出版社，2001.

［5］彼得·霍尔. 世界大城市 ［M］. 北京：中国建筑工业出版社，1982.

［6］彼得·纽曼. 新帕尔格雷夫经济学大辞典：第四卷 ［M］. 北京：经济科学出版社，1992.

［7］陈向明，周振华. 上海崛起：一座全球大都市中的国家战略与地方变革 ［M］. 上海：上海人民出版社，2009.

［8］陈信康，王春燕．2012 年中国城市国际贸易竞争力评价［M］．上海：上海财经大学出版社，2013.

［9］道格拉斯·诺斯，罗伯特·托马斯．西方世界的兴起［M］．厉以平，等，译．北京：华夏出版社，1999.

［10］方创琳，等．中国城市群可持续发展理论与实践［M］．北京：科学出版社，2010.

［11］方创琳，毛其智．中国城市群选择与培养的新探索［M］．北京：科学出版社，2015.

［12］耿乃国，王永刚．中国城市群经济规模效应研究［M］．北京：北京师范大学出版社，2011.

［13］顾朝林．城市经济区的理论与实践［M］．长春：吉林科技出版社，1991.

［14］郭鸿懋，等．城市空间经济学［M］．北京：经济科学出版社，2002.

［15］郭华巍．沿海港口城市创新能力比较研究［M］．北京：经济科学出版社，2013.

［16］郝寿文，安虎森．区域经济学［M］．北京：经济科学出版社，1999.

［17］肯尼思·巴顿．运输经济学［M］．北京：商务印书馆，2001.

［18］李嘉图．政治经济学及赋税原理［M］．北京：商务印书馆，1962.

［19］李丽萍．城市人居环境［M］．北京：中国轻工业出版社，2001.

［20］李丽萍．国际城市的理论与实践：形成机制、发展模式与形成路径［M］．北京：新华出版社，2005.

[21] 梁琦. 产业集聚论 [M]. 北京：商务印书馆，2004.

[22] 列宁. 列宁全集 [M]. 北京：人民出版社，1959.

[23] 陆军. 城市外部空间运动与区域经济 [M]. 北京：中国城市出版社，2001.

[24] 马克思，恩格斯. 马克思恩格斯全集 [M]. 北京：人民出版社，1972.

[25] 马克思，恩格斯. 马克思恩格斯选集 [M]. 北京：人民出版社，1995.

[26] 马莉莉. 香港之路：产品内分工视角下的世界城市发展 [M]. 北京：人民出版社，2011.

[27] 马歇尔. 经济学原理 [M]. 朱志泰，陈良璧，译. 北京：商务印书馆，1981.

[28] 倪鹏飞，等. 2012 中国城市竞争力报告 [R]. 北京：社会科学文献出版社，2012.

[29] 皮埃尔—菲利普·库姆斯，蒂里·迈耶，雅克—弗朗索瓦·蒂斯. 经济地理学：区域和国家一体化 [M]. 安虎森，等，译. 北京：中国人民大学出版社，2011.

[30] 芮明杰，富立友，陈晓静. 产业国际竞争力评价理论与方法 [M]. 上海：复旦大学出版社，2010.

[31] 丝奇雅·沙森. 全球城市 [M]. 周振华，等，译. 上海：上海社会科学院出版社，2005.

[32] 藤田昌久，保罗·R. 克鲁格曼，安东尼·J. 维纳布尔斯. 空间经济学：城市、区域与国际贸易 [M]. 北京：中国人民大学出版社，2013.

[33] 屠启宇，金芳，等. 金字塔尖的城市国际大都市发展报告 [R]. 上海：上海人民出版社，2007.

［34］汪亮. 论国际贸易中心建设的国家战略［M］. 上海：上海社会科学出版社，2011.

［35］汪明峰. 城市网络空间的生产与消费［M］. 北京：科学出版社，2007.

［36］西蒙·库兹涅茨. 各国的经济增长——总产值和生产结构［M］. 北京：商务印书馆，1985.

［37］亚当·斯密. 国富论［M］. 赵海波，译. 天津：天津人民出版社，2009.

［38］杨丹萍，许继琴. 宁波区域性国际贸易中心城市建设研究［M］. 杭州：浙江大学出版社，2014.

［39］杨吾扬，梁进社. 高等经济地理学［M］. 北京：北京大学出版社，1997.

［40］姚士谋，等. 中国的城市群［M］. 合肥：中国科学技术大学出版社，1992.

［41］姚士谋. 区域与城市发展论［M］. 合肥：中国科学技术大学出版社，2004.

［42］殷广卫. 新经济地理学视角下的产业集聚机制研究：兼论近十多年我国区域经济差异［M］. 上海：上海人民出版社，2011.

［43］约翰·冯·杜能. 孤立国同农业和国民经济的关系（中文版）［M］. 北京：商务印书馆，1993.

［44］张泓铭，尤安山，等. 走向上海国际贸易中心——从纽约、东京、新加坡、香港到上海［M］. 上海：上海社会科学院出版社，2011.

［45］张美涛. 知识溢出、城市集聚与中国区域经济发展［M］. 北京：社会科学文献出版社，2013.

［46］郑长德. 空间经济学与中国区域发展：理论与实证研究［M］. 北京：经济科学出版社，2014.

［47］钟昌标. 国际贸易与区域发展［M］. 北京：经济管理出版社，2001

［48］周振华，等. 世界城市——国际经验与上海发展［M］. 上海：上海社会科学院出版社，2004.

二、学术论文

［1］陈建军，胡晨光. 产业集聚的集聚效应——以长江三角洲次区域为例的理论和实证分析［J］. 管理世界，2008（6）.

［2］陈柳钦. 基于新经济地理学的产业集群理论综述［J］. 湖南科技大学学报（社会科学版），2007（5）.

［3］程大中. 国际贸易中心的历史演变及其对上海的启示［J］. 世界经济情况，2009（7）.

［4］邓慧慧. 贸易自由化、要素分布和制造业集聚［J］. 经济研究，2009（11）.

［5］丁国杰. 论上海国际贸易中心建设的重要突破口［J］. 开放导报，2011（5）.

［6］董岗. 伦敦发展国际航运服务的关键举措及经验借鉴［J］. 大连海事大学学报，2010（4）.

［7］范剑勇. 产业集聚与地区间劳动生产率差异［J］. 经济研究，2006（11）.

［8］范剑勇. 产业结构失衡、空间集聚与中国地区差距变化［J］. 上海经济研究，2008（2）.

［9］方创琳，毛其智，倪鹏飞. 中国城市群科学选择与分级

发展的争鸣及探索 [J]. 地理学报，2015 (4).

[10] 高耀松，张娟. 无水港与上海国际贸易中心建设 [J].
     科学发展，2010 (10).

[11] 谷克鉴. 香港国际贸易中心功能及其在内地的演化与
     拓展 [J]. 财贸经济，1997 (11).

[12] 国家发展改革委、外交部、商务部（经国务院授权发
     布）. 推动共建丝绸之路经济带和 21 世纪海上丝绸之
     路的愿景与行动 [Z]. 2015—03.

[13] 国家计委国土开发与地区经济研究课题组. 对区域性
     中心城市内涵的基本界定 [J]. 经济研究参考，2002
     (52).

[14] 国家统计局. 中国城市综合实力 50 强及首批城市投资
     硬环境 40 优 [J]. 中国国情国力. 1993—01.

[15] 侯亚婷. 马克思对国际贸易理论的研究 [J]. 经济研
     究导刊，2009 (6).

[16] 黄丙志. 世界城市视角下国际贸易中心的当代节点特
     征 [J]. 上海经济研究，2010 (11).

[17] 黄丙志. 新加坡国际贸易中心转型及其贸易发展与便
     利化政策研究 [J]. 经济师，2011 (3).

[18] 黄玖立. 对外贸易、区域间贸易与地区专业化 [J].
     南方经济，2011 (6).

[19] 姜良根，胡侠参. 建设国际贸易示范区：打造国际贸
     易中心城市核心功能区的战略选择 [J]. 宁波经济
     （三江论坛），2011 (12).

[20] 蒋伏心，苏文锦. 长三角高技术产业同构对区域经济
     增长影响的研究——基于空间计量经济的实证分析

[J]. 江苏社会科学，2012 (6).

[21] 匡增杰. 对上海国际贸易中心建设的探讨——基于行业协会对外贸易促进职能的视角 [J]. 世界贸易组织动态与研究，2011.

[22] 李煜伟，倪鹏飞. 外部性、运输网络与城市群经济增长 [J]. 中国社会科学，2013 (3).

[23] 林凌，蒋一苇. 中心城市综合改革思想的结晶 [J]. 经济体制改革，1993 (1).

[24] 刘爱民. 大连国际航运中心与区域经济互动发展研究 [D]. 大连：大连海事大学，2013 (10).

[25] 刘冉，董玛力，宋涛. 新加坡"港—城"关系转型的经验借鉴 [J]. 世界地理研究，2008 (12).

[26] 刘荣增. 城镇密集区及其相关概念研究的回顾与再思考 [J]. 人文地理，2016 (3).

[27] 刘育红. "新丝绸之路"经济带交通基础设施、空间溢出与经济增长 [D]. 西安：陕西师范大学，2013.

[28] 刘志广. 制度变迁下世界经济增长极的形成与国际经济中心城市的崛起 [J]. 世界经济与政治，2004 (11).

[29] 刘竹青. 地理集聚对中国出口贸易的影响：微观基础与实证检验 [D]. 天津：南开大学，2013

[30] 卢丽红，何传添. 香港—新加坡贸易竞争力比较与启示 [J]. 广东外语外贸大学学报，2011 (5).

[31] 陆大道. 我国区域发展的战略、态势及京津冀协调发展分析 [J]. 北京社会科学，2008 (12).

[32] 陆昊. 非港口式贸易中心的实证研究——兼析北京对

外贸易现状及发展趋势［J］．国际贸易问题，2007（8）．

［33］陆军．京津城市经济区空间双核心的形成条件［J］．首都经济贸易大学学报，2001（6）．

［34］陆军，王栋．世界城市的综合判别方法及指标体系研究［J］．经济社会体制比较，2011（12）．

［35］陆玉麒，董平．明清时期太湖流域的中心地结构［J］．地理学报，2005（7）．

［36］吕康银．区域开放动力机制与区域经济协调发展研究［D］．长春：东北师范大学，2004．

［37］宁越敏，唐礼智．城市竞争力的概念和指标体系［J］．现代城市研究，2001（3）．

［38］宁越敏，严重敏．我国中心城市的不平衡发展及空间扩散的研究［J］．地理学报，1993．

［39］农晓丹．建设宁波国际贸易中心的对策研究［J］．北方经济，2010（6）．

［40］裴松．大连东北亚国际航运中心发展问题研究［D］．大连：大连海事大学，2008．

［41］彭传圣．2008年美国港口集装箱运输分析［J］．港航研究，2009（7）．

［42］彭传圣．美国港口集装箱运输发展分析［J］．集装箱化，2006（11）．

［43］彭羽，沈玉良．上海、香港、新加坡吸引跨国公司地区总部的综合环境比较［J］．国际商务研究，2012（7）．

［44］彭羽，沈克华．香港离岸贸易对珠三角地区产业发展

的影响研究——基于珠三角地区 48 个区县面板数据的实证分析 [J]. 国际经贸探索，2013（2）.

[45] 沈克华，彭羽. 离岸贸易与香港国际贸易中心地位的演变 [J]. 亚太经济，2013（3）.

[46] 沈丽珍，顾朝林. 区域流动空间整合与全球城市网络构建 [J]. 地理科学，2009（6）.

[47] 宋思曼. 国家中心城市功能理论与重庆构建国家中心城市研究 [D]. 重庆：重庆大学，2013.

[48] 孙浩. 基于国际货物贸易发展视角的上海国际贸易中心建设研究 [J]. 国际商务研究，2012（6）.

[49] 唐启国. 关于建设上海国际贸易中心的思考 [J]. 城市，2010（3）.

[50] 唐晓云. 内生性、生产分割与国际贸易中心的新兴起——以上海为例 [J]. 亚太经济，2010（5）.

[51] 唐章红. 上海建成国际商务中心城市影响因素分析 [D]. 上海：同济大学，2006.

[52] 汪亮. 国际贸易中心城市崛起的经验与启示 [J]. 城市观察，2011（4）.

[53] 王火灿. 国际贸易中心的形态与成因及上海的目标与对策 [J]. 国际商务研究，1995（3）.

[54] 王永刚. 中国城市群经济规模效应研究 [D]. 沈阳：辽宁大学，2008.

[55] 魏浩，王宸. 中国对外贸易空间集聚效应及其影响因素分析 [J]. 数量经济技术经济研究，2011（11）.

[56] 魏浩. 我国 29 个省市区利用外国直接投资的空间效应：1985—2007 年 [J]. 国际贸易问题，2009（9）.

［57］魏浩. 中国 30 个省市对外贸易集聚效应和辐射效应研究 ［J］. 世界经济，2010（4）.

［58］吴晓隽，高汝熹. 试析全球化时代都市圈中心城市极化效应的新模式及对中国的启示 ［J］. 世界经济研究，2006（11）.

［59］谢守红. 经济全球化与世界城市的形成 ［J］. 外国经济与管理，2002（4）.

［60］谢守红，宁越敏. 世界城市研究综述 ［J］. 地理科学进展，2004（9）.

［61］杨洁，肖金成. 完善区域性中心城市功能的基本思路与对策建议 ［J］. 经济研究参考，2002.

［62］杨振宇. 青岛创建国际贸易中心城市的建设思路探讨 ［D］. 青岛：中国海洋大学，2014.

［63］姚海华. 长三角城市的贸易集聚效应与上海的贸易辐射效应研究 ［J］. 华东经济管理，2012（11）.

［64］殷广卫. 新经济地理学视角下的产业集聚机制研究 ［D］. 天津：南开大学，2009.

［65］于涛方. 国外城市竞争力研究综述 ［J］. 国外城市规划，2004（2）.

［66］于伟，杜小刚，于绍璐. 青岛市城市竞争力的多层次评估及提升对策 ［J］. 国土与自然资源研究，2007（2）.

［67］袁冬梅，魏后凯，于斌. 中国地区经济差距与产业布局的空间关联性——基于 Moran 指数的解释 ［J］. 中国软科学，2012（12）.

［68］张浩然. 中国城市经济的空间集聚和外溢：理论分析

与经验证据［D］. 吉林：吉林大学，2012.

［69］张泓铭. 上海商贸业发展与国际贸易中心建设［J］.
上海经济研究，2009（7）.

［70］张江余. 成渝城市群综合交通运输——经济复合系统
研究［D］. 成都：西南交通大学，2010.

［71］张学良. 探索性空间数据分析模型研究［J］. 当代经
济管理，2007（4）.

［72］周阳. 国家中心城市：概念、特征、功能及其评价
［J］. 城市观察，2012（1）.

［73］周游. 经济中心城市的聚集与扩散规律研究［J］. 南
京大学学报，2007（4）.

三、英文文献

［1］Annekatrin Niebuhr Silvia Stiller: Integration Effects in
Border Regions—A Survey of Economic Theory and
Empirical Studies HWWA discussion paper 179,
Hamburgisches Welt-Wirtschafts-Archiv（HWWA）
Hamburg Institute of International Economics［Z］. 2002.

［2］Antonietti, R., &Cainelli, Spatial agglomeration, technology
and outsourcingknowledge－intensive business services:
empirical insights from Italy［J］. International Journal
Services Technology and Management, 2008(2).

［3］CUI L. Strengthening Regional Cooperation along the
Continental Bridge and Making a Brilliant New Silk Road
［J］. China Soft Science, 2001(10).

［4］Davis, D. R., &Weinstein, D. E.. Economic Geography

and Regional Production[Z].1999.

[5] Donald R. Davis, David E. Weinstein. Market Access, Economic Geography and Comparative Advantage: An Empirical Assessment[R]. NBER Working Paper, 1998 (11).

[6] Donald R. Davis, David E. Weinstein. Market Access, Economic Geography and Comparative Advantage: An Empirical Test[J]. Journal of International Economics, 2003(1).

[7] Economic Survey of Singapore[Z]. Singapore Department of Statistics, 2010.

[8] Freeman. The National System of Innovation in Historical Perspective [J]. Cambridge Journal of Economy, 1995.

[9] Friedmann, J. The World City Hypothesis [J]. Development and Change, 1986(1).

[10] Galbraith, John Kenneth. The Affluent Society [M]. London: Hamish Hamilton, 1958.

[11] Hoover, E. M.. The Measurement of Industrial Localization [J]. The Review of Economics and Statistics, 1936(4).

[12] J. Friedman & G. wolf. World City Formation: Agenda for Research and Action [J]. International Journal of Urban and Region Research, 1982(3).

[13] John Friedmann. Planning Global Cities: A Model for an Endogenous Development[Z]. 2004.

［14］ Kolko, Jed, Urbanization, Agglomeration, and Coagglomeration of Service Industries ［M］. The University of Chicago Press, Edward L. Glaeser, Chapter pagesin book, 2010.

[15]Krugman P. Space: the Final Frontier ［J］. The Journal of Economic Perspective, 1998(12).

［16］ Krugman, P. R.. Increasing Returns, Monopolistic Competition, and International Trade ［J］. Journal of International Economics, 1979(9).

［17］ Krugman, P.. Geography and Trade ［M］. MA: MIT Press, 1991.

［18］ Krugman. P. Increasing Returns and Economic Geography[J]. Journal of Political Economy, 1991.

［19］ Limao. N. and A. J. Venables. Infrastructure, Geographical Disadvantage, Transport Costs and Trade ［J］. World Bank Ecomomic Review, Washington, DC: World Bank, 2001(1).

[20]Naomi Aoki & Peter Roberts. Transport as a Factor in the Investtment Climate Transport Note No［R］. TRN-34, August, 2006.

［21］ Paul Krugman. Scale Economies, Product Differentiation, and the Pattern of Trade ［J］. The American Economic Review, 1980(12).

［22］ Paul Krugman. First Nature, Second Nature, and Metropolitan Location[J]. Journal of Regional Science, 1993(2).

[23] Paul Krugman. Innovation and Agglomeration: Two Parables Suggested by City-size Distrubutions[J]. Japan and the World Economy, 1995(7).

[24] Paul, Krugman. History and Industry Location: the Case of the Manufacturing Belt[J]. American Economic Review, 1991.

[25] Porter, M.. The Competitive Advantage of Nations[M]. New York: Free Press, 1990.

[26] Porter, M.. What is Strategy? [J]. Harvard Business Review, 1996(6).

[27] Porter, M.. Clusters and Competition: New agendas for companies, governments, and institutions. In M. Porter, On competition[M]. Boston: Harvard Business School Press, 1998.

[28] Richard E. Baldwin. Agglomeration and Endogenous Capital[J]. European Economic Review, 1999.

[29] Roger Waldinger, Still Promise City?—African-American and New Immigrants in Postindustrial New York[M]. New York: Harvard University Press, 1996.

[30] S. Sassen. The Global City: New York, London, Tokyo [M]. New Jersey: Princeton University Press, 1991.

[31] Seil Mun. Transport Network and System of Cities[J]. Journal of Urban Economics, 1997.

[32] Skinner G W. Translated by Shi Jianyun[M]. Beijing: China Social Sciences Press, 1998.

[33] Stephen Ip, Latest Logistic Developments at Hong Kong

Port[J]. Journal of Shanghai Maritime University, 2004
(2).

[34] Taylor, P. J. Walker, D. R. F and Beaverstock, J. V,
Firms and Their Global Service Networks, in Sassen, S.
(ed): Global Networks, Linked Cities[M]. New York,
London: 2002.

[35] The London Planning Advisory Committee [M].
London: World City, 1991.

[36] Wolfgang Kellor. Geographic Localization of
International Technology Diffusion J [R]. NBER
Working Paper, 2000.

附　录

附录1　样本城市进出口额和排序表

单位：万美元

城市	2012年	2011年	2010年	2009年	2008年	5年平均值	排名
上海市	43658695	43743600	36886900.00	27773100.00	32213800	36855219.00	1
深圳市	46680285.9	41397467.5	34676322.00	27015478.15	30006600	35955230.71	2
北京市	40810735.4	38958313.8	30166129.00	21479102.87	27171187	31717093.61	3
苏州市	30569197.1	30086255.7	27407639.00	20144835.50	22852482	26212081.86	4
东莞市	14451707.6	13523315.4	12156572.00	9413714.56	11342400	12177541.91	5

341

城市	2012 年	2011 年	2010 年	2009 年	2008 年	5 年平均值	排名
广州市	11716670.2	11616259.2	10376198.00	7673679.17	8196758	9915912.91	6
天津市	11562280	10339107	8220078.00	6394415.00	8053889	8913953.80	7
宁波市	9657269	9818682	8290424.00	6081274.67	6783347	8126199.33	8
无锡市	7077249.6	7246334.3	6122296.00	4391770.00	5593049	6086139.78	9
青岛市	7320217	7231698	5705973.00	4485115.00	5365184	6021637.40	10
厦门市	7449656	7015759	5703059.00	4330731.00	4537749	5807390.80	11
杭州市	6168324	6397180	5235548.00	4041998.02	4804582	5329526.40	12
大连市	6411342.3	6050979	5198171.00	4183858.00	4698672	5308604.46	13
佛山市	6105804	6088883.9	5165847.00	3833946.99	4221247	5083145.78	14
南京市	5523472.8	5734393	4560125.00	3374496.20	4059157	4650328.80	15
珠海市	4568039.7	5162971.2	4348282.00	3744019.95	4683200	4501302.57	16
烟台市	4780236	4534870	4378096.00	3429395.00	3503099	4125139.20	17
惠州市	4949407.5	3881276.2	3423469.00	2924021.11	2974475	3630529.76	18
中山市	3352253	3418519.4	3111256.00	2446968.31	2590879	2983975.14	19

续表

城市	2012 年	2011 年	2010 年	2009 年	2008 年	5 年平均值	排名
绍兴市	3209794	3350542	2701612.00	2049048.00	2381621	2738523.40	20
成都市	4754212	3790634	2244970.00	1483500.00	1202545	2695172.2	21
福州市	3105087	3464525	2458595.00	1784900.00	2032079	2569037.2	22
重庆市	5195730	2921786	1242634.00	770859.00	952121	2216626	23
南通市	2630088.7	2577546.8	2107510.00	1626777.80	1668201	2122024.86	24
武汉市	2035353	2278958	1805506.00	1147256.00	1397710	1732956.6	25
日照市	2529334	2083688	1337674.00	857045.00	926758	1546899.8	26
长春市	1968931	1734887	1322447.00	855646.00	879640	1352310.2	27
郑州市	3585835.4	1602034.9	517432.00	352357.19	428993	1297330.499	28
合肥市	1764175	1230891	995880.00	642755.00	769769	1080694	29
舟山市	1535605	1326405	1073258.00	702451.00	605351	1048614	30
石家庄市	1294931.4	1416852.2	1097410.00	550846.00	698964	1011800.72	31
西安市	1301432.6	1257852.1	1038293.00	725234.00	701366	1004835.54	32
昆明市	1440967	1202204	1010929.00	563030.00	730801	989586.2	33

续表

城市	2012 年	2011 年	2010 年	2009 年	2008 年	5 年平均值	排名
沈阳市	1274827.5	1062025	785604.00	657028.00	712863	898469.5	34
唐山市	1048246.5	1086323	753895.00	609605.00	919948	883603.5	35
济南市	912660	1040015	743142.00	565704.00	802699	812844	36
太原市	847422	853438	791250.00	591231.00	938580	804384.2	37
乌鲁木齐市	1039689	902984	598533.00	368300.00	522893	686479.8	38
长沙市	869251.8	748934	608928.00	411800.00	516781	631138.96	39
南昌市	828936	787507	530657.00	347961.00	339898	566991.8	40
秦皇岛市	441195.9	434887.4	350931.00	331568.00	500230	411762.46	41
哈尔滨市	462857	490877	422529.00	318802.85	358679	410748.97	42
海口市	421480	393626.5	394539.00	381050.60	361353	390409.82	43
营口市	549196.7	433623	292160.00	167299.00	238529	336161.54	44
贵阳市	505360	376936	227537.00	181076.00	225165	303214.8	45
南宁市	414678	251042	221273.00	278764.00	187063	270564	46
兰州市	339666.7	187717.7	115882.00	48819.00	71580	152733.08	47

续表

城市	2012 年	2011 年	2010 年	2009 年	2008 年	5 年平均值	排名
呼和浩特市	170128	202456	150604.00	70656.00	89657	136700.2	48
银川市	138632	137449	106154.00	66445.00	122351	114206.2	49
西宁市	93417	81562.7	66688.00	44391.00	62853	69782.34	50

附录 2　港口吞吐量及排名

单位：亿吨

港口	2014 年	2013 年	2012 年	平均吞吐量
宁波—舟山港	8.73	8.1	7.44	8.09
上海港	7.55	7.76	7.36	7.56
天津港	5.4	5.01	4.77	5.06
广州港	4.99	4.55	4.35	4.63
苏州港	4.79	4.54	4.28	4.54
青岛港	4.65	4.5	4.15	4.43
唐山港	5.01	4.46	3.65	4.37

续表

港口	2014 年	2013 年	2012 年	平均吞吐量
大连港	4.28	4.08	3.74	4.03
营口港	3.45	3.3	3.01	3.25
日照港	3.53	3.09	2.81	3.14
秦皇岛港	2.75	2.73	2.71	2.73
深圳港	2.23	2.34	2.28	2.28
烟台港	2.38	2.22	2.03	2.21
南京港	2.2	2.04	1.92	2.05
南通港	2.2	2.05	1.85	2.03
连云港港	2.1	2.02	1.74	1.95
厦门港	2.05	1.91	1.72	1.89
北部湾港	2.04	1.85	1.74	1.88
湛江港	2.03	1.8	1.71	1.85
黄骅港	1.78	1.71	1.26	1.58

附录 3　标准化后的数据

指标 1—8

城市	ZSco01	ZSco02	ZSco03	ZSco04	ZSco05	ZSco06	ZSco07	ZSco08
北京市	-0.61083	-0.70024	1.36168	2.39206	2.56895	-0.33154	0.26196	3.90597
天津市	0.60300	1.51604	0.74435	0.97417	-0.09612	2.47966	0.74470	-0.23566
石家庄市	-0.61083	-0.70024	0.74276	0.72396	-0.62626	-0.20868	0.90958	-0.36408
唐山市	-0.47684	1.27274	0.21992	-0.98585	-0.70230	0.68603	1.47256	-0.46039
秦皇岛市	-0.45744	0.50744	-0.66171	-0.77733	-0.75717	-0.22356	-1.01671	-0.46039
太原市	-0.61083	-0.70024	-0.51385	0.51544	-0.40228	0.87452	-0.63007	-0.33197
呼和浩特市	-0.61083	-0.70024	-0.77775	-0.36031	-0.77112	0.39797	-0.37474	-0.36408
沈阳市	-0.61083	-0.70024	0.19699	0.59885	-0.45666	-0.54062	0.01881	-0.33197
大连市	0.84850	1.10464	-0.07106	-0.06839	-0.47967	0.17019	0.36892	-0.29987
营口市	-0.51946	0.75959	-0.78071	-1.19436	-0.77747	0.10724	-0.35500	-0.46039
长春市	-0.59278	-0.70024	0.24759	0.22353	-0.44678	-0.51582	-0.77962	-0.29987
哈尔滨市	-0.54034	-0.70024	0.72695	0.76566	-0.27261	-0.14992	-0.76777	-0.36408
上海市	5.12392	2.73257	1.59098	1.51630	1.80961	-0.47805	1.52298	4.41966

续表

城市	ZSco01	ZSco02	ZSco03	ZSco04	ZSco05	ZSco06	ZSco07	ZSco08
南京市	1.41046	0.20220	0.03094	0.89077	0.22502	−0.09345	−0.64238	0.37435
无锡市	−0.33414	0.21989	−0.30689	−0.81904	1.32917	−0.69972	−0.59847	−0.29987
苏州市	−0.48900	1.30813	0.05209	−0.27690	3.61801	−0.63639	−0.64981	−0.46039
南通市	0.23298	0.20662	0.27487	−0.98585	0.36624	−0.70926	−0.69339	−0.39618
杭州市	0.19283	−0.28441	0.15646	0.26523	1.42090	−0.63448	0.21147	0.24593
宁波市	1.28545	2.88297	−0.09340	−0.73563	2.31544	0.36554	−0.18965	−0.17144
绍兴市	−0.44983	−0.70024	−0.36718	−0.94414	−0.01167	−0.69896	−0.79719	−0.46039
舟山市	1.40739	2.88297	−1.04797	−1.19436	−0.74257	−0.74284	−1.03428	−0.46039
合肥市	−0.33132	−0.70024	0.16615	0.76566	−0.20901	−0.68561	1.05525	−0.39618
福州市	0.28505	−0.13400	0.05545	0.01501	−0.48890	−0.74284	−0.55536	−0.10723
厦门市	0.02986	0.14469	−0.85128	−0.61052	−0.38442	−0.32352	−0.74236	0.50277
南昌市	−0.51897	−0.61044	−0.23197	0.47374	−0.64900	−0.65165	−0.73236	−0.39618
济南市	−0.58762	−0.70024	−0.02797	1.55801	−0.16005	−0.74284	−0.20413	−0.33197
青岛市	−0.44958	1.29043	0.28910	−0.40201	−0.18496	1.64790	0.20068	0.14961

续表

城市	ZSco01	ZSco02	ZSco03	ZSco04	ZSco05	ZSco06	ZSco07	ZSco08
烟台市	-0.18186	0.28183	0.04695	-0.90244	-0.61791	-0.06484	-0.19867	-0.36408
日照市	-0.51344	0.66669	-0.66685	-1.23606	-0.80341	1.89018	-0.50718	-0.46039
郑州市	-0.61083	-0.70024	0.57652	1.01587	-0.26952	0.44032	0.36405	-0.33197
武汉市	0.67693	-0.20346	0.38478	2.01673	0.03056	2.69485	0.28644	-0.13934
长沙市	-0.23258	-0.70024	0.06988	0.76566	-0.27006	-0.68599	0.26038	-0.26776
广州市	2.20245	1.31255	0.40494	2.01673	0.58714	1.59868	2.53224	2.81438
深圳市	0.24686	0.33491	-0.62652	-0.90244	1.86800	-0.59366	0.10339	-0.46039
珠海市	-0.43791	-0.70020	-1.02563	-0.90244	-0.57166	-0.70087	-0.89665	-0.42829
佛山市	-0.13826	-0.48348	-0.48598	-1.19436	-0.77753	-0.57343	0.17685	-0.46039
惠州市	0.55941	-0.70024	-0.56149	-1.19436	-0.50811	-0.64707	-0.73308	-0.46039
东莞市	-0.15632	-0.58965	-0.86690	-1.06925	0.39387	-0.74284	-0.75757	-0.46039
中山市	-0.25825	-0.42155	-0.93569	-1.11095	-0.06078	-0.74284	-0.44912	-0.46039
南宁市	-0.30381	-0.70024	0.19165	-0.02669	-0.71799	0.01300	0.47397	-0.29987
海口市	0.25583	-0.70024	-0.91770	-0.86074	-0.78198	-0.37503	-1.08931	0.34225

续表

城市	ZSco01	ZSco02	ZSco03	ZSco04	ZSco05	ZSco06	ZSco07	ZSco08
重庆市	1.15269	-0.09419	5.39839	1.30779	0.51354	0.14882	3.95091	-0.07513
成都市	-0.61083	-0.70024	1.10807	0.89077	0.97248	-0.45134	1.43926	0.40646
贵阳市	-0.61034	-0.70024	-0.49092	-0.15180	-0.64081	-0.16328	-0.06064	-0.20355
昆明市	-0.60628	-0.70024	-0.15942	0.39034	-0.59793	3.80933	-0.29589	0.47067
西安市	-0.61083	-0.70024	0.35473	1.30779	0.18291	-0.41548	1.88066	0.11751
兰州市	-0.60813	-0.70024	-0.51168	-0.27690	-0.71126	-0.37122	-0.73328	-0.33197
西宁市	-0.61083	-0.70024	-0.79198	-0.94414	-0.81367	-0.55550	-1.17758	-0.42829
银川市	-0.61083	-0.70024	-0.89912	-0.77733	-0.72933	-0.55626	-0.38731	-0.42829
乌鲁木齐市	-0.61083	-0.70024	-0.72062	-0.48542	-0.71088	0.12517	-0.18550	-0.23566

指标 9—16

城市	ZSco09	ZSco10	ZSco11	ZSco12	ZSco13	ZSco14	ZSco15	ZSco16
北京市	2.81301	0.57010	3.00043	-0.08592	3.85134	2.94863	1.24264	0.46354
天津市	1.73835	0.50101	0.53540	1.12073	1.84426	1.30876	-0.05419	0.28408

续表

城市	ZSco09	ZSco10	ZSco11	ZSco12	ZSco13	ZSco14	ZSco15	ZSco16
石家庄市	−0.25298	−0.79318	−0.51113	0.40884	−0.42544	−0.56405	−0.74375	−0.54023
唐山市	0.01044	−0.32358	−0.48959	1.00020	−0.41889	−0.57713	−0.76557	−0.52230
秦皇岛市	−1.02694	−0.91081	−0.59851	−0.97547	−0.56597	−0.42947	−0.66266	−0.63132
太原市	−0.76634	−0.55722	−0.54289	−0.60509	−0.26364	−0.41463	−0.58350	−0.56287
呼和浩特市	−0.70402	0.12768	−0.61705	−0.47538	−0.58870	−0.53831	−0.97405	−0.66091
沈阳市	0.22774	−0.10975	−0.49801	−0.30172	0.06962	−0.12524	−0.82299	−0.55238
大连市	0.33084	0.31402	−0.06077	0.63895	−0.29329	−0.01442	−0.13221	−0.12756
营口市	−0.95481	−0.56822	−0.57614	−0.46162	−0.59668	−0.57349	−0.57076	−0.60095
长春市	−0.22375	−0.54768	−0.40546	−0.88967	−0.50045	−0.43890	−0.49164	−0.57742
哈尔滨市	−0.22084	−0.76676	−0.59224	−0.81251	−0.44259	−0.54670	−0.95321	−0.65063
上海市	3.25322	0.60664	3.44640	3.14504	4.32476	3.28355	1.27356	3.18560
南京市	0.40646	0.24762	−0.13560	0.07364	0.19270	−0.32163	−0.28949	−0.08338
无锡市	0.41869	0.88185	0.01269	−0.67377	0.07787	−0.41896	−0.06804	0.13015
苏州市	1.45463	1.26529	2.08752	−0.76652	0.43002	0.39004	1.52407	2.65018

续表

城市	ZSco09	ZSco10	ZSco11	ZSco12	ZSco13	ZSco14	ZSco15	ZSco16
南通市	-0.21627	-0.55790	-0.35933	-0.51846	-0.42910	-0.53647	-0.38257	-0.27008
杭州市	0.47595	0.15754	-0.04131	0.15431	0.73215	0.98813	-0.18056	0.22096
宁波市	0.22152	0.22454	1.27645	0.42127	0.18767	-0.02696	2.25351	0.66154
绍兴市	-0.44074	-0.22885	-0.33279	-0.86934	-0.46276	-0.43395	-0.11648	-0.13630
舟山市	-1.07678	-0.14398	-0.52833	-0.30660	-0.56526	-0.47889	0.37095	-0.57888
合肥市	-0.29293	-0.55879	-0.46050	0.56859	-0.30396	-0.43237	-0.59689	-0.44978
福州市	-0.29176	-0.47953	-0.33343	-0.39797	-0.27183	0.33978	-0.26187	-0.29292
厦门市	-0.63955	0.63881	0.09479	-0.58550	-0.08557	0.57630	1.93115	0.29453
南昌市	-0.57297	-0.56178	-0.52928	-0.84231	-0.48664	-0.57224	-0.66541	-0.52888
济南市	-0.17620	-0.28952	-0.54438	-0.48565	-0.27351	-0.50721	-0.84457	-0.57226
青岛市	0.40537	-0.04169	0.06274	0.18312	-0.15164	-0.02914	0.01708	0.15864
烟台市	-0.09583	-0.27703	-0.17470	-0.23092	-0.41426	-0.27511	-0.04576	-0.14268
日照市	-0.95753	-0.74889	-0.33204	-0.34272	-0.50179	-0.51411	1.44395	-0.59563
郑州市	0.02735	-0.53343	-0.23002	0.08390	-0.33328	-0.49693	-0.25227	-0.19317

续表

城市	ZSco09	ZSco10	ZSco11	ZSco12	ZSco13	ZSco14	ZSco15	ZSco16
武汉市	0.62420	0.04951	-0.40501	0.83492	0.26559	0.06068	-0.74594	-0.42999
长沙市	0.22660	0.01911	-0.52631	0.01261	-0.33566	-0.46797	-0.87169	0.30713
广州市	1.95828	1.07822	0.50642	2.99392	1.88468	3.22709	-0.14600	0.65431
深圳市	1.76559	4.94024	3.63139	0.09920	0.91049	2.75240	2.57491	4.54960
珠海市	-0.92355	0.62932	-0.15505	-0.93930	-0.40366	0.00364	2.51497	-0.14911
佛山市	0.19665	1.05325	-0.03414	0.00215	-0.32254	-0.52807	-0.00034	0.17596
惠州市	-0.71073	-0.38846	-0.11645	-0.40912	-0.55658	-0.55579	1.33635	-0.01525
东莞市	-0.12177	2.51602	0.78578	-0.72740	-0.38325	-0.50258	2.13882	1.10245
中山市	-0.71899	0.88706	-0.31285	-0.53715	-0.51268	-0.44199	0.45262	-0.17069
南宁市	-0.68451	-0.92676	-0.59413	0.23443	-0.45392	-0.51756	-0.87597	-0.63559
海口市	-1.08227	-0.69735	-0.60649	-0.76169	-0.62107	-0.58846	-0.65517	-0.66107
重庆市	1.37943	-0.94087	0.19888	3.44363	0.18500	0.32414	-0.24632	0.48306
成都市	0.63627	-0.40777	-0.14769	0.77566	-0.06983	-0.11348	-0.39888	-0.06143
贵阳市	-0.83493	-0.70384	-0.56764	-0.31208	-0.50121	-0.57888	-0.65508	-0.54994

全面对外开放的新探索

续表

城市	ZSco09	ZSco10	ZSco11	ZSco12	ZSco13	ZSco14	ZSco15	ZSco16
昆明市	-0.55636	-0.60247	-0.48063	0.02796	-0.24314	-0.31958	-0.49858	-0.47015
西安市	-0.24869	-0.62865	-0.41970	1.11071	-0.27464	-0.02291	-0.51378	-0.46572
兰州市	-0.89969	-0.79801	-0.59635	-0.84245	-0.40656	-0.61562	-0.78407	-0.61002
西宁市	-1.06679	-0.86681	-0.62228	-1.20054	-0.59214	-0.60727	-0.88516	-0.66380
银川市	-1.00175	-0.43737	-0.59688	-0.60830	-0.56280	-0.61328	-0.68420	-0.61750
乌鲁木齐市	-0.81033	-0.31088	-0.56376	-0.36862	-0.34122	-0.46341	-0.65501	-0.55096

指标 16—23

城市	ZSco16	ZSco17	ZSco18	ZSco19	ZSco20	ZSco21	ZSco22	ZSco23
北京市	0.46354	-1.99208	1.25431	2.11601	3.20788	1.20123	3.28551	4.70681
天津市	0.28408	-0.92456	1.42827	-0.11257	-0.00737	3.23709	1.15748	0.65599
石家庄市	-0.54023	-0.25318	-0.57235	1.12949	-0.74531	-0.64804	-0.20396	-0.27640
唐山市	-0.52230	-0.34969	-0.31140	-0.06325	-1.76906	-0.55703	-0.33897	-0.44112
秦皇岛市	-0.63132	0.25551	-0.65934	0.99247	-0.12124	-0.70743	-0.99844	-0.70844

续表

城市	ZSco16	ZSco17	ZSco18	ZSco19	ZSco20	ZSco21	ZSco22	ZSco23
太原市	-0.56287	0.05585	-0.48537	-0.04201	0.74621	-0.65693	-0.58049	-0.19604
呼和浩特市	-0.66091	-0.16358	-0.65934	1.73853	1.66724	-0.69061	-0.65630	-0.55289
沈阳市	-0.55238	-0.66456	-0.57235	0.45331	-0.47738	0.53610	0.45753	-0.08879
大连市	-0.12756	-0.61587	-0.22442	-0.20917	-0.58343	2.44549	0.09805	-0.08584
营口市	-0.60095	0.25101	-0.65934	0.20394	-0.90161	-0.56227	-1.06676	-0.74772
长春市	-0.57742	-1.68844	-0.65934	0.15598	-0.88151	0.20001	-0.20521	-0.32941
哈尔滨市	-0.65063	-1.07809	-0.39839	0.86778	0.60554	-0.33379	0.20803	-0.28433
上海市	3.18560	-0.67011	3.42890	0.81914	1.57681	3.22498	3.10941	3.74503
南京市	-0.08338	-0.14432	0.55844	0.15324	0.69932	0.10016	0.64589	0.34974
无锡市	0.13015	-0.02940	0.47145	-0.99633	-0.23400	-0.06991	0.22530	-0.10414
苏州市	2.65018	-0.09252	2.21113	-1.43684	-0.26637	1.24386	0.71702	0.48148
南通市	-0.27008	0.47153	-0.48537	-1.86365	-0.78550	-0.32766	-0.22136	-0.36033
杭州市	0.22096	0.52774	0.03653	-0.07558	0.53744	0.40505	0.64559	0.59496
宁波市	0.66154	-0.03548	0.21050	-0.83465	-0.49970	-0.08561	0.15757	-0.00237

区域性国际贸易中心研究：
全面对外开放的新探索

续表

城市	ZSco16	ZSco17	ZSco18	ZSco19	ZSco20	ZSco21	ZSco22	ZSco23
绍兴市	−0.13630	1.12020	−0.65934	−1.99245	−0.66940	−0.69038	−0.56036	−0.42508
舟山市	−0.57888	−0.59564	−0.57235	1.02878	−0.29205	−0.83710	−1.09813	−0.74967
合肥市	−0.44978	0.10965	−0.22442	−0.56062	−0.97083	−0.41826	−0.47183	−0.30128
福州市	−0.29292	0.04689	−0.57235	−0.36263	−0.25856	−0.53776	0.18264	−0.25370
厦门市	0.29453	0.14629	0.12352	−1.09293	0.38896	−0.43340	−0.74777	−0.42408
南昌市	−0.52888	0.37560	−0.57235	−0.59898	−0.92617	−0.16171	−0.66152	−0.40790
济南市	−0.57226	−0.11175	−0.48537	0.33273	0.80203	−0.56469	0.21623	−0.13051
青岛市	0.15864	−0.13189	−0.05045	−0.39688	0.22373	0.46534	0.34892	−0.11980
烟台市	−0.14268	−0.20065	0.03653	−0.29960	−1.16062	−0.49472	−0.10241	−0.46586
日照市	−0.59563	−2.04723	0.29748	−0.26192	−1.02330	−0.75850	−1.01934	−0.73195
郑州市	−0.19317	−0.12679	−0.65934	−0.37085	−0.71964	−0.07410	0.13070	−0.02160
武汉市	−0.42999	−0.35713	−0.48537	0.10528	−0.04421	0.39862	0.85565	0.14186
长沙市	0.30713	4.87350	−0.57235	0.40124	−0.82793	−0.05482	0.24818	−0.17897
广州市	0.65431	−0.20339	0.55844	0.91985	1.84252	0.28922	2.47223	1.39655

续表

城市	ZSco16	ZSco17	ZSco18	ZSco19	ZSco20	ZSco21	ZSco22	ZSco23
深圳市	4.54960	-0.08776	3.86382	-0.81068	0.94046	0.45201	1.13740	1.13085
珠海市	-0.14911	-0.32872	-0.05045	-0.92166	-0.19939	-0.47478	-0.88619	-0.58908
佛山市	0.17596	0.33382	-0.22442	-1.53687	-1.34147	-0.27043	-0.04495	-0.09211
惠州市	-0.01525	0.03729	-0.05045	-1.11348	-1.24100	-0.43877	-0.81132	-0.64924
东莞市	1.10245	-0.02545	1.86319	-2.06096	0.62898	0.07690	-0.46865	-0.27488
中山市	-0.17069	0.66524	-0.13743	-1.76157	-0.68279	-0.72995	-0.79353	-0.59608
南宁市	-0.63559	-0.26123	-0.57235	0.81503	-0.02523	-0.74617	-0.48818	-0.41725
海口市	-0.66107	-1.05877	-0.57235	2.01736	2.39737	-0.76289	-1.01180	-0.65528
重庆市	0.48306	0.26948	0.29748	0.35945	-0.73527	1.70941	1.22797	0.62500
成都市	-0.06143	0.01116	-0.31140	0.99521	0.23489	1.86111	0.76642	0.72181
贵阳市	-0.54994	1.42592	-0.65934	-0.05092	0.81319	-0.73397	-0.85069	-0.46642
昆明市	-0.47015	0.21801	-0.39839	0.57594	0.21368	-0.44764	-0.35113	-0.17843
西安市	-0.46572	-0.54650	-0.57235	0.75954	0.45371	-0.12113	0.10978	0.06544
兰州市	-0.61002	1.21227	-0.65934	0.44166	0.32755	-0.88318	-0.81897	-0.48253

续表

城市	ZSco16	ZSco17	ZSco18	ZSco19	ZSco20	ZSco21	ZSco22	ZSco23
西宁市	-0.66380	0.33304	-0.65934	0.65952	-0.48966	-0.88233	-1.10586	-0.66001
银川市	-0.61750	0.86610	-0.65934	0.60334	-0.65154	-0.85689	-1.08918	-0.69194
乌鲁木齐市	-0.55096	1.17870	-0.57235	1.18224	1.22403	-0.83374	-0.75020	-0.47505

指标 24—32

城市	ZSco24	ZSco25	ZSco26	ZSco27	ZSco28	ZSco29	ZSco30	ZSco31	ZSco32
北京市	4.86162	1.07252	4.21292	2.33999	3.48540	2.33162	3.03630	5.07588	-0.30254
天津市	-0.10393	0.30128	0.42148	0.00296	0.64233	0.11609	0.89599	-0.29883	2.13733
石家庄市	-0.39262	-0.02734	-0.27191	0.02990	-0.41360	-0.44905	-0.78255	-0.29883	-0.79052
唐山市	-0.50810	-0.35058	-0.48230	-0.34052	-0.46562	-0.51098	-0.91897	-0.29883	-0.30254
秦皇岛市	-0.50810	-0.47365	-0.79435	-0.86584	-0.91423	-0.68910	-0.91897	-0.29883	-0.79052
太原市	-0.33489	-0.38478	-0.48013	-0.36746	-0.60921	-0.44886	-0.50768	-0.29883	-0.30254
呼和浩特市	-0.45036	-0.39456	-0.64587	-0.96013	-0.85735	-0.57741	-0.66388	-0.24509	-0.30254
沈阳市	0.12703	-0.13006	-0.02606	-0.24623	0.17799	0.29089	0.06320	0.07740	-0.30254

续表

城市	ZSco24	ZSco25	ZSco26	ZSco27	ZSco28	ZSco29	ZSco30	ZSco31	ZSco32
大连市	-0.04619	-0.17624	-0.16823	-0.38766	0.09034	-0.18392	0.05229	-0.29883	1.16138
营口市	-0.50810	-0.49200	-0.84661	-0.98707	-0.98061	-0.69890	-0.98717	-0.29883	-0.79052
长春市	-0.04619	-0.39214	-0.40556	-0.44828	-0.29321	-0.02754	-0.72526	-0.29883	-0.30254
哈尔滨市	-0.04619	-0.27526	-0.04438	-0.21255	0.12116	-0.14826	-0.62227	-0.29883	-0.79052
上海市	3.82232	0.87263	3.26983	2.17835	3.49446	4.69274	2.83986	3.73220	4.57719
南京市	0.01155	0.55541	0.05349	0.18481	0.38200	0.78157	1.03991	-0.29883	0.18543
无锡市	-0.21941	0.13970	-0.14792	-0.29337	-0.03850	-0.42534	-0.30511	-0.29883	0.18543
苏州市	-0.50810	1.26490	0.79590	0.57543	0.67061	-0.26211	0.71798	-0.29883	0.67340
南通市	-0.50810	-0.00718	-0.45167	-0.44154	0.06897	-0.63424	-0.30511	-0.29883	-0.79052
杭州市	0.06929	-0.17790	0.50865	1.01994	0.54331	0.29501	1.54259	-0.29883	-0.30254
宁波市	-0.50810	-0.28169	0.04266	0.42053	0.33969	-0.36538	0.55974	-0.29883	1.16138
绍兴市	-0.50810	-0.41765	-0.53612	-0.35399	-0.31729	-0.63149	-0.30511	-0.29883	-0.79052
舟山市	-0.50810	-0.51100	-0.90021	-1.02075	-1.03689	-0.66951	-0.85076	-0.29883	-0.30254
合肥市	-0.16167	-0.37525	-0.33509	-0.56951	-0.33071	-0.02735	-0.55952	-0.29883	-0.30254

续表

城市	ZSco24	ZSco25	ZSco26	ZSco27	ZSco28	ZSco29	ZSco30	ZSco31	ZSco32
福州市	0.01155	-0.34862	-0.09574	0.06358	-0.12476	-0.44592	-0.41765	-0.29883	0.18543
厦门市	0.24250	0.05767	-0.36420	-0.34052	-0.34407	0.07298	0.13277	-0.13759	0.67340
南昌市	-0.27715	-0.22779	-0.55942	-0.48195	-0.60612	-0.52254	-0.79483	-0.29883	0.18543
济南市	-0.39262	-0.39978	-0.41773	-0.07786	-0.31171	-0.00756	0.17165	-0.29883	-0.30254
青岛市	0.01155	-0.32492	-0.12740	0.27236	-0.00056	-0.02598	0.33943	-0.13759	0.67340
烟台市	-0.50810	-0.40133	-0.53617	-0.38766	-0.38289	-0.47688	0.03592	-0.29883	-0.79052
日照市	-0.50810	-0.51459	-0.89531	-0.96687	-1.05561	-0.66853	-0.16870	-0.29883	-0.79052
郑州市	-0.10393	-0.35915	0.10240	0.11072	0.03484	0.12237	-0.32830	-0.29883	0.18543
武汉市	-0.16167	-0.27153	0.21021	1.22199	0.31760	-0.04949	0.74321	-0.08385	0.18543
长沙市	-0.21941	-0.03765	-0.13207	-0.30011	-0.23080	0.04966	0.20507	-0.29883	-0.79052
广州市	1.97467	2.93443	1.90300	3.89576	1.74096	2.88481	2.25466	2.38852	1.64935
深圳市	-0.10393	5.55948	2.19874	1.65302	1.40004	0.51076	2.18782	-0.29883	2.13733
珠海市	-0.50810	-0.46611	-0.71022	-0.81870	-0.85193	-0.56957	-0.30511	-0.29883	-0.79052
佛山市	-0.50810	-0.18540	0.19396	0.30604	0.32876	-0.50294	-0.30511	-0.29883	-0.79052

续表

城市	ZSco24	ZSco25	ZSco26	ZSco27	ZSco28	ZSco29	ZSco30	ZSco31	ZSco32
惠州市	-0.50810	-0.48175	-0.49587	-0.52236	-0.58000	-0.56683	-0.30511	-0.29883	-0.79052
东莞市	-0.50810	-0.30197	0.43517	0.19154	0.43071	-0.27739	0.71798	-0.29883	-0.79052
中山市	-0.50810	-0.11203	-0.40790	-0.58971	-0.67096	-0.61640	-0.30511	-0.29883	-0.79052
南宁市	0.12703	-0.37739	-0.50774	-0.21255	-0.70244	-0.61895	-0.82007	-0.03010	-0.30254
海口市	-0.27715	-0.47297	-0.73137	-0.90625	-0.96504	-0.50706	-0.53428	-0.29883	0.18543
重庆市	0.12703	0.52089	0.89374	2.13794	1.89891	1.60637	0.43356	0.23864	0.18543
成都市	0.70442	-0.26306	0.58642	0.46767	0.96900	0.48156	0.60953	0.29238	-0.30254
贵阳市	-0.39262	-0.43374	-0.54544	-0.63012	-0.74336	1.01575	-0.89646	-0.29883	-0.30254
昆明市	0.53120	-0.42955	-0.19834	-0.36746	-0.39830	-0.44807	-0.56225	0.07740	-0.30254
西安市	-0.16167	-0.05679	0.12313	0.53502	0.37564	0.06710	0.12390	-0.19134	0.67340
兰州市	-0.50810	-0.48264	-0.64240	-0.82543	-0.82962	-0.53822	-1.01718	-0.29883	-0.79052
西宁市	-0.50810	-0.51356	-0.80782	-1.00054	-0.94052	-0.60327	-1.50963	-0.29883	-0.79052
银川市	-0.50810	-0.51085	-0.72920	-1.00054	-1.02452	-0.63032	-1.10449	-0.29883	-0.30254
乌鲁木齐市	0.41572	-0.43844	-0.51092	-0.68400	-0.49230	-0.49393	-0.87668	-0.29883	0.18543

附录4 相关系数矩阵 R

	A11	A12	A21	A22	A23	A31	A32	A33	B11	B12	B21	B22	B23	B31	B35	B41	B42	B43	B51	B52	B61	B63	B64	B65	B66	B67	B68	C11	C12
A11	1.000	0.655	0.316	0.247	0.326	0.056	0.350	0.604	0.563	0.222	0.490	0.672	0.617	0.287	0.512	0.487	0.124	0.487	0.490	0.499	0.463	0.325	0.490	0.542	0.566	0.698	0.570	0.469	0.740
A12	0.655	1.000	0.076	-0.106	0.357	0.200	0.151	0.266	0.388	0.223	0.425	0.403	0.383	0.371	0.430	-0.072	-0.046	0.403	0.297	0.239	0.158	0.233	0.230	0.255	0.276	0.288	0.337	0.197	0.596
A21	0.316	0.076	1.000	0.611	0.321	0.121	0.216	0.344	0.594	-0.168	0.244	0.724	0.409	0.327	0.183	0.202	0.413	0.481	0.491	0.613	0.594	0.201	0.561	0.633	0.643	0.637	0.516	0.376	0.273
A22	0.247	-0.106	0.611	1.000	0.276	0.255	0.567	0.555	0.594	0.117	0.198	0.558	0.556	0.461	0.448	0.202	0.413	0.522	0.491	0.613	0.462	0.201	0.561	0.633	0.606	0.637	0.516	0.538	0.351
A23	0.326	0.357	0.321	0.276	1.000	-0.132	0.255	0.451	0.739	0.122	0.805	0.276	0.634	0.518	0.701	-0.154	0.323	0.522	0.216	0.164	0.366	0.079	0.018	0.161	0.726	0.483	0.741	0.466	0.471
A31	0.056	0.200	0.121	0.255	-0.132	1.000	-0.132	0.216	0.122	-0.113	-0.073	0.314	0.123	0.113	-0.212	0.024	0.036	0.164	0.142	0.033	0.079	-0.003	0.018	0.045	0.023	0.045	0.090	0.357	0.190
A32	0.350	0.151	0.216	0.567	0.255	-0.132	1.000	0.372	0.563	-0.007	0.208	0.919	0.392	0.424	-0.120	0.036	0.302	0.502	0.366	0.429	0.366	0.302	0.345	0.570	0.407	0.582	0.407	0.357	0.399
A33	0.604	0.266	0.344	0.555	0.451	0.216	0.372	1.000	0.696	0.139	0.600	0.536	0.883	0.795	0.476	0.252	0.637	0.476	0.955	0.860	0.855	0.799	0.814	0.698	0.651	0.782	0.862	0.701	0.587
B11	0.563	0.388	0.594	0.594	0.739	0.122	0.563	0.696	1.000	0.484	0.806	0.665	0.884	0.708	0.743	-0.199	0.357	0.580	0.715	0.887	0.715	0.618	0.508	0.858	0.946	0.600	0.589	0.147	0.410
B12	0.222	0.223	-0.168	0.117	0.122	-0.113	-0.007	0.139	0.484	1.000	0.701	0.344	0.357	0.842	0.780	-0.390	0.544	0.600	0.141	0.340	0.141	0.472	0.766	0.416	0.796	0.225	0.589	0.827	0.668
B21	0.490	0.425	0.244	0.198	0.805	-0.073	0.208	0.600	0.806	0.701	1.000	0.665	0.806	0.813	0.917	-0.265	0.125	0.689	0.618	0.660	0.618	0.528	0.472	0.751	0.885	0.724	0.547	0.646	0.622
B22	0.672	0.403	0.724	0.558	0.276	0.314	0.919	0.536	0.665	0.344	0.665	1.000	0.559	0.571	0.011	0.213	0.544	0.688	0.884	0.954	0.884	0.611	0.509	0.831	0.834	0.654	0.857	0.878	0.698
B23	0.617	0.383	0.409	0.556	0.634	0.123	0.392	0.883	0.884	0.357	0.806	0.559	1.000	0.902	0.902	-0.281	0.225	0.689	0.752	0.197	0.409	0.215	0.326	0.254	0.180	0.807	0.469	0.212	0.312
B31	0.287	0.371	0.327	0.461	0.518	0.113	0.424	0.795	0.708	0.842	0.813	0.571	0.902	1.000	0.428	-0.263	0.234	0.600	0.799	0.588	0.176	0.520	0.409	0.694	0.651	0.807	0.469	0.212	0.667
B41	0.512	0.430	0.183	0.448	0.701	-0.212	-0.120	0.476	0.743	0.780	0.917	0.011	0.902	0.428	1.000	-0.227	0.094	0.016	0.330	0.575	0.234	0.520	0.383	-0.170	0.651	-0.156	-0.213	-0.260	-0.212
B42	0.487	-0.072	0.202	0.101	-0.265	-0.024	0.036	0.252	0.062	-0.390	-0.265	0.213	-0.244	-0.016	-0.227	1.000	-0.234	-0.227	-0.396	-0.240	-0.187	-0.083	-0.252	-0.170	0.111	0.279	-0.219	0.377	0.084
B43	0.124	-0.046	0.413	0.101	0.323	0.036	0.302	0.637	0.357	0.544	0.125	0.544	0.281	0.234	0.094	-0.234	1.000	0.177	0.415	0.566	0.437	-0.024	0.342	0.421	0.449	0.517	0.025	0.580	0.360
B51	0.487	0.403	0.481	0.580	0.522	0.164	0.502	0.476	0.580	0.600	0.689	0.688	0.689	0.600	0.016	-0.227	0.177	1.000	0.454	0.508	0.346	0.560	0.333	0.645	0.743	0.020	0.542	0.775	0.633
B52	0.499	0.297	0.491	0.613	0.216	0.142	0.366	0.955	0.715	0.141	0.618	0.884	0.752	0.799	0.330	-0.396	0.415	0.660	1.000	0.796	0.922	0.343	0.514	0.784	0.896	0.847	0.861	0.911	0.582
B61	0.463	0.239	0.400	0.594	0.164	0.033	0.429	0.860	0.887	0.340	0.660	0.954	0.197	0.588	0.575	-0.240	0.566	0.915	0.796	1.000	0.922	0.343	0.514	0.669	0.810	0.711	0.900	0.971	0.452
B63	0.325	0.158	0.183	0.561	0.366	0.079	0.366	0.855	0.715	0.141	0.618	0.884	0.409	0.176	0.234	-0.187	0.437	0.581	0.922	0.922	1.000	0.343	0.514	0.669	0.810	0.481	0.663	0.344	0.543
B64	0.490	0.233	0.483	0.561	0.164	-0.003	0.302	0.814	0.618	0.472	0.528	0.611	0.215	0.520	0.383	-0.083	-0.024	0.343	0.343	0.343	0.343	1.000	0.664	0.860	0.884	0.961	0.961	0.847	0.598
B65	0.542	0.230	0.542	0.606	0.161	0.018	0.345	0.698	0.508	0.766	0.472	0.509	0.326	0.409	-0.170	-0.252	0.342	0.333	0.514	0.514	0.514	0.664	1.000	0.669	0.884	0.799	0.890	0.711	0.567
B66	0.566	0.255	0.276	0.637	0.726	0.045	0.570	0.651	0.858	0.416	0.751	0.831	0.254	0.694	0.651	-0.170	0.421	0.645	0.784	0.669	0.669	0.860	0.669	1.000	0.884	0.854	0.890	0.772	0.622
B67	0.698	0.288	0.643	0.857	0.483	0.023	0.582	0.782	0.946	0.796	0.885	0.834	0.180	0.807	-0.156	0.111	0.449	0.743	0.020	0.447	0.481	0.629	0.854	0.772	1.000	0.854	0.772	0.818	0.675
B68	0.570	0.337	0.362	0.516	0.741	0.045	0.407	0.862	0.589	0.147	0.547	0.857	0.469	0.512	-0.213	0.279	0.517	0.894	0.861	0.663	0.629	0.900	0.890	0.772	0.698	1.000	0.698	0.629	0.598
C11	0.469	0.197	0.376	0.538	0.466	0.190	0.357	0.701	0.147	0.827	0.646	0.878	0.212	0.340	0.377	0.580	0.775	0.871	0.911	0.971	0.344	0.847	0.711	0.890	0.772	0.698	1.000	0.432	0.598
C12	0.740	0.596	0.273	0.351	0.471	0.190	0.399	0.587	0.695	0.410	0.668	0.622	0.698	0.312	0.667	0.084	0.360	0.633	0.582	0.452	0.543	0.598	0.567	0.622	0.675	0.629	0.432	1.000	1.000

附录5　相关系数初始特征值、方差贡献率（旋转前、旋转后）①

成分	初始特征值			提取平方和载入			旋转平方和载入		
	合计	方差的%	累积%	合计	方差的%	累积%	合计	方差的%	累积%
1	17.374	54.293	54.293	17.374	54.293	54.293	8.310	25.968	25.968
2	4.246	13.268	67.561	4.246	13.268	67.561	7.948	24.837	50.805
3	2.371	7.408	74.969	2.371	7.408	74.969	6.044	18.887	69.692
4	1.680	5.250	80.219	1.680	5.250	80.219	2.923	9.134	78.827
5	1.151	3.597	83.817	1.151	3.597	83.817	1.360	4.251	83.078
6	1.104	3.451	87.268	1.104	3.451	87.268	1.341	4.191	87.268
7	0.703	2.197	89.465						
8	0.686	2.145	91.610						
9	0.489	1.529	93.139						
10	0.431	1.348	94.487						
11	0.387	1.211	95.698						
12	0.258	0.807	96.505						

① 此处旋转前和旋转后的初始特征值和方差贡献率并非一次性完成，旋转后的数值是在数据处理分析过程中调整得到，为便于比较和展示，放在一张表里。后文还有说明。

续表

成分	初始特征值			提取平方和载入			旋转平方和载入		
	合计	方差的%	累积%	合计	方差的%	累积%	合计	方差的%	累积%
13	0.228	0.712	97.217						
14	0.197	0.617	97.834						
15	0.143	0.446	98.279						
16	0.101	0.315	98.595						
17	0.099	0.311	98.905						
18	0.085	0.264	99.170						
19	0.058	0.182	99.352						
20	0.047	0.146	99.498						
21	0.038	0.120	99.618						
22	0.035	0.109	99.727						
23	0.025	0.078	99.804						
24	0.017	0.053	99.857						
25	0.014	0.045	99.902						
26	0.011	0.035	99.937						
27	0.008	0.024	99.961						

续表

成分	初始特征值			提取平方和载入			旋转平方和载入		
	合计	方差的%	累积%	合计	方差的%	累积%	合计	方差的%	累积%
28	0.005	0.015	99.976						
29	0.004	0.011	99.987						
30	0.003	0.009	99.995						
31	0.002	0.005	100.000						
32	0.000	0.000	100.000						

提取方法：主成分分析。

附录 6　成分矩阵计算结果

成分矩阵[a]

	成分						分因子方差
	1	2	3	4	5	6	
Zscore [A11: 水路货物运输量 (万吨)]	0.655	−0.016	0.284	0.449	−0.247	0.323	0.87714713l
Zscore [A12: 港口吞吐量 (万吨)]	0.402	−0.264	0.378	0.650	−0.138	0.041	0.817319241
Zscore [A21: 人口数量 (万人)]	0.524	0.480	0.453	−0.291	−0.139	−0.223	0.86354596

续表

| | 成分 | | | | | | 分因子方差 |
	1	2	3	4	5	6	
Zscore [A22：高等学校数量（个）]	0.575	0.624	0.005	−0.229	0.159	−0.058	0.800406953
Zscore [A23：专利申请数量（件）]	0.723	−0.346	−0.026	−0.211	−0.130	−0.190	0.740653442
Zscore [A31：铁路货物运输量（万吨）]	0.103	0.290	0.238	0.387	0.618	−0.234	0.738281678
Zscore [A32：公路货物运输量（万吨）]	0.538	0.449	0.547	−0.216	0.092	0.065	0.849364111
Zscore [A33：航空货物运输量（万吨）]	0.831	0.284	−0.319	0.192	−0.159	0.113	0.947254257
Zscore [B11：地区生产总值（万元）]	0.952	−0.008	0.143	−0.118	0.004	−0.103	0.950880904
Zscore [B12：人均地区生产总值（万元）]	0.485	−0.744	−0.042	−0.163	0.282	0.094	0.904803592
Zscore [B21：货物进出口总额（万美元）]	0.854	−0.442	−0.108	−0.008	−0.041	−0.070	0.943576359
Zscore [B22：货物运输总量（万吨）]	0.681	0.368	0.555	0.069	0.049	0.149	0.93571918
Zscore [B23：限额以上批发零售贸易额（万元）]	0.940	0.075	−0.161	0.124	−0.088	−0.024	0.938090179
Zscore [B24：旅游外汇收入（万美元）]	0.929	−0.085	−0.106	0.063	0.128	0.104	0.912754158
Zscore [B31：外贸依存度（进出口总额/GDP）]	0.396	−0.727	−0.066	0.138	−0.113	−0.199	0.761987774
Zscore [B32：出口贡献率（地区出口额/国家出口总额）]	0.724	−606	0.118	−0.110	0.047	0.129	0.935735149

续表

指标	成分						分因子方差
	1	2	3	4	5	6	
Zscore [B33: 贸易竞争指数 (地区净出口总额/地区进出口总额)]	-0.265	-0.054	0.165	-0.431	-0.156	0.668	0.757185173
Zscore [B35: 外贸企业进出口额前500强个数]	0.770	-0.546	0.036	0.031	0.072	-0.031	0.898842387
Zscore (B41: 第三产业从业人员占比)	0.159	0.677	-0.345	0.195	0.229	0.176	0.723688885
Zscore (B42: 第三产业GDP占比)	0.519	0.158	-0.618	0.084	0.287	0.193	0.803193104
Zscore [B43: 实际利用外资额 (万美元)]	0.738	0.053	0.333	0.059	-0.082	-0.219	0.71601199
Zscore [B51: 社会消费品零售总额 (万元)]	0.945	0.165	0.036	-0.130	0.015	-0.085	0.946780065
Zscore [B52: 金融机构存款余额 (万元)]	0.938	0.127	-0.229	-0.062	-0.115	-0.092	0.97454117
Zscore [B61: 国际航线数量 (条)]	0.823	0.310	-0.377	0.073	-0.148	-0.016	0.943938789
Zscore [B63: 邮政业务收入 (万元)]	0.669	-0.402	0.024	-0.212	0.408	0.205	0.86311335
Zscore [B64: 电信业务收入 (万元)]	0.961	-0.009	-0.162	-0.159	-0.011	-0.059	0.979434233
Zscore [B65: 互联网用户数 (万户)]	0.885	0.113	0.132	-0.204	0.136	0.031	0.87463069
Zscore [B66: 固定电话用户数 (万户)]	0.960	0.071	0.023	-0.167	-0.106	-0.103	0.976216095
Zscore (B67: 城市展览业发展指数)	0.889	0.249	-0.011	0.032	-0.131	0.201	0.91181155

续表

	成分						分因子方差
	1	2	3	4	5	6	
Zscore (B68 总部经济指数)	0.928	-0.132	-0.053	-0.073	0.061	-0.040	0.89185385
Zscore (C11 领事馆数量)	0.811	0.278	-0.380	0.082	-0.194	-0.021	0.923445001
Zscore (ZC12 海关特殊监管区) Zscore (C1 海关特殊监管区)	0.752	-0.120	0.239	0.362	0.103	0.208	0.821650159

附录 7　旋转成分矩阵计算结果

旋转成分矩阵[a]

	成分						分因子方差
	1	2	3	4	5	6	
Zscore [A11: 水路货物运输量 (万吨)]	0.330	0.207	0.262	0.805	-0.039	-0.088	0.87182699
Zscore [A12: 港口吞吐量 (万吨)]	-0.015	0.242	0.054	0.840	0.056	0.215	0.817319241
Zscore [A21: 人口数量 (万人)]	0.155	-0.035	0.906	0.025	-0.084	0.104	0.865354596
Zscore [A22: 高等学校数量 (个)]	0.543	-0.061	0.658	-0.153	0.214	-0.001	0.800406953
Zscore [A23: 专利申请数量 (件)]	0.290	0.682	0.286	0.052	-0.267	0.188	0.740653442

续表

Zscore 项目	成分						分因子方差
	1	2	3	4	5	6	
Zscore [A31: 铁路货物运输量 (万吨)]	-0.030	-0.091	0.203	0.135	0.758	0.309	0.738281678
Zscore [A32: 公路货物运输量 (万吨)]	0.124	0.033	0.871	0.148	0.171	-0.151	0.849364111
Zscore [A33: 航空货物运输量 (万吨)]	0.882	0.157	0.243	0.284	-0.034	0.069	0.947254257
Zscore [B11: 地区生产总值 (万元)]	0.462	0.564	0.601	0.200	-0.019	0.132	0.950880904
Zscore [B12: 人均地区生产总值 (万元)]	0.017	0.940	-0.101	0.033	0.053	-0.083	0.904803592
Zscore [B21: 货物进出口总额 (万美元)]	0.421	0.801	0.153	0.230	-0.140	0.169	0.943576359
Zscore [B22: 货物运输总量 (万吨)]	0.223	0.096	0.785	0.452	0.211	-0.109	0.93571918
Zscore [B23: 限额以上批发零售贸易零售额 (万元)]	0.731	0.413	0.342	0.293	-0.031	0.172	0.938090179
Zscore [B24: 旅游外汇收入 (万美元)]	0.623	0.595	0.293	0.264	0.127	0.022	0.912754158
Zscore [B31: 外贸依存度 (进出口总额/GDP)]	0.003	0.715	-0.203	0.248	-0.234	0.305	0.761987774
Zscore [B32: 出口贡献率 (地区出口额/国家出口总额)]	0.142	0.897	0.157	0.265	-0.097	-0.081	0.935735149
Zscore [B33: 贸易竞争指数 (地区净出口总额/地区进出口总额)]	-0.220	-0.056	0.006	-0.078	-0.236	-0.802	0.757185173

续表

	成分						分因子方差
	1	2	3	4	5	6	
Zscore [B35：外贸企业进出口额前 500 强个数]	0.235	0.853	0.128	0.288	−0.034	0.125	0.898842387
Zscore (B41：第三产业从业人员占比)	0.611	−0.418	0.063	−0.049	0.403	−0.079	0.723688885
Zscore (B42：第三产业 GDP 占比)	0.801	0.213	−0.137	−0.094	0.290	−0.063	0.803193104
Zscore [B43：实际利用外资额（万美元）]	0.236	0.340	0.600	0.336	−0.024	0.268	0.7160199
Zscore [B51：社会消费品零售总额（万元）]	0.595	0.434	0.613	0.126	0.018	0.114	0.946780065
Zscore [B52：金融机构存款余额（万元）]	0.767	0.409	0.407	0.106	−0.112	0.173	0.974548117
Zscore [B61：国际航线数量（条）]	0.892	0.164	0.282	0.124	0.−069	0.148	0.943938789
Zscore [B63：邮政业务收入（万元）]	0.219	0.824	0.181	0.029	0.244	−0.208	0.86311335
Zscore [B64：电信业务收入（万元）]	0.671	0.573	0.425	0.064	−0.068	0.104	0.979434233
Zscore [B65：互联网用户数（万户）]	0.474	0.486	0.624	0.100	0.109	−0.037	0.87463069
Zscore [B66：固定电话用户数（万户）]	0.580	0.491	0.590	0.138	−0.128	0.128	0.976216095
Zscore (B67：城市展览业发展指数)	0.697	0.260	0.490	0.330	−0.034	−0.091	0.9118115
Zscore (B68 总部经济指数)	0.538	0.647	0.381	0.164	0.007	0.106	0.891985385

续表

	成分						分因子方差
	1	2	3	4	5	6	
Zscore（C11 领事馆数量）	0.877	0.168	0.258	0.142	−0.116	0.158	0.923445001
Zscore（ZC12 海关特殊监管区）Zscore（C12 海关特殊监管区）	0.323	0.449	0.274	0.625	0.222	−0.011	0.821650159

附录 8　城市间经济距离综合空间权值矩阵——以长江三角洲城市群计算结果为例

	上海	苏州	无锡	常州	镇江	南京	扬州	南通	泰州	盐城	淮安	徐州	宿迁	连云港	杭州
上海	0.00	1547.02	958.75	545.08	295.44	206.25	252.04	1163.38	351.10	203.56	117.36	56.27	78.42	83.08	615.34
苏州	758.44	0.00	3592.76	1104.06	351.72	204.05	240.79	816.21	365.03	148.33	83.77	35.93	52.97	49.61	369.64
无锡	25.19	192.57	0.00	171.77	33.11	15.99	20.06	24.84	34.21	11.14	5.76	2.28	3.47	3.19	11.92
常州	2.41	9.96	28.90	0.00	14.21	5.06	6.84	3.60	9.14	1.68	1.15	0.47	0.66	0.61	1.93
镇江	0.20	0.49	0.86	2.20	0.00	1.85	8.56	0.33	1.47	0.30	0.28	0.09	0.14	0.13	0.18
南京	3.30	6.66	9.74	18.33	43.24	0.00	27.67	4.38	11.48	4.12	7.94	2.56	4.73	2.84	3.95
扬州	0.14	0.27	0.41	0.84	6.80	0.94	0.00	0.36	2.24	0.37	0.31	0.08	0.15	0.13	0.12
南通	4.22	6.04	3.43	2.96	1.76	0.99	2.42	0.00	4.29	1.80	0.75	0.30	0.45	0.53	1.13
泰州	0.20	0.42	0.73	1.17	1.22	0.40	2.32	0.67	0.00	0.72	0.29	0.08	0.13	0.12	0.12
盐城	0.04	0.05	0.07	0.07	0.08	0.04	0.12	0.09	0.22	0.00	0.19	0.03	0.07	0.08	0.02
淮安	0.01	0.02	0.02	0.02	0.04	0.05	0.05	0.02	0.05	0.10	0.00	0.05	0.20	0.10	0.01

续表

	上海	苏州	无锡	常州	镇江	南京	扬州	南通	泰州	盐城	淮安	徐州	宿迁	连云港	杭州
徐州	0.02	0.03	0.03	0.04	0.05	0.06	0.05	0.03	0.05	0.07	0.20	0.00	0.57	0.16	0.02
宿迁	0.00	0.00	0.01	0.01	0.01	0.01	0.01	0.01	0.01	0.02	0.09	0.06	0.00	0.04	0.00
连云港	0.03	0.03	0.04	0.05	0.06	0.06	0.08	0.05	0.07	0.16	0.36	0.15	0.30	0.00	0.02
杭州	12.28	15.05	9.05	8.71	5.22	4.92	4.43	6.24	4.23	2.33	1.81	1.04	1.39	1.18	0.00
宁波	18.92	19.27	12.89	9.90	6.46	5.02	5.44	10.09	6.56	4.26	3.09	1.77	2.26	2.15	38.82
舟山	0.29	0.27	0.20	0.16	0.12	0.09	0.10	0.16	0.12	0.08	0.06	0.04	0.05	0.04	0.45
绍兴	2.34	2.71	2.00	1.40	0.92	0.89	0.82	1.30	0.84	0.56	0.37	0.23	0.31	0.26	25.15
湖州	0.34	0.92	0.41	0.41	0.19	0.18	0.16	0.21	0.12	0.07	0.05	0.03	0.04	0.03	1.16
嘉兴	8.60	11.71	4.81	2.89	1.42	0.96	1.10	2.86	1.45	0.76	0.49	0.24	0.33	0.31	10.92
台州	0.28	0.27	0.22	0.22	0.14	0.14	0.14	0.22	0.14	0.12	0.09	0.06	0.07	0.06	0.58
金华	0.48	0.52	0.35	0.32	0.25	0.25	0.23	0.27	0.24	0.17	0.11	0.08	0.10	0.09	1.54
衢州	0.01	0.01	0.00	0.00	0.00	0.00	0.00	0.00	0.00	0.00	0.00	0.00	0.00	0.00	0.02
丽水	0.00	0.00	0.00	0.00	0.00	0.00	0.00	0.00	0.00	0.00	0.00	0.00	0.00	0.00	0.01
温州	0.18	0.20	0.16	0.14	0.12	0.11	0.11	0.13	0.11	0.08	0.07	0.05	0.06	0.05	0.39
合肥	0.14	0.21	0.26	0.34	0.46	0.98	0.47	0.18	0.32	0.18	0.28	0.27	0.20	0.14	0.18
马鞍山	0.01	0.02	0.03	0.04	0.07	0.40	0.06	0.01	0.03	0.01	0.02	0.01	0.01	0.01	0.01
芜湖	0.02	0.02	0.04	0.05	0.06	0.19	0.05	0.02	0.03	0.02	0.02	0.01	0.02	0.01	0.03
滁州	0.00	0.00	0.00	0.01	0.01	0.03	0.02	0.00	0.01	0.00	0.01	0.00	0.00	0.00	0.00
淮南	0.00	0.00	0.00	0.00	0.00	0.00	0.00	0.00	0.00	0.00	0.00	0.00	0.00	0.00	0.00

	宁波	舟山	绍兴	湖州	嘉兴	台州	金华	衢州	丽水	温州	合肥	马鞍山	芜湖	滁州	淮南
上海	386.75	231.41	432.22	858.56	1984.67	124.04	177.17	115.64	101.66	82.04	82.73	152.10	153.84	138.48	59.08
苏州	193.07	108.11	245.75	1128.46	1324.37	58.99	94.18	65.06	53.23	45.34	61.75	134.08	97.87	118.35	40.90
无锡	6.92	4.28	9.72	26.69	29.19	2.55	3.40	2.46	2.36	1.96	4.21	9.81	9.07	8.55	2.61
常州	0.89	0.57	1.15	4.56	2.95	0.44	0.53	0.45	0.33	0.28	0.93	2.57	1.99	2.22	0.57
镇江	0.09	0.06	0.12	0.33	0.22	0.04	0.06	0.05	0.04	0.04	0.19	0.71	0.38	0.63	0.11
南京	1.64	1.19	2.62	7.33	3.53	1.01	1.45	1.24	0.96	0.84	9.63	90.69	26.65	40.31	4.34
扬州	0.06	0.04	0.08	0.21	0.14	0.03	0.05	0.04	0.03	0.03	0.16	0.43	0.22	0.73	0.10
南通	0.75	0.48	0.88	1.90	2.39	0.35	0.36	0.31	0.29	0.21	0.41	0.72	0.54	0.85	0.31
泰州	0.08	0.05	0.09	0.17	0.19	0.04	0.05	0.04	0.03	0.03	0.11	0.23	0.15	0.32	0.08
盐城	0.02	0.01	0.02	0.03	0.03	0.01	0.01	0.01	0.01	0.01	0.02	0.03	0.02	0.04	0.01
淮安	0.01	0.00	0.01	0.01	0.01	0.00	0.00	0.00	0.00	0.00	0.02	0.03	0.02	0.04	0.01
徐州	0.01	0.01	0.02	0.02	0.02	0.01	0.01	0.01	0.01	0.01	0.06	0.05	0.04	0.07	0.13
宿迁	0.00	0.00	0.00	0.00	0.00	0.00	0.00	0.00	0.00	0.00	0.01	0.01	0.01	0.01	0.01
连云港	0.01	0.01	0.02	0.03	0.02	0.01	0.01	0.01	0.01	0.01	0.03	0.05	0.04	0.05	0.04
杭州	15.84	7.19	92.89	57.99	50.27	5.22	11.36	7.32	4.62	3.58	2.15	3.67	4.65	3.12	1.45
宁波	0.00	110.19	75.69	16.74	42.58	29.44	16.89	9.22	9.28	12.98	2.71	4.22	5.02	3.69	2.17
舟山	2.79	0.00	0.64	0.25	0.48	0.35	0.23	0.12	0.14	0.19	0.06	0.09	0.09	0.07	0.04
绍兴	8.36	2.79	0.00	4.97	6.92	2.07	2.52	1.31	1.09	1.23	0.43	0.85	0.86	0.63	0.31
湖州	0.14	0.08	0.37	0.00	0.83	0.06	0.11	0.09	0.06	0.05	0.06	0.17	0.17	0.10	0.04
嘉兴	3.77	1.68	5.55	8.96	0.00	0.78	1.43	0.82	0.69	0.56	0.42	0.79	0.91	0.61	0.29

续表

	宁波	舟山	绍兴	湖州	嘉兴	台州	金华	衢州	丽水	温州	合肥	马鞍山	芜湖	滁州	淮南
台州	1.34	0.62	0.86	0.35	0.40	0.00	0.90	0.43	0.89	2.86	0.09	0.13	0.14	0.11	0.07
金华	0.94	0.50	1.27	0.75	0.90	1.10	0.00	6.24	3.53	0.96	0.18	0.23	0.22	0.18	0.13
衢州	0.01	0.00	0.01	0.01	0.01	0.01	0.11	0.00	0.02	0.01	0.00	0.00	0.01	0.00	0.00
丽水	0.00	0.00	0.01	0.00	0.00	0.01	0.03	0.01	0.00	0.03	0.00	0.00	0.00	0.00	0.00
温州	0.58	0.33	0.50	0.25	0.28	2.81	0.78	0.51	2.76	0.00	0.08	0.12	0.12	0.10	0.07
合肥	0.09	0.07	0.13	0.25	0.16	0.06	0.11	0.15	0.08	0.06	0.00	0.81	1.38	1.73	2.82
马鞍山	0.01	0.01	0.01	0.03	0.01	0.00	0.01	0.01	0.00	0.00	0.03	0.00	0.33	0.13	0.02
芜湖	0.01	0.01	0.02	0.05	0.02	0.01	0.01	0.01	0.00	0.01	0.10	0.52	0.00	0.09	0.04
滁州	0.00	0.00	0.00	0.00	0.00	0.00	0.00	0.00	0.00	0.00	0.01	0.02	0.01	0.00	0.00
淮南	0.00	0.00	0.00	0.00	0.00	0.00	0.00	0.00	0.00	0.00	0.00	0.00	0.00	0.00	0.00

后 记

又是一年寒梅飘香，书稿即将付梓，心中感慨万千。本书稿是在我博士学位论文基础上反复修改和增添内容而成的。在博士毕业后的两年时间内，通过不断的教学、写作、研讨，结合四川和成都的对外开放实践，我对区域对外开放如何更好地实现协调发展有了新的认识和感悟。

感谢我的工作单位成都大学，美丽宁静的校园、良好的学术氛围为我提供了潜心钻研的条件，感谢商学院的领导马胜院长、李焰书记、张千友院助和李文洁主任等对书稿出版给予的关爱和支持，感谢学院独娟老师、雷舒雅老师等同事给予的帮助和鼓励，感谢可爱的学生们让我在积极互动的课堂上感受教学相长的魅力。

回首写作过程，无数次的心潮澎湃和意兴阑珊，有风和日丽，有暗礁险滩。若干情愫贯穿整个论文的准备和写作阶段，以至于最后真正提笔致谢，却又显得胸有波澜而笔下平淡。回首博士求学生涯，是为了实现对自我的挑战和坚守生命中的某些信仰。博士求学意味着对学术之路的攀爬才真正开始，这份夹杂着幸福与苦痛的洗礼，是我今生最宝贵的精神财富。

衷心感谢培养我的博士生导师蒋瑛教授，从入门至今恩师一路支持、鼓励我的想法和尝试。恩师在专题课堂上睿智地分析当代世界经济热点问题，把握到我的研究长项和兴趣点，帮我准确地捕捉到国际贸易中心城市建设这一选题。从研究角度的抽丝剥茧、研究样本的准确定位到提纲撰写的字斟句酌，再到整体文风的锤炼、逻辑思路的反复推敲和观点视角的推陈出新，我每次虽困惑、虽焦灼，却又能被恩师提点以至豁然开朗。虽然论文写作暂告一段落，但因此而奠定的研究基础推动我葆有热情和敏锐的感受力并持续完善相关研究。在恩师的身上，既有博导的严谨治学作风，也有慈母般的关怀鼓舞。跟随恩师攻读博士学位期间，我体悟到治学必当求实求真、积累创新，生活必当随缘随心、笑对人生。

衷心感谢培养我的母校四川大学经济学院和各位儒雅翩翩、智慧灼灼的博导、教授们。李天德教授对科研写作严苛细致的要求为我们打开了洞见科学研究、树立严谨学风的大门；朱方明教授"人生受得孤独、孤寂、孤苦，方能求得真学问"的名言激励我吞下一次次挑灯夜读的苦闷；张衔教授对经济学思维的拓展和饱读专著的热忱成为我大量啃读相关学术成果的榜样；张红伟教授、刘用明教授在开题报告时对存在问题的耐心斧正帮助我尽快调整研究角度；还有文富德教授、肖慈方教授、项羽教授、龚秀国教授、马德功教授等对篇章结构、内容论点等都提出了宝贵意见。感谢开题、预答辩和答辩环节的所有专家教授给出的宝贵意见。感谢博士生班主任袁昌菊老师、朱莉老师、李悦老师在我读博期间提供的帮助和支持。

由衷感谢我的硕士研究生导师、人生导师吴永红教授。

从本科毕业论文写作开始，十多年来，吴教授对我的指导风
雨无阻。吴教授既是我的学业导师，更是我的精神导师。课
后每一个声音嘶哑的电话、子夜里每一次语重心长的留言，
于暗夜里为我点亮希望的光，于浅滩里为我扬起梦想的帆。
一路走来，是吴教授指引我坚定、努力地成为一个有爱、有
品位、有风骨、有温度、有胆魄的知识女性。

　　感谢我优秀的老同学和大师姐高杰，无数次给予我考学
和写作最无私的鼓励和指导；感谢温暖的蒋门团队，是你们
一次次不厌其烦地倾听我的研究困惑，为我梳理研究方向，
给出研究建议。感谢中国石油大学钟定康教授聆听我的预答
辩陈辞并给出中肯的建议；感谢武汉大学信息遥感学院和剑
桥大学联合举办的 GeoDa 和 ArcGIS 讲座，包容开放的学术
氛围给我留下了深刻的印象；感谢南京的窝窝学弟远程相
助，使我在实证研究的制图分析上有了长足进步和重要突
破。学术之路艰辛，有诸君真诚赐教是我的荣幸。我在论文
中引用了大量中英文文献，在此也对文献的编著者和单位表
示感谢！

　　言至此，情最深。深深地感谢生我养我爱我、给予我最
强有力全方位物质和精神支持、带孙做家务一切默默承担并
无私奉献的父母，言语很苍白、近亲情更怯，除了认真勤
奋、知足常乐、努力工作、经营幸福，女儿无以为报。感谢
知事明理慈爱的公婆对我刻苦深造、疏于家事的理解与支
持。感谢先生李宏在我读博和工作忙碌期间对我无条件的
爱、支持、交流与陪伴，包容我的负面情绪，帮我承受工作
压力，与我同甘共苦并提供技术支持。最重要的是感谢爱女
李欣怡，身心健康、聪慧乖巧的她陪伴我、鼓励我顺利完成

论文和各种日常教学科研工作，我们一起感受了独特的亲子陪伴，这是给予彼此最好的礼物。感恩所有的爱，这是我的福报和前行之路最坚定的足音。

挑战自我和坚定人生信仰是每个人的必修课。学术科研之路绝不是一条好走的路，因此成为少有人走的路。唯有以足够的热爱并持之以恒才能成大器。我将带着求学所获，继续在科研和教学中坚持探索，用调研丰富思考，在鲜活的社会实践中坚定地走下去，做一个对社会有用的经济学践行者。

游　婧

2017 年腊月于青羊百花园畔